思想政治教育
价值结构研究

王 丽 —————— 主编

中央编译出版社
Central Compilation & Translation Press

图书在版编目（CIP）数据

思想政治教育价值结构研究／王丽著. —北京：中央编译出版社，2019.9
ISBN 978-7-5117-3728-1

Ⅰ. ①思… Ⅱ. ①王… Ⅲ. ①思想政治教育－研究－中国 Ⅳ. ①D64

中国版本图书馆 CIP 数据核字（2019）第 145113 号

思想政治教育价值结构研究

出 版 人：	葛海彦
出版统筹：	贾宇琰
责任编辑：	李媛媛
责任印制：	刘 慧
出版发行：	中央编译出版社
地 址：	北京西城区车公庄大街乙5号鸿儒大厦B座（100044）
电 话：	（010）52612345（总编室） （010）52612335（编辑室） （010）52612316（发行部） （010）52612346（馆配部）
传 真：	（010）66515838
经 销：	全国新华书店
印 刷：	北京中兴印刷有限公司
开 本：	710毫米×1000毫米 1/16
字 数：	254千字
印 张：	19
版 次：	2019年9月第1版
印 次：	2019年9月第1次印刷
定 价：	75.00元
网 址：	www.cctphome.com 邮 箱：cctp@cctphome.com
新浪微博：	@中央编译出版社 微 信：中央编译出版社（ID: cctphome）
淘宝店铺：	中央编译出版社直销店（http://shop108367160.taobao.com） （010）55626985

本社常年法律顾问：北京市吴栾赵阎律师事务所律师 闫军 梁勤
凡有印装质量问题，本社负责调换，电话：（010）55626985

序

  经过三载的艰辛探索与写作，王丽主编的教育部人文社科基金项目的最终成果《思想政治教育价值结构研究》即将与读者见面了。在此，向她首部学术著作的出版表示最诚挚地祝贺！

  王丽于2003年考入我院思想政治教育专业，师从著名学者黄蓉生教授攻读硕士学位。2006年毕业后到湖北文理学院从事辅导员工作。为圆博士梦，提高素质，更好地实现自己的人生理想，在工作7年之后，她以优异成绩考上博士研究生，重返美丽的西南大学随我攻读博士学位。

  7年之后再回到课堂学习，对王丽来讲困难重重。首先是理论的生疏、科研能力的不足；其次是体力、精力和20多岁的同学相比差距较大；最后是小孩只有3岁，正处在需要她抚养、教育的重要阶段。面对这些难题，王丽没有退缩，而是迎难而上。在三年紧张的脱产学习过程中，她在"目标、勤奋、意志、方法"和"多读、多思、多写"理念的指导下，发扬"缙云精神"，在学术的山路上艰难而顽强地攀登！

  为了弥补她理论功底的不足，除了要求她认真听课、写课程论文和按照我指定的书目系统读书外，还带她或支持她到北京、上海、江苏、长春、武汉等地参加全国性的学术会议和专业培训，参与我的科研课题的研究。经过不懈的努力，克服各种困难，她的理论水平和科研能力得到显著提高。在攻读博士学位期间，她就成功申报到了教育部的科研课题"思想政治教育价值结构研究"，主持完成了中央高校基本科研业务费专项资金项目"大学生思想政治教育的个体价值研究"，参与并完成了国家社科基金规划重大招标项目、重庆市社会科学规划重点项目和重庆市人文社会科学重点研究基地重点项目的研究工作；参加了教育部思想政治工作司组编的《思想政治教育学科30年发展报告》、教育部思想政治工作司组编的思想政治教育研究文库《思想政治教育学理论的形成和发展研究》、国家重点出版物出版规划项目《马克思主义人才思想研究》等重要学术著作的撰写；发表学术论文10篇，参编学术著作5部；先后获得了西南地区研究生论坛优秀论文二等奖和"西南大学优秀毕业研究生"的荣誉称号。通过3年的刻苦学习，王丽得到了全面提升，圆满完成学业戴上了博士帽。毕业后，她继续在学术的道路上攀登不息、奋斗不止，又先后主持了湖北省社科基金一般项目（后期资助）"大学生思想政治教育价值研究"；主持2018年度湖北省思想库课题"襄阳市人才资源开发的现状与对策研究"；主持湖北文理学院科研培育项目"大学生思想政治教育价值理论演变研究"；主持湖北文理学院2017年度教学研究一般项目"思政课程与专业课程协同育人模式研究"。先后在《思想理论教育导刊》、《马克思主义理论学科研究》、《思想教育研究》、《学校党建与思想教育》、《思想政治教育研究》等刊物发表论文7篇。2019年初晋升为副教授。她还获得中国人才研究会人才学专业委员会主办的"新时代人才发展与人才学学科建设暨人才学专业委员会成立30周年纪念"研讨会一等奖；论文《思想政治教育价值结构与功能研究》获"第九届襄阳市人文社会科学优秀成果奖一等奖"。论文《论人才成长的社会条件》获得2014年由中国人才研究会人才学专业委员会与盐城师范学院联合召开的"贯彻十八届三中全会精神，服务国家人才战略"研讨会三等奖；论文《人才成长环境体系建设》获得2017年中国人才研究会人才学专业委员会主办的"文化自信与人才学学科发展"

研讨会三等奖。

王丽主编的《思想政治教育价值结构研究》是全国首部研究思想政治教育价值结构的专著，很有特色，其创新处有以下几点：

第一，构建起了思想政治教育价值结构理论体系的雏形。在她之前，根据目前检索到的资料，还没有人以学术著作的形式系统研究过这一选题。该书研究的内容有：思想政治教育价值结构的含义和本质属性、思想政治教育价值结构系统与功能分析、思想政治教育价值结构的构成要素分析、思想政治教育价值的横向结构、思想政治教育价值的纵向结构、思想政治教育价值结构的失衡及其原因分析、思想政治教育价值结构的优化。从前面的研究内容就可以看出，她在该书中构建起了思想政治教育价值结构理论雏形，为深入研究思想政治教育价值结构做了开创性的工作，起到了抛砖引玉的作用。

第二，分析了思想政治教育价值结构系统与功能的关系。论述了思想政治教育价值结构系统的含义与特性、思想政治教育价值功能、思想政治教育价值结构系统与功能的关系。该书在这部分的创新点有：一是对思想政治教育价值结构系统的含义作了界定。以前有人研究过思想政治教育价值结构，但没有研究过思想政治教育价值结构系统，也没有对该系统的含义作过界定，作者经过自己多年的探索，给该概念下了定义：思想政治教育价值结构系统，是指思想政治教育价值结构的构成要素按一定的联系方式搭配组合而成的整体。为了更为准确地解读思想政治教育价值结构系统的含义。作者将它与思想政治教育价值结构的区别与联系作了比较。二者的联系是：先有结构的组成，才有结构系统的形成。二者的区别：思想政治教育价值结构是讲思想政治教育价值系统中各构成要素之间的搭配与排列组合。思想政治教育价值结构系统则是讲思想政治教育价值结构的构成要素是按一定的关系组成的整体。前者是讲价值系统各构成要素按照一定的形式搭配与排列组合起来形成结构。后者是讲价值结构的构成要素按一定的关系如何组成为一个系统。二是提出并论述了思想政治教育价值功能。作者认为思想政治教育价值有四大功能：保证功能、约束功能、塑造功能和激励功能。对四大功能的含义和内容进行了阐述。三是分析了思想政治教育价值结构系统与功能的关系。作者认为二者的关系是：思想政治教育价值结构系统决定思想政治教育价值功能的形成与增强；思想政治教育价值功能影响思想政治教育价值结构系统的运行与完善。作者在阐述以上问题时提出了有价值的理论观点。

第三，研究了思想政治教育价值结构的构成要素。结构是由若干要素组合而成，研究思想政治教育价值结构就必须研究它的构成要素，因为构成要素不仅是价值结构形成的基础，还影响思想政治教育价值功能的增强与发挥。对思想政治教育价值结构的构成要素，作者在研究理论界现有成果的基础上，认为思想政治教育价值结构的构成要素有四个：思想政治教育价值目标、思想政治教育价值主体、思想政治教育价值客体和思想政治教育价值介体，即理论教育与实践活动。

第四，探讨了思想政治教育价值的横向与纵向结构。该书摆脱了过去平面研究价值结构的模式，从横向结构和纵向结构两个视角立体地探讨了思想政治教育价值结构。思想政治教育价值的横向结构包括的内容有：思想政治教育的物质价值和思想政治教育的精神价值。思想政治教育价值的纵向结构包括的内容有：思想政治教育社会价值、思想政治教育集体价值和思想政治教育个体价值。这样的研究就比较全面地将价值结构的内涵清晰地予以解读。

第五，首次分析了思想政治教育价值结构的失衡及其原因。思想政治教育价值结构的失衡及其原因，思想政治教育价值结构的失衡问题尽管普遍存在，对思想政治教育效果危害也大，但至今理论界对此尚无研究。在现实的思想政治教育活动中，由于主客观因素的影响，思想政治教育价值结构经常被破坏而失衡，导致思想政治教育价值功能不能正常发挥。思想政治教育价值结构失衡是一个常见的问题，研究它不仅关系到价值结构的优化，还关系到思想政治教育价值功能的发挥和教育效果的增强。该书不仅探讨了思想政治教育价值结构失衡的含义及现实表现，还找出了导致思想政治教育价值结构失衡的原因。这就为后面如何优化思想政治教育价值结构奠定了基础。

第六，设计了优化思想政治教育价值结构的措施。思想政治教育价值功能是由价值结构决定的，要增强功能，必须针对价值结构失衡的问题设计出优化结构的措施。作者提出了优化思想政治教育价值结构的三项措施：提高思想政治教育价值结构构成要素的质量；及时解决思想政治教育价值结构中出现的问题；建设思想政治教育结构运行的环境。

通过对以上内容的论述，作者所阐述的创新观点，对于研究思想政治教育价值结构与功能，丰富思想政治教育价值理论具有较高的学术价值。

由于思想政治教育价值结构研究的难度大，加之以前无人系统研究过，作者尽管也作了很大的努力，但存在的问题不可避免，这就需要作者及理论界同行继续探索。

在衷心祝贺王丽第一部学术专著即将出版的同时，希望她继续励志前行，以更顽强的意志，攻克科研中的道道难关，以新的研究成果提升自己的学术实力，向科研事业的新高峰攀登。

罗洪铁[①]
2019 年 4 月 25 日于西南大学马克思主义学院 409 工作室

[①] 罗洪铁：西南大学马克思主义学院教授，博士生导师；国务院政府特殊津贴享受者、曾宪梓基金优秀教师获奖者。

目　录

第一章　思想政治教育价值结构概述及研究的意义 …………… 1
　一、结构与思想政治教育价值结构含义解读 ………………… 1
　二、思想政治教育价值结构的类型 …………………………… 13
　三、思想政治教育价值结构的本质属性 ……………………… 20
　四、思想政治教育价值结构研究的意义 ……………………… 22

第二章　思想政治教育价值结构系统与功能分析 …………… 27
　一、思想政治教育价值结构系统的含义与特性 ……………… 27
　二、思想政治教育价值功能 …………………………………… 42
　三、思想政治教育价值结构系统与功能关系的分析 ………… 64

第三章　思想政治教育价值结构的构成要素分析 …………… 69
　一、思想政治教育价值目标 …………………………………… 69
　二、思想政治教育价值主客体 ………………………………… 82
　三、思想政治教育价值介体 …………………………………… 95

第四章　思想政治教育价值的横向结构 ……………………… 109
　一、思想政治教育物质价值与精神价值的理论阐释 ………… 109

二、思想政治教育的物质价值和精神价值的关系分析 …… 135

第五章 思想政治教育价值的纵向结构 …… 148
  一、思想政治教育社会价值 …… 148
  二、思想政治教育集体价值 …… 166
  三、思想政治教育个体价值 …… 175
  四、思想政治教育社会价值、集体价值和个体价值之间的关系分析 …… 184

第六章 思想政治教育价值结构的失衡及其原因分析 …… 190
  一、思想政治教育价值结构失衡的含义及现实表现 …… 190
  二、思想政治教育价值结构失衡的原因分析 …… 208

第七章 思想政治教育价值结构的优化 …… 221
  一、提高思想政治教育价值结构构成要素的质量 …… 221
  二、及时解决思想政治教育价值结构中出现的问题 …… 248
  三、建设思想政治教育的环境 …… 269

后　记 …… 279
主要参考文献 …… 283

第一章 思想政治教育价值结构概述及研究的意义

研究思想政治教育价值结构的含义和类型，对于后面研究思想政治教育价值结构的其他理论起基础性的作用。只有厘清了这两个概念的含义，才好深入研究思想政治教育价值结构理论。但是，到目前为止，理论界对思想政治教育价值结构含义和类型研究的深度还不够。

一、结构与思想政治教育价值结构含义解读

思想政治教育价值结构是结构的子系统，要解读思想政治教育价值结构含义，先得探讨结构的含义。

（一）结构含义解读

关于结构，不同学科有不同的解读。先了解这些对结构含义的不同解读，对于较为准确地界定思想政治教育价值结构的含义能够提供借鉴。

1. 不同学科对结构的界定

"系统"一词，来源于古希腊语，意为部分组成的整体。理论界从各种角度研究了系统，对系统下的定义有几十种。英文"system"的含

义：系统是指将零散的东西进行有序的整理、编排形成的具有整体性的整体。语义学认为：系统，是指"同类事物按一定的关系组成的整体"。哲学对系统的定义：系统是指由相互联系、相互作用的若干要素构成的具有特定功能的有机整体。系统论是研究系统的结构、特点、动态、原则、规律以及系统间的联系，并对其功能进行数学描述的新兴学科。系统论对系统的定义是：系统是指相互作用的若干要素的复合体。

一般的系统定义，把系统定义为：系统，是指由若干要素以一定结构形式联结成的具有某种功能的有机整体。这个定义包括了系统、要素、结构、功能四个概念，表明了系统与要素、要素与结构、结构与功能之间的关系。

"结构"一词起源于拉丁文，是指系统内部的诸要素及它们之间的联系。结构，是指事物自身各种要素之间的相互关联和相互作用的方式。结构包括构成事物要素的数量比例、排列次序、结合方式和因发展而引起的变化。结构是事物的存在形式，这就是说，一切事物都有结构，事物不同，其结构也不同。世界上的万事万物作为一个系统，都存在一定的结构，每个系统的结构不同，系统的功能就不一样。比如，教育系统和管理系统的结构不同，二者的功能也就不一样。结构是事物的一种普遍存在的方式和基本属性。结构包括三方面的内容：形成结构要素的质；形成结构要素的量；形成结构的要素之间的组合搭配方式。结构要回答的问题是：某一事物由哪些要素组成；这些要素的性质和数量关系；这些要素通过什么方式连接起来组合成为一个有机的整体。认清了这些问题，就好理解结构的内涵了。

2. 结构的界定

根据以上定义，笔者认为：结构，是指系统构成要素之间的搭配和组合方式。该定义的要点有四个：第一，系统构成要素质量的高低是决定功能强弱的基础。要素既然是系统的构成元素，要素的质量也是影响系统功能的基础。系统构成要素的质量影响系统的结构，结构又决定功能。这样，构成系统要素的质量高，就为系统功能的增强奠定了基础。反之，如果系统构成要素的质量低，系统的功能就会被削弱。第二，系统构成要素应按照一定的方式进行有序地搭配与组合才能形成系统的合理结构。要素虽然是构成系统的元素，但孤立的要素是没有用的，发挥不了作用。要素与要素之间只有相互联系，按照一定的方式搭配和组合起来形成结构才能发挥作用。比如，单个的士兵形不成战斗力，无法完成战斗任务。他必须与其他的士兵组合起来，形成像战斗小组、班、排这样的组织结构才能发挥自己的作用，在与他人的合作中形成战斗力。知识也是如此，孤立的某一知识单元起不了作用，它必须与其他知识单元组合起来形成知识结构，这一知识单元才能发挥它的作用。第三，要素的搭配与组合要通过一定的方式才能完成。系统的构成要素要通过一定的方式连接起来才能形成结构，没有连接的方式，要素就无法进行有机的组合。比如，学生与学生的组合是通过班和年级这样的组织方式连接起来才能完成学习任务。单个的教师只有通过教研室、学院这样的组织方式将个体的教师连接起来形成教师队伍，大家既相互配合，又各司其职，才能共同完成教书育人的任务。第四，要素要进行科学的搭配与组合。系统中的构成要素在没有相互产生联系时是孤立存在的，只有通过一定的搭配方式将系统的构成要素连接起来形成结构，才能相互产生影响和作用。但仅有这点还不够，要素的搭配与组合还要科学。要素之间只有进行科学的搭配与组合，才能形成合理的结构。要素之间进行科学的搭配与组合时应注意哪些问题？首先，要素的质量要高。要素的质量是形成优良结构的基础，它既影响到结构的优劣，还影响到系统功能的强弱。如果要素的质量差，形成的结构会不合理，产生出来的功能也低。因此，提高系统构成要素的质量是形成良好结构的重要举措。其次，要素的搭配是为了保证功能的强大和得到充分的发挥。解决好要素之间的合理搭配是为了发挥强功能的需要，违背了这一点，会因为要素没有搭配好而影响功能的强弱与发挥。如何才能将要素搭配好？要素的合理搭配要注意：一是认清各要素的作用及其在系统中的位置。比如，价值客体的作用是以自己的功能去满足价值主体的需要，在价值系统中处在为价值主体服务的位置。价值主体的作用是树立科学的需要观，积极配合价值客体满足自己的需要，在价值系统中处在接受价值客体服务的位置。在进行要素搭配时，只有考虑到这些因素，才能将分散的要素按照它们在系统中的作用搭配组合起来，形成合理的结构。最后，要素搭配后一旦发现问题要及时调整。要素的搭配是根据人们的认识来进行的，人的认识受到时代和个人理论水平、阅历及实践活动等的限制，所以原来对要素的搭配会因时代的发展、环境的变化而出现问题。因此，要素搭配好后要在实践中接受检验，发现问题后就及时调整。

研究系统的结构是为了避免结构失衡，保持结构的合理性，发挥出系统应有的功能。结构与功能的关系相辅相成、密不可分，它们只有密切联系，才能产生作用。结构与功能的关系尽管不可分割，但它们之间的关系却不是单一的，有四种表现形式：同构同功、同构异功、异构同功、异构异功。

同构同功，是指一个系统的结构相同，功能也相同。比如，机械表尽管有各种款式，但结构相同，计时报时的功能也相同。相同款式手机的结构相同，功能也相同。再比如，思想政治教育单位环境的结构相同，单位环境的功能也相同。思想政治教育个体价值的结构相同，其功能也相同。同构同功现象在思想政治教育中还不少。

同构异功，是指一个系统的结构相同，但功能不同。相同的结构会产生出不同的功能，这在思想政治教育中也常见。比如，某一思想政治教育者的知识结构相同，但却可以产生不同的功能。这位教育者的知识结构既可以产生教学的功能，还可以产生科研的功能和教学管理的功能。思想政治教育价值主体的结构相同，但他既可以产生接受教育，树立正确需要观的功能，还可以通过自我的理论教育，产生满足提高自身理论水平需要的功能。

异构同功，是指一个系统的结构不同，功能相同。比如，机械表和电子表，结构不同，但计时报时的功能相同。再比如，不同型号的客机，结构不同，但载人飞行的功能相同。在高校思想政治教育领域，也存在异构同功现象。比如，教育者之间的知识结构不同，但却都能产生出教书育人的功能。在思想政治教育环境中，政治环境和文化环境的结构不同，但都能产生出更新和改变受教育者思想观念的功能。

异构异功，是指一个系统的结构不同，功能也不同。比如，复合型人才就是这种类型。复合型人才由于具有多种知识和能力，能够形成多种知识结构和能力结构。于是，就具有从事多种不同性质工作的功能。再比如，在思想政治教育价值系统中，就结构来讲，既有社会价值结构、集体价值结构，还有个体价值结构。由于社会价值、集体价值和个体价值三者的结构不同，就功能来讲，它们的功能也不同，三者就分别产生出社会价值功能、集体价值功能和个体价值功能。

掌握了结构与功能之间的这四种关系，对于我们从多种角度、多种思路研究思想政治教育价值结构具有重要的启示。

（二）思想政治教育价值结构含义解读

思想政治教育价值结构的含义，理论界已有人作过探索，但对该概念含义的研究还处在起步阶段，尚待深入。要深化对思想政治教育价值结构含义的研究，有必要简单回顾理论界探索该概念含义的状况，以便在我们研究时从中吸取有价值的内容。

1. 关于思想政治教育价值结构含义论述的评析

就思想政治教育价值结构研究的现状来讲，理论界取得的研究成果不多，对思想政治教育价值结构下定义的成果更少。根据检索到的有限资料，在对这些成果的理论创新和存在的问题作出评述的基础上，从中吸取理论的营养。下面，从检索到的资料中，选出代表性的观点进行评析。

马毅松、王雄杰在《思想教育研究》2002年第2期发表的《论思想政治教育的价值结构》一文中，虽然没有界定思想政治教育价值结构的定义，但却论述了思想政治教育价值结构的内容。作者指出："作为社会团结、稳定、发展的基本动力的思想政治教育，其价值能否具有自身的结构，应该具有怎样的结构？本文拟从目的价值与工具价值、理想价值与实践价值、个体价值与社会价值三个层面就此问题谈些认识。"①该文尽管没有给思想政治教育价值结构下定义，但它提到了涉及思想政治教育价值的结构问题，认为思想政治教育价值结构的内容包含目的价值与工具价值、理想价值与实践价值、个体价值与社会价值三个方面。作者提到的这三个方面，既涉及思想政治教育价值结构的类型，还涉及价值结构的内容。因此，论文阐述的关于价值结构的观点对于研究思想政治教育价值结构有参考意义。

2005年，西北师范大学的硕士研究生苏星鸿在他的硕士学位论文《现代思想政治教育价值论纲》中，提出了现代思想政治教育价值体系。他认为：现代思想政治教育价值体系是由思想价值、政治价值、经济价值和文化价值、管理价值、生态价值和个体价值等构成的整体结构。②该文没有讲思想政治教育价值结构，也没有对思想政治教育价值体系下定义，只谈到了思想政治教育价值体系及构成内容。该文论述的观点涉及思想政治教育价值结构及其结构的内容，对研究思想政治教育价值结构有重要的启示。该文存在的问题是：对思想政治教育价值分类的标准不一致。将思想价值、政治价值、经济价值和文化价值、管理价值、生态价值和个体价值等混在一起。思想价值、政治价值、经济价值和文化价值划分的标准是思想政治教育价值主体需要的内容，应该划分在思想

---

① 马毅松、王雄杰：《论思想政治教育的价值结构》，载《思想教育研究》，2002年第2期，第11—13页。
② 苏星鸿：《现代思想政治教育价值论纲》，西北师范大学2005年硕士论文，第27—28页。

政治教育价值的横向结构类。个体价值划分的标准是思想政治教育价值主体，应该划分在思想政治教育价值的纵向结构类，与思想政治教育社会价值、思想政治教育集体价值是同一种类型。

郑杰、孙其昂、刘小卫在《北京青年政治学院学报》2004年9月第13卷第3期发表的《论思想政治教育价值的关系结构》一文，对思想政治教育价值的关系结构下了定义。"思想政治教育价值的关系结构，是指在追求、实现、创造思想政治教育价值的过程中，思想政治教育价值客体中的相关实体的功能体，它能够促使、推动价值主体获得对于客体本质的认知和驾驭，以便价值主体本身的实践达到合目的性与合规律性的统一，从而实现价值主体既定价值目标。"① 该文虽然只对思想政治教育价值的关系结构下了定义，由于思想政治教育价值的关系结构是思想政治教育价值结构的子系统。作者对关系结构下了定义，这就把如何界定思想政治教育价值结构含义的研究向前推进了一步，为我们探讨思想政治教育价值结构含义提供了思路与借鉴。

2010年，湖南师范大学硕士研究生殷清峰在他的硕士学位论文《思想政治教育价值结构研究》中，对思想政治教育价值结构下了定义，他认为："思想政治教育价值结构是指实践活动主体（人）在各种实践活动中（不仅指认识活动）建立起来的，对人的思想政治品德的形成和发展规律为尺度的一种主观的取向性关系构成，是思想政治教育价值的存在与人的思想政治品德的形成和人类社会实践最终目标相一致、合目的、合规律的价值认知关系、价值互动关系和价值整合关系的价值关系结构。"②该文的理论价值在于它对思想政治教育价值结构下了定义，并认为思想政治教育价值结构是在实践过程中形成的价值关系结构。该文存在的问题也是明显的，定义没有讲出思想政治教育价值结构的核心问

---

① 郑杰、孙其昂、刘小卫：《论思想政治教育价值的关系结构》，载《北京青年政治学院学报》，2004年第3期，第65页。

② 殷清峰：《思想政治教育价值结构研究》，湖南师范大学2010年硕士论文，第14页。

题，即思想政治教育价值结构是价值系统要素的搭配与组合。该文没有回答思想政治教育价值结构是由哪些要素搭配组合而成，也没有明确思想政治教育价值结构的主要构成要素价值主体和价值客体及二者在价值结构中是如何搭配与组合的。

2. 思想政治教育价值结构含义解读

根据理论界对思想政治教育价值结构研究取得的成果，以及笔者多年对思想政治教育价值结构的探讨，就该概念的含义提出粗浅的看法，为继续研究思想政治教育价值结构问题的同行提供参考。思想政治教育价值结构，是指思想政治教育价值系统中各构成要素之间的搭配与排列组合。该定义表明，研究思想政治教育价值结构同样要解决前面研究结构时讲的三个问题：一是思想政治教育价值结构系统由哪些要素构成。笔者认为思想政治教育价值结构系统构成的要素有：思想政治教育价值目标、思想政治教育价值主体、客体、理论教育与实践活动（也可称之为介体）。二是各要素之间的组合排列方式。思想政治教育价值结构系统构成要素的组合排列方式极为重要，组合排列方式决定构成要素在系统中的位置与作用。构成要素的排列组合方式为：思想政治教育价值目标在价值结构系统处于发端的位置，起引领作用。建立任何一个结构，首先要确定的是思想政治教育价值目标。思想政治教育价值目标是对思想政治教育价值结构运行预期结果的主观设想。它既是在人们头脑中形成的一种主观意识形态，也是价值活动的预期目的。思想政治教育价值目标为思想政治教育价值活动指明方向，具有维系思想政治教育价值结构中各个构成要素的和谐关系和正常运转的作用。只有思想政治教育价值目标确定了，思想政治教育价值结构中的其他构成要素才有明确的发展方向。思想政治教育价值主体在价值结构系统位居第二。由于价值主体的需要是价值客体功能存在和发挥作用的前提，只有价值主体的需要明确了，价值客体才能以相应的功能去满足其需要。如果价值主体的需要不明确，价值客体就会失去服务的对象。比如，思想政治教育价值主

第一章　思想政治教育价值结构概述及研究的意义

体的需要是提高理论水平，思想政治教育价值客体就可以用理论教育提高理论素质的功能去满足主体的需要。假如价值主体没有提高理论水平的需要，思想政治教育价值客体理论教育的功能就无法发挥。思想政治教育价值客体排在第三位。思想政治教育价值主体存在的需要是由思想政治教育价值客体的功能来满足的。思想政治教育价值主体不是孤立存在的，它的存在必然要有它的对应面，即思想政治教育价值客体，价值主客体二者互为存在的条件。只有思想政治教育价值客体的存在，价值主体的需要才能得到满足。理论教育排在第四位。理论教育是价值客体传授理论的渠道，通过开展理论教育活动，满足价值主体学习理论、提高理论素养的需要。因此，理论教育效果的强弱，这个渠道运用得如何，既影响到价值主体需要的满足，还影响到价值客体功能的发挥。实践活动排在第五位。理论教育与实践活动都是沟通价值主客体之间关系的中介，所以，我们也将理论教育与实践活动称之为思想政治教育价值结构构成要素的介体。实践活动将价值客体的功能与价值主体的需要连通起来。实践活动效果的好坏，直接影响到价值结构系统其他四个要素作用的发挥。三是系统内各构成要素所处的位置及其作用。在思想政治教育价值结构系统中，价值目标处于引导的地位，起着导向作用。价值主体存在的需要是思想政治教育价值能够形成的前提，它的需要能够被满足到什么程度会受价值客体功能的影响。价值客体处在为价值主体服务的位置，其作用是以自己的功能满足价值主体的需要。理论教育与实践活动都处在中介的位置，理论教育起传递教育内容的作用。实践活动处在中介的位置，起沟通价值主客体关系的桥梁作用。它沟通价值主客体，使价值客体的功能通过实践活动去满足价值主体的需要，使思想政治教育价值关系得以产生和实现。

要研究思想政治教育价值结构与功能，必须了解它们之间的关系。思想政治教育价值结构与功能二者之间的关系是：前者是后者产生的根据，而后者则是前者产生的结果。二者相辅相成、相互影响，缺一不可。如果二者不是相互依存而是互相排斥，思想政治教育价值结构就会失去平衡，思想政治教育价值功能就不能显现。这二者还相互影响，即思想政治教育价值结构决定思想政治教育价值的功能，思想政治教育价值功能则反作用于思想政治教育价值结构，引起思想政治教育价值结构的变化。二者如果是良性影响则双方都得到发展，如果是恶性影响则双方都会被削弱甚至产生副作用。

既然思想政治教育价值结构与功能是相互影响、相互作用的关系，下面，我们就探讨一下二者是如何相互产生作用的。

第一，思想政治教育价值结构决定思想政治教育价值功能。思想政治教育价值结构决定思想政治教育价值功能，是指思想政治教育价值结构是思想政治教育价值功能形成和发挥作用的先决条件。有了结构才能形成功能，它们二者之间是因果关系。由于思想政治教育价值结构决定思想政治教育价值功能，前者是后者存在的前提。思想政治教育价值结构的优劣决定思想政治教育价值功能的强弱。即思想政治教育价值结构优良，思想政治教育价值功能就强；反之，则功能弱。如果价值结构解体，价值功能就自然消失。比如，高校的毕业年级，当这个毕业年级的学生离校后，这个年级思想政治教育价值结构就自然解体，其价值功能也随之消失。根据上述观点，思想政治教育价值结构决定思想政治教育价值功能，在现实的思想政治教育价值结构运行中，二者之间的关系有三种：一是思想政治教育价值结构优良，思想政治教育价值功能就强。二是思想政治教育价值结构一般，思想政治教育价值功能就一般。三是思想政治教育价值结构不合理，思想政治教育价值功能就弱。这是它们正常的关系，由于思想政治教育环境的复杂性，价值主客体素质的参差不齐，二者的关系也有特殊的表现形式。比如，思想政治教育价值结构优良，但结构在决定功能的过程中受到环境中消极因素的影响，思想政治教育功能在形成中由于受到了严重干扰，由思想政治教育价值的优良结构产生的价值功能就会被削弱。正是这一原因的存在，优化思想政治教育环境就显得必要。

第二，思想政治教育价值功能对思想政治教育价值结构的反作用。思想政治教育价值功能对思想政治教育价值结构的反作用主要表现为：一是价值功能的正常发挥能够促进结构的优化。思想政治教育价值功能如果能够正常发挥，就会促进思想政治教育价值结构的构成要素发生变化，质量得到提高，其结果会使思想政治教育价值结构得到优化，变得更合理。二是价值功能的降低会导致结构衰退。思想政治教育价值功能被降低的情况有两种：其一，思想政治教育价值功能在发挥过程中受环境负面因素影响。社会环境中的消极因素很多，它们如果渗透到了思想政治教育价值功能的发挥过程，会影响到思想政治教育价值功能的发挥，使功能的功效降低。比如，当前，社会环境中各种错误思潮的泛滥、腐败问题的出现、部分人价值观的扭曲等负面因素，就会直接干扰思想政治教育价值功能的发挥，降低价值功能的效能。其二，思想政治教育价值功能存在用进废退的现象。思想政治教育价值功能的效能是在实践活动中增强的，功能发挥的程度越高，功能就越能得到提高。反之，功能如果长时间得不到发挥，它的效能就会逐渐退化。

以上讲的是思想政治教育价值结构与思想政治教育价值功能，但还有另外一对概念要注意，即思想政治教育结构与思想政治教育功能。思想政治教育结构和思想政治教育功能这对概念与思想政治教育价值结构和思想政治教育价值功能不是并列关系，而是包含关系。思想政治教育结构和思想政治教育功能包含思想政治教育价值结构和思想政治教育价值功能这对概念，后者存在于前者之中。

（三）思想政治教育价值结构的作用

作用，是指对事物产生的影响。关于思想政治教育价值结构的作用，理论界研究的不多。探讨思想政治教育价值结构的作用是深化研究思想政治教育价值结构的需要，对此问题应该研究。思想政治教育价值结构有哪些作用呢？可从两个方面进行探讨。

1. 思想政治教育价值结构对系统构成要素的作用

由于思想政治教育价值结构是由价值系统要素按照一定的关系搭配、组合而成，因此，它对系统构成要素具有以下作用：

凝聚作用。凝聚作用，是指思想政治教育价值结构对系统的构成要素具有聚集的影响。即思想政治教育价值结构对系统的构成要素具有聚集的作用。思想政治教育价值结构系统的构成要素，在没有进行搭配与组合前处于分散和彼此不联系的状态，在这样的状态下各要素是无法发挥自己的作用。当思想政治教育价值结构将处于孤立、分散状况的要素聚集起来后，它们相互联系起来就能在自己的结构点上发挥作用。

协调作用。协调作用，是指思想政治教育价值结构能够处理好各构成要素之间的关系，对保证它们正常运转产生的积极影响。在价值结构系统构成要素之间会产生矛盾，出现彼此不和谐的情况。要素之间的不和谐，会影响它们相互的配合，造成内耗。价值结构通过协调作用，正确处理好系统内各要素之间的关系，为系统的正常运转提供了保障，使得各要素能够发挥好作用。

提升作用。提升作用，是指思想政治教育价值结构对系统的构成要素能够产生提高质量的影响。思想政治教育价值结构系统的功能要提高，先必须提高思想政治教育价值结构系统构成要素的质量。有了高质量的构成要素，才能为形成良好的思想政治教育价值结构奠定基础。思想政治教育价值结构系统构成要素的质量总是从低层次向高层次转化的，思想政治教育价值结构在运转过程中，通过提升作用能够促进低层次的要素向高层次转化。比如，价值主客体的素质，随着思想政治教育价值结构的运转，会逐步从低层次向高层次提升。

2. 思想政治教育价值结构对价值功能的作用

思想政治教育价值结构决定价值功能，思想政治教育价值结构对思想政治教育价值功能有重要作用。其作用主要有：

主导作用，是指思想政治教育价值结构对价值功能能够起决定性的影响。思想政治教育价值功能是由思想政治教育价值结构决定的，当思想政治教育价值结构形成后，就决定并引导思想政治教育价值功能的产生和功能的发挥。如果形成的思想政治教育价值结构合理，思想政治教育价值功能就强，反之则弱。思想政治教育价值结构对价值功能具有主导作用。

调节作用。调节作用，是指思想政治教育价值结构对价值功能能够产生调整的影响。思想政治教育价值结构因为构成要素和运行环境的变化，价值结构本身也会发生改变。当思想政治教育价值结构发生变化后，会调整功能的强弱及发挥的程度。比如，价值结构变得更合理后，价值功能就会增强，价值功能的发挥程度也会提高。反之，价值结构被破坏，价值功能就会变弱，价值功能的发挥程度会降低。

制约作用，是指思想政治教育价值结构对价值功能的变化起限制、约束的影响。由于思想政治教育价值功能是由思想政治教育价值结构决定的，后者将制约前者。其制约作用主要表现为：一是思想政治教育价值结构制约思想政治教育价值功能变化的速度。价值结构优良，价值功能变化的速度就快。价值结构不合理，价值功能变化速度就慢。二是价值结构制约价值功能发挥的程度。价值功能发挥到什么程度，取决于价值结构的组成状况。价值结构组成状况良好，价值功能发挥的程度就高，反之则低。

二、思想政治教育价值结构的类型

类型的划分是科学研究的需要，依据不同的标准，思想政治教育价值结构可划分为不同的类型。经过类型划分后，就可从不同的角度对思想政治教育价值结构进行研究提供依据。

(一) 物质价值结构和精神价值结构

按照构成要素的性质分类,思想政治教育价值结构的类型可分为物质价值结构和精神价值结构。

思想政治教育物质价值结构,是指思想政治教育价值系统中物质要素之间的搭配与排列组合。思想政治教育物质价值结构是思想政治教育价值结构的子系统,探讨思想政治教育物质价值结构,能够深入研究思想政治教育的价值结构。研究思想政治教育物质价值结构如同研究其他价值结构一样,除了界定它的含义外,还要研究它的构成要素及作用。如何研究思想政治教育物质价值结构的构成要素,可以从系统和子系统的角度来探讨。将思想政治教育物质价值结构作为一个系统,它有自己的子系统,这些子系统就是它的构成要素。有了这些构成要素,才能按照一定的方式组合起来形成思想政治教育物质价值结构。

思想政治教育物质价值结构的构成要素有:自然物质价值和社会物质价值。

思想政治教育自然物质价值,是指作为价值客体的思想政治教育以自己的功能去满足价值主体对自然物质需要的效益关系。思想政治教育价值主体,即受教育者有众多的物质需要,其中有一部分是属于对自然物质的需要。比如,人的生存需要大自然提供的阳光、空气、水、土地、野生动植物等,人的精神生活也需要大自然的物质因素。比如,自然界的名山大川、绮丽的自然风光、各种美景都能够愉悦人们的精神,激发人们的情感。价值主体的自然物质需要得到了满足,会提高他的物质生活与精神生活水平,思想政治教育的自然物质价值就形成了。

思想政治教育社会物质价值,是指作为价值客体的思想政治教育以自己的功能去满足价值主体对社会物质需要的效益关系。要把握思想政治教育的社会物质价值,必须认清什么是物质,什么是社会的物质。物

第一章 思想政治教育价值结构概述及研究的意义

质指在人们的意识之外独立存在又能为人的意识所反映的客观实在。列宁指出:"物质是标志客观实在的哲学范畴,这种客观实在是人通过感觉感知的,它不依赖于我们的感觉而存在,为我们的感觉所复写、摄影、反映。"① 世界上的一切事物有着无限多样的形态,无穷的变化发展,但归根结底都是客观实在的物质的外在表现。意识只是高度发展的物质的一种外在表象。社会物质,是指独立存在于人的意识之外的社会物质存在。它是在自然物质的基础上,经过人类社会劳动的加工改造而形成的物质因素。比如,自然状态的山地,经过人类社会开垦、种植植物,就变成了梯田。经过改造后的梯田不是自然物质因素,而是社会物质因素。再比如,埋藏在地下的石油是自然物质,经过开采和提炼变成了汽油。汽油就是社会物质因素,它和石油的区别就在于,石油是原始的天然存在的自然物质,汽油则是经过劳动者的开采和提炼,就成了社会物质。自然物质和社会物质的根本区别点:自然物质是原始的、天然的物质因素;社会物质是对自然物质进行加工改造后的物质。

思想政治教育价值结构有构成要素,思想政治教育物质价值结构也有构成要素,那么,二者有何区别?二者的根本区别点在于:思想政治教育价值结构的构成要素是以思想政治教育价值作为系统来探讨它的构成要素的,思想政治教育物质价值结构则是以思想政治教育物质价值结构为系统来探讨它的构成要素。前者包含后者,后者是前者的子系统。

思想政治教育精神价值结构,是指思想政治教育价值系统中精神构成要素之间的搭配与排列组合。思想政治教育精神价值结构如同思想政治教育物质价值结构一样,也有自己的结构。如何研究思想政治教育精神价值结构,同研究思想政治教育物质价值结构一样,将思想政治教育精神价值结构作为一个系统,它的子系统就是它的构成要素,这些要素组合起来就形成思想政治教育精神价值结构。思想政治教育精神价值结

---

① 《列宁全集》第14卷,北京:人民出版社1988年版,第128页。

构的构成要素如果按照时间为标准划分，它有两个方面的要素：传统精神价值和现实精神价值。

思想政治教育传统精神价值，是指思想政治教育以自己的功能去满足价值主体对传统文化优秀成果需要的效益关系。我国是世界文明古国，传统文化中蕴含着极其优秀的成分，这就为满足价值主体的精神需要提供了丰富的内容。比如，中华民族具有的坚忍不拔、自强不息的奋斗精神；"为天地立心，为生民立命，为往圣继绝学，为万世开太平"的入世开拓精神；"先天下之忧而忧，后天下之乐而乐"的高度社会责任感；"富贵不能淫，贫贱不能屈"的大丈夫气概等。传统文化中的这些最宝贵的精神，能够为思想政治教育教育提供用之不竭的精神能量。

思想政治教育现实精神价值，是指思想政治教育以自己的功能去满足价值主体对现实文化优秀成果需要的效益关系。现实精神价值包括两个方面：一是思想道德。这里的道德是指广义的道德，它包括当今社会的政治思想、道德面貌、社会风尚和人们的世界观、人生观、理想信念等。二是教育、科学、文化。它包括社会的教育、科学、文化等。现实的精神因素渗透到社会主义物质文明建设之中，除了为物质文明建设的发展提供政治导向、思想指导和法律保障，还能提供精神动力及智力支持。思想道德与教育、科学、文化等要素组合起来就构成思想政治教育的现实精神价值结构。现实精神价值的精神因素通过理想信念的确立、观念的更新、良好风气的熏陶、坚强意志的培养，使人树立理想信念，明确人生的目标和价值，这一切会使人产生巨大的精神力量。

（二）社会价值结构、集体价值结构和个体价值结构

按价值主体的层次为标准进行类型的划分，思想政治教育价值结构的类型分为社会价值结构、集体价值结构和个体价值结构。

社会价值结构，是指思想政治教育社会价值系统中各构成要素之间的搭配与排列组合。社会价值结构的构成要素有：社会政治价值结构、

社会经济价值结构和社会文化价值结构。社会政治价值结构，是指思想政治教育价值系统中政治要素之间的搭配与排列组合。社会政治发展的需要有：政治制度的巩固、政治理论的繁荣、政治生活内容的丰富、政治风气的和谐健康等。社会的这些政治需要得到了满足，社会主义制度和国家政权才能巩固，人民当家做主的权利才能得到保障，民众的政治素质才能提高，政治环境才能清明。

集体价值结构，是指思想政治教育集体价值系统中各构成要素之间的搭配与排列组合。集体价值结构的构成要素有：集体制度价值结构、集体文化价值结构、集体心理价值结构。集体制度价值结构构成的要素有：集体的政治制度、集体的经济制度、集体的文化制度。集体的政治制度是集体内部的各种政治规范的总和。它规定、协调和指导着集体成员的政治行为。它包括政治组织制度、政治活动制度。政治组织制度主要有党团组织制度，这些制度保证了党团组织的健康发展和组织生活的正常进行。政治活动制度有政治学习制度、党团活动制度。集体制度，是集体内部的各种规范的总和。它规定、调整和引导集体成员的行动，集体的制度对一个单位的和谐发展具有重要作用。通过思想政治教育，满足单位制定和实施好集体的政治制度、经济制度和文化制度的需要，就能形成良好的集体制度的价值结构，促进集体的发展。集体的经济制度包括经济生产制度、物质利益的分配制度。经济生产是在特定单位的组织下为获得物质财富而进行的劳动。经济生产制度则是为保证物质产品生产的有序进行而要求劳动者必须共同遵守的行动准则。有了科学的经济生产制度，才能保证和促进经济生产的发展。人们生产物质财富的目的是增强单位和国家的经济实力，提高物质生活水平。物质利益的分配制度就是为达到这一目的提供保证。物质利益分配制度，是指根据按劳分配原则给劳动者分发物质财富的准则。物质利益分配制度科学与否，不仅关系到劳动者利益的维护和劳动积极性的巩固与激发，还影响到经济生产效率的提高。

集体的文化制度。集体文化是指在集体活动过程中逐渐形成的具有集体特色的精神氛围。集体内部每一成员都能感受到并受它支配的集体灵魂。一个集体能不能形成健康向上的文化与它的文化制度有密切关系。集体的文化制度，是指集体成员进行文化活动时必须遵循的准则。集体的文化制度包括文化产品生产制度、文化产品传播制度和文化产品消费制度。集体的文化制度是生产文化产品和形成健康的文化消费的保证。

集体心理价值结构。集体心理价值结构，是指思想政治教育集体心理价值系统中各构成要素之间的搭配与排列组合。集体心理，是指集体成员在相互作用过程中形成的整体意识倾向。集体心理价值结构的构成要素有：集体的情绪、信念、动机、舆论等。其中集体舆论和集体情绪是集体心理结构中的重要因素。因此，优化集体心理价值结构对于形成健康的集体心理具有重要作用，而优化集体心理价值结构的重点是营造集体舆论和调整集体情绪。

如何才能营造良好的集体舆论？要营造良好集体舆论，必须先了解集体舆论的含义和形成构成。集体舆论，是指集体中大多数或所有成员就他们所关心的问题形成的大体一致的共同意见。集体舆论是体现集体中大多数成员的认知、情感和态度的"晴雨表"，通过这个"晴雨表"，可以了解成员的思想观念、情绪、愿望和追求。集体舆论的形成通常分为三个阶段：第一阶段，集体成员直接参与和他们利益有关的事件与活动，对它产生个体性评价；第二阶段，成员之间交换个人的评价意见、观点和态度；第三阶段，成员之间对不同意见求同存异形成集体意见。集体舆论不是个体意见的简单相加，而是将集体成员不同的观点、信念、意见、情绪"综合"起来形成大家的共同认识。正因为如此，集体舆论能够刺激集体心理，激化集体情绪，形成集体动力或压力，影响集体成员的行为。在营造集体舆论时，要做好以下工作：第一，了解集体成员的个人观点、情绪和态度；用共同利益感染和引导人们思想与行为；第二，注意集体舆论形成过程中的群众领袖的作用；第三，注意集体舆论影响力的强弱；第四，注意利用集体舆论增强思想政治教育价值的效果。

调整好集体情绪。集体情绪，是指集体成员以感情形式表露出来的价值判断。集体成员在内心进行价值评价时，他不是以文字或语言形式来表达自己判断的结果，而是以过高或过低的情绪显示出来。集体情绪是集体成员个人情绪相互影响的产物。情绪的最大特点是感染力大，使集体成员在相互的情绪感染中形成集体情绪。集体情绪对人的思想与行为有控制作用。在良好情绪的控制下，集体成员就会朝气蓬勃，赋有生气与活力；在消极情绪的控制下，集体成员会消沉和冷漠，集体会显得死气沉沉。思想政治教育一定要重视集体情绪的疏导，针对集体情绪存在的问题，有针对性地采取得力措施，引导集体成员调整好集体情绪，形成乐观向上的精神氛围，形成良好的集体情绪。

（三）现实价值结构和潜在价值结构

按价值显示的状态为标准划分，思想政治教育价值结构的类型分为现实价值结构和潜在价值结构。现实价值，是指思想政治教育以其功能满足价值主体当前需要的效益关系。现实价值结构，是指思想政治教育现实价值系统中各构成要素之间的搭配与排列组合。现实价值结构的构成要素有：现实的物质需要和精神需要。现实的物质需要和精神需要是价值主体解决生存和发展的两大必不可少的需要。生活在现实社会的价值主体只有得到了这两大需要，才能生存和发展。潜在价值，是指思想政治教育以其功能满足价值主体存在的尚未表现出来的需要的效益关系。比如，在校大学生尽管有获得工作的需要，但他们正在学校完成学业，不能得到工作岗位。他们希望获得工作的需要就是潜在价值，因为只有当他们毕业走上工作岗位从事具体的业务活动后，潜在价值才会转化为现实价值。潜在价值结构，是指思想政治教育潜在价值系统中各构成要素之间的搭配与排列组合。潜在价值结构的构成要素有：潜在的物质需要和精神需要。潜在的物质需要和精神需要分为两类：一是现在存在但没有显露出来的需要。比如，价值主体有实现目标的需要，在目标未实现前，实现目标的需要就是没有显露出来的需要。二是现实存在的需要因为缺乏满足需要的条件，要在未来具备条件后才能显露出来的需要。比如，初级人才有成为高级人才的需要，但现实无论是素质，还是工作业绩都未达到高级人才的要求，他希望成为高级人才的需要就是潜在的。

（四）显性价值结构和隐性价值结构

以价值的存在状态为标准，思想政治教育价值结构的类型分为显性价值结构和隐性价值结构。要了解思想政治教育显性价值结构和隐性价值结构，先要了解思想政治教育显性价值和思想政治教育隐性价值的含义。思想政治教育显性价值，是指思想政治教育以其功能满足价值主体能清晰明确表达出来的需要的效益关系。即思想政治教育价值的产生与运用的过程可以清晰地看到。思想政治教育隐性价值，是指思想政治教育以其功能满足价值主体还不能清晰明确表现出来的需要的效益关系。由此可见，思想政治教育显性价值的表现过程是可见的，而思想政治教育隐性价值的表现过程则不可见。思想政治教育显性价值和隐性价值二者在一定的条件下会相互转化。比如，显性价值被削弱到一定程度，会转化为隐性价值。隐性价值如果被重视，价值得到提高，会转化为显性价值。显性价值结构，是指思想政治教育显性价值系统中各构成要素之间的搭配与排列组合。隐性价值结构，是指思想政治教育隐性价值系统中各构成要素之间的搭配与排列组合。

三、思想政治教育价值结构的本质属性

思想政治教育价值结构和其他结构有区别，就在于它有自己质的规

定性。思想政治教育价值结构的本质属性有：整体性、动态性、层次性、整合性。

（一）整体性

思想政治教育价值结构的整体性，是指思想政治教育价值具有完整的统一体的属性。即思想政治教育价值是以完整统一的形式表现出来的，不是以某一方面的价值表现的。比如，我们在研究思想政治教育社会价值结构时，要探讨的是它的整体的价值，而不是只研究社会价值中的某一部分价值。强调思想政治教育价值结构的整体性就是为了在思想政治教育价值实现中获得完整统一的思想政治教育效果。

（二）动态性

思想政治教育价值结构的动态性，是指思想政治教育价值系统在变化发展过程中所具有的属性。思想政治教育价值结构无论是形成，还是发展，都要受其他因素的影响。比如，思想政治教育活动、思想政治教育价值构成要素都会影响它。这二者都处在运动变化之中，是动态变化的，这就使思想政治教育价值结构也就随之发生变化。思想政治教育价值结构的动态性，要求我们要根据价值结构的变化而及时对其进行调整，使其保持在合理状态，正常发挥作用。

（三）层次性

思想政治教育价值结构的层次性，是指思想政治教育价值结构系统具有等级秩序的属性。即思想政治教育价值结构体系是按照一定规律构成的价值层次的整体。思想政治教育价值结构之所以具有层次性，在于思想政治教育价值结构的构成要素具有层次性。比如，价值结构重要的构成要素价值主客体就具有层次性，有高层次的主客体，也有低层次的主客体。不同层次主客体构成的思想政治教育价值结构的层次就有差异。结构决定功能,思想政治教育价值结构的层次性决定思想政治教育价值功能也具有层次性。

(四) 整合性

思想政治教育价值结构的整合性,是指思想政治教育价值结构具有通过一定的组合方式,把各种要素综合成为一个整体的属性。思想政治教育价值结构的整合性要求我们只有将分散的构成要素组合成一个完整的系统,各个构成要素才能发挥作用,单一的要素是起不了作用的。比如,仅有教育者,没有受教育者,思想政治教育活动就无法开展,教育者也发挥不了自己的作用。

四、思想政治教育价值结构研究的意义

研究思想政治教育价值结构,具有重要的理论意义和实践意义。

(一) 思想政治教育价值结构研究的理论意义

思想政治教育价值结构是思想政治教育价值理论中的重要组成部分,对思想政治教育效果的产生有直接影响。研究思想政治教育价值结构有重要的理论意义。

1. 增添了思想政治教育价值结构理论的内容

思想政治教育价值理论在思想政治教育学中是比较成熟的理论,但理论界对思想政治教育价值结构的研究却比较少,使得思想政治教育价值结构的许多问题都没有进行深入研究,甚至没有研究。比如,思想政治教育价值结构的含义、类型、特性;思想政治教育价值结构的构成要素;思想政治教育价值结构与功能的关系等基本的理论问题都未研究。笔者在本书将对这些问题进行较为深入地探讨,阐述自己的理论观点。尽管这些观点还不成熟,但能够在借鉴理论界现有研究成果的基础上,

第一章 思想政治教育价值结构概述及研究的意义

对思想政治教育价值结构理论的研究推进一步，哪怕是一小步也算是理论上的新贡献。比如，如何界定思想政治教育价值结构的含义。笔者在查阅、分析有关资料后，对有代表性的观点，既充分肯定了它们的理论价值，也指出了其中存在的问题。在此基础上，对思想政治教育价值结构的定义做出了自己的界定。采用相同的方法，对思想政治教育价值结构的类型、思想政治教育价值结构的构成要素、思想政治教育价值结构与功能的关系等理论都作了研究，提出了自己的观点。书中阐述的这些理论观点，尽管也不成熟，但有两方面的价值：一是增添了思想政治教育价值结构理论的内容。二是为同行研究思想政治教育价值结构起到了抛砖引玉的作用。

2. 丰富了思想政治教育价值理论的内容

思想政治教育价值结构理论是思想政治教育价值理论的子系统，它既要受思想政治教育价值理论的制约，但又能反作用于思想政治教育价值理论，促进它的发展。由于思想政治教育价值结构理论是思想政治教育价值理论的子系统，研究后者就能丰富前者的内容。比如，笔者分两章，比较深入地研究了思想政治教育价值结构的横向结构和纵向结构。在横向结构一章，重点探讨了思想政治教育的物质价值、精神价值，分析了思想政治教育的物质价值和精神价值的关系。在纵向结构一章，重点探讨了思想政治教育的社会价值、集体价值和个体价值，分析了它们之间的关系。再比如，设专章研究了思想政治教育价值结构的失衡，分析了失衡的原因，以此为依据，提出了思想政治教育价值结构优化的措施。在研究思想政治教育价值结构的失衡部分，界定了思想政治教育价值结构失衡的含义，联系实际论述了思想政治教育价值结构失衡的现实表现，在此基础上寻找到了思想政治教育价值结构失衡的原因。思想政治教育价值结构优化这一章，根据前面对思想政治教育价值结构的失衡及其原因分析，提出了结构优化的观点。就思想政治教育价值结构的优化，笔者从提高思想政治教育价值结构构成要素的质量、及时解决思想政治教育价值结构中出现的问题和建设思想政治教育的环境三个方面阐述了自己的观点。对上述理论问题的探讨，不仅深化了对思想政治教育价值结构的研究，还丰富了思想政治教育价值理论的内容。

3. 促进了思想政治教育学理论的发展

促进思想政治教育学理论的发展，有两个途径：一是完善思想政治教育学的理论体系；二是分层次深入研究该学科的基础理论。本书的任务就是从第二个途径研究思想政治教育价值结构。思想政治教育价值结构理论是思想政治教育价值理论的子系统，同时也是思想政治教育价值理论的下一个层次。通过探讨思想政治教育价值结构，就把思想政治教育价值理论的研究推进到了下一个层次。这样，就深化了研究的内容。由此，我们就看到了促进思想政治教育学理论的发展的逻辑思路是：研究思想政治教育价值结构，为思想政治教育价值理论增添新的内容，思想政治教育价值理论又丰富了思想政治教育学的理论，促进了它的发展。

（二）思想政治教育价值结构研究的实践意义

1. 优化思想政治教育价值结构

思想政治教育价值结构是在一定的时空条件下形成的，随着时空的变化和结构内部自身的矛盾运动，面对已经变化了的新情况，原有的思想政治教育价值结构就会出现失衡。思想政治教育价值结构一旦失衡，将直接影响到思想政治教育功能。因此，解决思想政治教育价值结构失衡问题，优化思想政治教育价值结构是保持其合理性，更好发挥作用的需要。研究思想政治教育价值结构对优化结构有什么作用呢？其作用有：第一，发现思想政治教育价值结构存在的问题。发现结构的问题是优化的前提。只有发现了问题，才能有针对性地进行优化。研究思想政治教育价值结构能够发现哪些问题呢？一是能够发现思想政治教育价值结构构成要素出现的问题。结构的要素是形成结构的基础，它出现了问题，会直接影响结构的质量。在研究思想政治教育价值结构时自然要关注要素的变化状况，通过对思想政治教育价值结构构成要素的关注，才能发现要素存在的问题。二是找出造成思想政治教育价值结构构成要素变化的原因。找到了构成要素出现的问题还无法优化思想政治教育价值结构，就好比医生发现了病还不能开药方一样，还必须找到发病的原因才能开出治病的药方。通过对结构的研究，发现思想政治教育价值结构构成要素出了问题，再顺藤摸瓜去寻找造成要素出问题的原因。这样，优化思想政治教育价值结构的措施就能有针对性地提出，思想政治教育价值结构失衡的问题就能得到解决。

2. 充分发挥思想政治教育价值的功能

思想政治教育价值的功能能否发挥及发挥到什么程度，取决于思想政治教育价值结构的构成状况。结构构成状况合理，甚至优良，思想政治教育价值的功能就能发挥到较高的程度。反之，功能就难以发挥。研究思想政治教育价值结构的目的，就是通过发现问题，及时调整结构，使其达到优化状态，为增强和发挥思想政治教育价值功能提供条件。

3. 增强思想政治教育的效果

优化思想政治教育价值结构、发挥思想政治教育价值功能都不是最终目的，做这些工作的最终目的是增强思想政治教育的效果，更好地立德树人，培养德智体美劳全面发展的社会主义建设者和接班人。研究思想政治教育价值结构能够从以下几个方面增强思想政治教育效果：

（1）提高思想政治教育价值结构构成要素的质量

从结构的角度讲，增强思想政治教育效果的因素有：思想政治教育价值结构构成要素的质量；思想政治教育价值结构是否处于合理状态；思想政治教育价值功能发挥的程度。思想政治教育价值结构的构成要素是影响思想政治教育效果的首要因素，其原因在于：结构的构成要素决定价值结构的组成状况。如果思想政治教育价值结构的构成要素质量高，价值结构的组成状况就良好，就能为提高思想政治教育价值功能和增强思想政治教育效果奠定坚实的基础。所以，提高结构构成要素的质量，是增强思想政治教育效果的前提。

(2) 调整结构使其保持合理性

思想政治教育价值结构决定思想政治教育价值功能，有什么样的结构就会产生与之相关的功能。前面讲过，受时空的影响，思想政治教育价值结构会发生变化，从而降低思想政治教育价值功能，影响到思想政治教育的效果。因此，根据思想政治教育价值结构的变化，及时排除影响结构的不利因素，将思想政治教育价值结构调整到合理状态，保证思想政治教育价值功能的发挥，取得良好的思想政治教育效果。

(3) 保证思想政治教育价值功能得到充分发挥

思想政治教育价值功能的发挥，是影响思想政治教育效果的直接因素。思想政治教育价值功能能否正常发挥，又取决于思想政治教育价值结构是否合理。研究思想政治教育价值结构，使其处于良好状态，就能使思想政治价值教育功能得到正常发挥。

第二章 思想政治教育价值结构系统与功能分析

思想政治教育价值是思想政治教育学关注的一个核心问题。所谓价值，是指反映客体所具有的属性对主体需要的满足程度的一种关系范畴，满足程度越大，客体的价值越大，反之客体的价值就小。那么，思想政治教育价值则是思想政治教育本身作为客体对受教育者需要的满足程度的一种反映。思想政治教价值也是对思想政治教育活动本身效果的一种呈现方式，思想政治教育价值程度越高表明思想政治教育活动就开展得好，受教育者对思想政治教育的认可度就越高。但思想政治教育价值功能的发挥，从根本上取决于思想政治教育价值结构，作为一个系统，思想政治教育价值结构合理，其功能发挥就顺畅，否则思想政治教育价值的功能就得不到应有的释放。因此，研究思想政治教育价值结构、思想政治教育价值结构系统等具有较为重大的理论意义和实践价值。

一、思想政治教育价值结构系统的含义与特性

概念是研究的起点，厘清思想政治教育价值结构系统的含义与特性是深化研究的前提和基础。

(一) 思想政治教育价值结构系统的含义

思想政治教育价值结构系统，是指思想政治教育价值结构的构成要素按一定的联系方式搭配组合而成的整体。思想政治教育价值结构系统与思想政治教育价值结构既有联系，也有区别。二者的联系是先有结构，后有结构系统。二者的区别：思想政治教育价值结构是指思想政治教育价值系统中各构成要素之间的搭配与排列组合。思想政治教育价值结构系统则是指思想政治教育价值结构的构成要素按一定的关系组成的整体。前者讲价值系统各构成要素按照一定的形式搭配与排列组合起来形成结构。后者是讲价值结构的构成要素按一定的关系如何组成为一个整体。

要理解思想政治教育价值结构系统，首先要了解思想政治教育价值结构。思想政治教育价值结构，是指思想政治教育价值系统内各构成要素之间的搭配与排列组合。思想政治教育价值结构系统的构成要素主要包括价值目标、价值主体、价值客体、理论教育和实践活动。这五个构成要素按照一定的关系组合起来就形成了思想政治教育价值结构系统。一方面，这五个要素是构成思想政治教育价值结构的必要因素。只有具备了这五个要素，并按照一定的组合方式进行排列、搭配才能形成结构。因此，这五个要素进行不同的排列组合就会形成不同的思想政治教育价值结构。另一方面，要素本身质量的高低会直接影响价值结构及其功能。构成要素的质量高，各要素之间的质量又比较均衡，就能形成优质的价值结构。而优质的价值结构，则为思想政治教育价值功能高效率的发挥提供了保证。除此之外，各构成要素之间的搭配和排列是否合理也是影响思想政治教育价值结构的关键性因素。思想政治教育价值结构要理想，除了各要素自身的质量外，要素之间的搭配和排列也非常重要。各要素之间搭配合理，各要素就能够相互配合，发挥好各自的作用，形成整体的合力，使思想政治教育价值的功能得到充分的发挥。反之，如果要素搭配不合理，要素之间会产生内耗而破坏结构的合理性，进而影响到价值功能的发挥。思想政治教育价值结构系统则是在思想政治教育价值结构的基础上强调思想政治教育价值结构的整体性，以期从整体上来考察思想政治教育价值结构，促进思想政治教育价值结构从整体上得到调适和优化，助推思想政治教育价值功能的发挥。

（二）思想政治教育价值结构系统的特性

第一章讲了思想政治教育价值结构的本质属性，这里再讲思想政治教育价值结构系统特性。二者有什么区别呢？其区别为有两点：一是思想政治教育价值结构与思想政治教育价值结构系统的区别。思想政治教育价值结构是讲思想政治教育价值系统中各构成要素之间的搭配与排列组合。思想政治教育价值结构系统则是讲思想政治教育价值结构的构成要素按一定的关系组成的整体。二是本质属性与特性的区别。本质属性，是指决定该事物之所以为该事物而不是别的事物的特有属性。即事物本身所固有的决定性质的根本属性。特性，是指一种事物所特有的性质，表明其特殊的品性、品质。特性更多侧重于从事物内在表现出来的性质，区别于从事物表面表现出来的特征。特性和本质属性的区别在于：特性是指事物的性质，本质属性是指事物根本的性质。此处讲的思想政治教育价值结构系统的特性，是从结构系统来研究它的性质。第一章讲的思想政治教育价值结构的本质属性，研究的是思想政治教育价值结构的根本性质。思想政治教育价值结构系统的特性有：多元性、相关性、整体性、动态性、层次性等。

1. 思想政治教育价值结构系统的多元性

要探讨思想政治教育价值结构系统的多元性，首先得界定该概念的含义。

（1）思想政治教育价值结构系统多元性的含义

思想政治教育价值结构系统的多元性，是指思想政治教育价值结构系统的构成具有多种形式的属性。思想政治教育价值结构系统的多元性根本上是由其结构系统构成要素的多元性所决定的。思想政治教育价值结构系统构成要素的多元性表现为：思想政治教育价值结构系统构成的五个要素都不是单一而是多元的。比如，思想政治教育价值主体就是多元的，从价值主体的素质看，分为高中低三个层次，从价值主体的需要看，有正确需要，也有错误需要。思想政治教育价值目标、价值客体、理论教育和实践活动同主体一样也是多元的。构成要素的多元性必然决定着结构系统内的多种构成要素有着不同的排列组合方式，比如，强的价值主体与弱的价值客体的组合，弱的价值主体与强的价值客体的组合就是不同的排列组合方式。不同的排列组合方式构成不同的价值结构系统。因此，思想政治教育价值结构系统的组合形式也是多元的。思想政治教育价值结构系统构成要素的多元组合方式决定着思想政治教育价值结构系统的多元性。由于不同的结构决定着不同的功能，因此，思想政治教育价值结构系统功能的发挥也必然具有多元性。

(2) 思想政治教育价值结构系统多元性的现实表现

思想政治教育价值结构系统的构成要素按照不同的方式进行排列组合，就会形成不同的价值结构系统。从根本上说，不同思想政治教育价值结构系统的形成，是在一定的社会环境和具体的思想政治教育实践活动中形成的。思想政治教育价值结构系统的多元性的现实表现，就是指在具体的思想政治教育实践活动中思想政治价值结构系统中的价值目标、价值主体、价值客体、理论教育、实践活动等按照不同方式组合搭配而促使思想政治教育价值结构系统表现出来的不同状态。

从思想政治教育价值结构系统功能发挥来看，思想政治教育价值结构系统可表现为完善的思想政治教育价值结构系统和不完善的思想政治教育价值结构系统。结构决定功能，思想政治教育价值结构决定着思想政治教育价值结构系统的功能，有什么样的结构就有什么样的功能。当思想政治教育价值系统内各构成要素搭配合理，系统内各构成要素互相影响互相配合达到最佳状态，进而促使思想政治教育价值结构系统功能得到良好发挥，这时的思想政治教育价值结构系统就表现为完善的思想政治教育价值结构系统。比如，在思想政治教育活动中，思想政治教育价值主体、客体的素质都较高，有着正确的价值目标，思想政治教育实践过程中的实践活动和理论教育也能做到以马克思主义为指导，与主流意识形态相向而行，这样思想政治教育价值结构系统内各要素就能在合理的搭配下，相互影响、相互作用，促进思想政治教育价值的实现。在这种情况下，思想政治教育价值结构系统就表现为完善的状态。当思想政治教育价值系统内各构成要素搭配不合理，进而导致思想政治教育价值结构系统整体上的功能得不到很好的发挥时，这时的思想政治教育价值结构系统就表现为不完善的思想政治教育价值结构系统。比如，素质较高的思想政治教育价值主体搭配了素质较低的思想政治教育价值客体，那么价值主体的需求就不能得到很好的满足，思想政治教育价值就无法得到真正实现。再如，思想政治教育价值主体、客体的素质都比较高，但是思想政治教育价值的目标却偏离了主流方向，甚至理论教育的内容都是非马克思主义或反马克思主义的东西，那么思想政治教育不但起不到相应的作用，而且影响还相当恶劣，思想政治教育价值不但没有得到实现，还把思想政治教育价值主体拉向了与主流相反的方向。在这种情况下，思想政治教育价值结构系统就表现为不完善的状态。

从思想政治教育价值结构系统的功能发挥程度来看，思想政治教育价值结构系统可表现为不同的层次。具体来讲可表现为，思想政治教育价值结构合理的系统和思想政治教育价值结构不合理的系统。思想政治教育价值结构合理的系统，是指在思想政治教育实践活动中，各种要素搭配科学，思想政治教育价值结构系统的功能得到最大限度的发挥，我们可以把这种系统叫作思想政治教育价值结构合理的系统。思想政治教育价值结构不合理的系统，主要是指在思想政治教育实践活动中，各种要素的搭配存在问题，思想政治教育价值结构系统的功能只能得到部分发挥，我们可以把这种系统叫作思想政治教育价值结构不合理的系统。

2. 思想政治教育价值结构系统的相关性

对思想政治教育价值结构系统相关性的含义作出界定，才能深入地探讨思想政治教育价值结构系统的相关性。

(1) 思想政治教育价值结构系统相关性的含义

思想政治教育价值结构系统的相关性，是指思想政治教育价值结构系统内部各要素之间及其与思想政治教育其他系统之间具有彼此关联的属性。一方面，思想政治教育价值结构系统由多种要素按照不同方式排列组合而成，每一种要素在其中都发挥着自己的功能，各要素之间紧密联系，缺一不可，在思想政治教育价值结构系统内部各要素之间有着紧密的关系，相互影响、相互作用，具有紧密的相关性。另一方面，思想政治教育价值结构系统并不是一个孤立的系统，与思想政治教育活动的其他系统也是相互联系、相互影响、相互依赖的。比如，思想政治教育活动与社会的政治活动、经济活动和文化活动就紧密相关，相互作用和影响。

(2) 思想政治教育价值结构系统相关性的现实表现

相关性，就是指事物之间的普遍联系。世界始终处于普遍联系之中，恩格斯曾经在描述事物普遍联系的时候，勾画了一幅复杂的"辩证图景"，他认为："当我们通过思维来考察自然界或人类历史或我们自己的精神活动的时候，首先呈现在我们眼前的，是一幅由种种联系和相互作用无穷尽地交织起来的画面。"[1] 那么，思想政治教育价值结构系统的相关性在现实的思想政治教育活动中主要表现在两个方面：一是思想政治教育价值结构系统内部各要素之间具有相关性；二是思想政治教育价值结构系统与思想政治教育过程中其他系统具有相关性。

---

[1]《马克思恩格斯选集》第3卷，北京：人民出版社2012年版，第395页。

第二章　思想政治教育价值结构系统与功能分析

思想政治教育价值结构系统内部各要素之间具有相关性。具体表现为：第一，思想政治教育价值结构系统内部各要素之间相互联系。思想政治教育价值结构系统由五个要素组合而成，其中的任何一个要素都与其他要素发生着联系，正因为有这种联系，思想政治教育价值目标、价值主体、价值客体、理论教育、实践活动等各种要素之间才相互影响，形成有机的统一体。彼此之间密不可分、缺一不可。第二，思想政治教育价值结构系统的子系统之间具有相关性。思想政治教育价值结构系统按照不同的标准可分为不同的类型。比如，按照思想政治教育横向价值结构来划分，思想政治教育价值结构系统可分为思想政治教育的政治价值结构、经济价值结构、文化价值结构等。它们作为思想政治教育价值结构系统的子系统，不仅相互之间发生联系，而且还分别与整体系统发生联系。有了这种密切联系，子系统与整体系统才能有效地维持和谐的关系和发挥作用。在思想政治教育价值横向结构系统中，政治价值是灵魂，经济价值是基础，文化价值是根本。它们之间只有保持密切联系，才能保证结构的稳定性，发挥其作用。如果一个方面被弱化，其他价值就会受到影响。比如，政治价值被削弱，经济价值和文化价值必然受到影响而弱化。如若忽视思想政治教育的经济价值，势必造成思想政治教育活动与经济活动相分离的"两张皮"现象，不仅会导致思想政治教育效果不佳，价值难以实现，而且还难以调动人们积极性，导致经济效益低下等。同样的道理，如果思想政治教育的文化价值被弱化，也会影响到政治价值和经济价值的实现。因此，政治价值、经济价值、文化价值彼此联系着。再比如，思想政治教育纵向价值结构系统中，思想政治教育的个体价值、集体价值、社会价值三者之间，个体价值是基础，集体价值是中介，社会价值是归宿。这三者只有相互配合，思想政治教育价值的纵向结构系统才能协调发展。弱化其中任何一个价值，整体的纵向结构就会失去平衡。

思想政治教育价值结构系统与其他系统具有相关性。从系统论的角度来看，思想政治教育价值结构系统，它不是孤立存在的，它与其他结构系统发生着各种各样的联系。比如，思想政治教育价值结构系统与思想政治教育环境系统就存在着必然联系。思想政治教育环境系统是思想政治教育价值结构系统运行的空间，思想政治教育价值结构系统必然受到思想政治教育环境系统的影响。思想政治教育环境系统的积极因素会促进思想政治教育价值结构系统的正常运行，而环境系统的消极因素则会导致思想政治教育价值结构系统失衡。同样，思想政治教育价值结构系统在环境系统中运行，也会对思想政治教育环境系统产生影响。这种影响同样分为积极影响和消极影响。所谓积极影响，就是促进思想政治教育环境的优化。所谓消极影响，就是破坏环境系统的结构和影响环境系统构成要素的发展，进而导致思想政治教育社会环境系统恶化。

3. 思想政治教育价值结构系统的整体性

要研究思想政治教育价值结构系统的整体性，必须先界定其含义。

(1) 思想政治教育价值结构系统整体性的含义

思想政治教育价值结构系统的整体性，是指思想政治教育价值结构系统在运行过程中，具有整个系统的属性。整体性强调的是思想政治教育价值结构系统不是某一要素在发挥作用，而是结构系统中各个构成要素在共同发挥作用。思想政治教育价值结构功能的发挥有赖于思想政治教育价值结构系统整体功能的涌现，这种整体功能的涌现，不是系统内各个要素的机械相加或简单累积，而是系统内各要素根据内在的联系或规律相互联系而呈现出来的单个要素所不具备的整体功能。当然，这种整体性也不是取决于某一种结构类型，各种类型的思想政治教育价值结构对思想政治教育价值功能的发挥都存在着不同程度的影响，只要结构合理，系统的整体性自然会体现。因此，我们要特别从整体性上来关注思想政治教育价值结构系统的运行，各种类型的思想政治教育价值结构各要素之间配合得当，则思想政治教育价值结构系统运行顺畅，思想政治教育价值功能就可以得到充分发挥，反之则阻碍思想政治教育价值功能的发挥,最终必将阻碍思想政治教育价值的实现。

(2) 思想政治教育价值结构系统整体性的现实表现

系统学认为,每一个系统都是由诸多要素有机构成。而系统功能的发挥并不是由某一个要素决定的,而是"系统内各子系统或组分通过数量、规模、结构等良性互动表现出来的单个子系统或单个组分所不具备的整体功能"①,促使系统实现自身的"整体涌现",即实现系统"1+1>2"的功能。同样,思想政治教育价值功能的发挥,也有赖于思想政治教育价值结构系统诸要素的良好配合,只有其诸要素有机配合,才能在最大限度上发挥其功能。思想政治教育价值结构系统整体性主要体现在两个方面:一是系统内各要素之间的有效配合、规律联系体现出来的整体性;二是系统内各要素差异整合体现出来的整体性。

第一,系统内各要素之间的有效配合、规律联系体现出来的整体性。价值目标、价值主体、价值客体、理论教育和实践活动是思想政治教育价值系统的内部要素。思想政治教育价值关系的形成、价值的实现、价值结构的平稳运行等都有赖于以上要素的良性互动、互相配合。价值目标是价值客体满足价值主体需要的预期结果,也是思想政治教育价值实现的目标,对思想政治教育活动有客观上的引领作用。思想政治教育价值主体则是思想政治教育活动的对象,价值主体的需要是思想政治教育价值关系范畴中最基本的方面,只有价值主体具备这种需要,价值客体才有其存在的现实意义,也就是说,价值主体的需要成为了思想政治教育价值生成的基本前提。如果没有思想政治教育价值主体的需要,甚至整个思想政治教育活动都将失去其存在的意义。由于作为价值客体的思想政治教育是以自己的功能去满足价值主体的价值需求,因此,思想政治教育价值客体在思想政治教育价值结构中起主导作用,引领着整体结构的运行方向。理论教育是思想政治教育价值客体满足思想

---

① 苗东升:《系统科学精要》,北京:中国人民大学出版社2006年版,第54页。

政治教育价值主体需要的主要内容。在思想政治教育活动中，价值客体的任务是通过理论教育满足价值主体学习理论和提高理论水平的需要，价值主体只有掌握了科学理论，才能形成正确的需要，提高需要的层次。实践活动则是沟通思想政治教育价值主体和思想政治教育价值客体的桥梁，价值客体只有通过实践活动，才能以自己的功能去满足价值主体的需要，使思想政治教育价值得以形成。离开了实践活动，思想政治教育价值结构就不完善，思想政治教育价值关系则无法形成，思想政治教育价值结构的运行也无从谈起。

第二，系统内各要素差异整合体现出来的整体性。虽然系统内各要素之间具有某种内在的关联性，但系统各要素也具有各自的相互独立性，有自身的特性和性能，因此，系统各要素之间的搭配、组合并不是一帆风顺的，各要素必然有与其他要素或是系统冲突的一面，这一面就会妨碍、阻挠与系统的协调，是造成系统无序的重要不稳定因素，对此，这些不利于系统整体功能涌现的成分就要被限制、约束，或改变，也就是差异的整合，系统的整体性才会得以体现。在思想政治教育价值结构系统中，五个要素虽彼此存在内在的联系，但都是具有自身属性的独立的要素，比如价值主体。价值主体在价值结构中是要接受教育者传递的主流的思想观念、道德规范和价值准则，但与此同时，价值主体也具有自己的独立性、主体性和主动性。一方面，在某些领域他可能是教育者的身份，这个就不赘述；另一方面，也就是最关键的，价值主体是有自己独立思想的个体，对于这个社会的认识、教育者要传递的内容已有了自己的认知，那对教育者传递内容的接受度就不会是理想的百分之百，有的甚至排斥，不会与价值客体有效配合，不接受价值客体进行的理论教育和实践活动，这就是不利于系统稳定运行和整体性涌现的因素所在。不仅价值主体这个要素有这个问题，其他要素都有，对此，这就需要在思想政治教育活动中既要保持各要素的这种多样性、独立性和差异性，这是系统生命力所在，更要找寻到各要素之间互动互应的契合点，协调、规范各要素，这样系统的整体性才会呈现，从而保证系统的持续健康运行。

4. 思想政治教育价值结构系统的动态性

要研究思想政治教育价值结构系统的动态性，必须先界定其含义。

(1) 思想政治教育价值结构系统动态性的含义

思想政治教育价值结构系统的动态性，是指思想政治教育价值结构系统根据该系统内部各要素的变化而变化及因思想政治教育其他系统的变化而发生变化的属性。思想政治教育价值结构系统既有其自身的构成要素，也与思想政治教育过程中其他系统有着千丝万缕的关系，因此，思想政治教育价值结构系统的运行必然受到各种因素的影响和制约，牵一发而动全身，会随着各种因素的变化而变化，呈现出动态性的特点。试想，系统内一种要素已经发生变化，但与其配合的相关要素却始终没有发生变化，那么，思想政治教育价值结构系统就会发生失衡。同样，如果系统外部环境已经发生了变化，而系统封闭僵化不与时俱进，系统也会因为缺乏与外界的物质、信息、能量的交换而运行缓慢，甚至老化，系统功能也无法有效发挥。因此，为了思想政治教育价值结构系统能够保持良好地运行，我们也应该时刻注意思想政治教育价值结构系统内外各种要素的变化，保持系统的动态性，助力思想政治教育价值的实现。

(2) 思想政治教育价值结构系统动态性的现实表现

万事万物始终处于一种运动变化的状态之中，运动是绝对的，静止只是相对的，运动是事物的存在方式和根本属性。恩格斯就曾说："运动，就它被理解为物质的存在方式、物质的固有属性这一最一般的意义来说，涵盖宇宙中发生的一切变化和过程，从单纯的位置变动直到思维。"[1] 思想政治教育价值结构系统也始终处于一种运动变化之中，在现

---

[1]《马克思恩格斯选集》第3卷，北京：人民出版社2012年版，第951页。

实的思想政治教育活动中既表现为高低层次的互相转化，也表现为正负方向的互相转化。

从思想政治教育价值结构系统的运行来看，思想政治教育价值结构系统既可能由较低层次向较高层次转化，也可能由高层次向低层次转化。系统本身有一个从低级到高级，从无序到有序，从不完善到完善的过程，这是系统动态性的一个显著体现。但这个动态性的变化并不是顺理成章、理所当然的，而是一个系统内部各要素以及与外部环境不断配合、磨合、协调前行，甚至伴随着斗争、妥协的过程，配合协调得好，系统就会往好的方面变化，配合协调得不好，阻碍、内耗过度，矛盾冲突过大，系统就会更加无序。对于思想政治教育价值结构系统而言，首先系统内各要素的搭配组合就不是那么容易，作为价值主体的人，也就是思想政治教育对象是不同的人，不同集体的人，以及由不同人构成的社会，数量多、类型多，对理论教育、实践活动的认同度、接受度都存在很大的差异，并且伴随社会环境的变化尤其是外来文化、多元价值观的影响，价值主体的思想都会受到影响，在这个过程中，作为价值客体的思想政治教育活动的展开，尤其是作为思想政治教育活动的主导者、实施者的教育者的思想是否与时俱进，是否及时地接受再教育，教育的方式方法是否及时调整适应新的环境的变化，都是影响系统变化方向的重要因素。除了各要素的变化，变化之后要素之间的磨合、配合也很关键，变化之后的各要素能否互补互惠、协同行动、相互促进，和谐推进，非常的重要，如果要素之间相互掣肘、相互排斥，矛盾重重，教育者与教育对象甚至出现敌视，理论教育和实践活动偏离价值目标，系统会更加无序，漏洞多，不利于系统功能的发挥。

从思想政治教育价值结构系统的功能发挥来看，思想政治教育价值结构系统既可能由正向价值结构型系统向负向型价值结构系统转化，也可能由负向型价值结构系统向正向型价值结构系统转化。系统的功能不是由某一要素决定的，而是系统内所有要素搭配组合所形成的结构决定的。思想政治教育价值系统的五个方面的价值要素,共同决定了思想政治教育价值结构系统的功能。当价值主体的需要科学、层次高,在正确、合理价值目标的指引下,通过理论教育、实践活动等方式大力开展思想政治教育活动,就能较好地满足价值主体的需求,实现思想政治教育的较高价值。但思想政治教育价值结构系统绝不是一成不变的,在现实的思想政治教育价值结构系统中,各个要素是时常发生变化的,因此,思想政治教育价值结构系统也是处于动态变化中的。当价值主体的需求层次提高了,如果教育者还用之前较为老套的教育方式、教育内容等开展思想政治教育活动,要素之间的矛盾就出现了,教育的效果必然会受很大的影响。又如,当教育者早已更新教育内容、教育方式,但受教育者即价值主体的积极性不高,需求层次不高,也不能取得良好效果。这两种情况我们可以把它同称为思想政治教育价值结构系统由原来的正向型价值结构系统向负向型价值结构系统转化。当然,系统的发展趋势主要还是由负向型价值结构系统向正向型价值结构系统的转化。在思想政治教育的过程中,无论国家层面召开的会议、出台的政策,还是各个单位自身对思想政治工作的探索,无不是希望价值主体的需要得到更好、更高层次的满足,从而产生更高的正向价值。在思想政治教育价值结构运行的过程中,教育者积极了解受教育者的需求变化,采取多种方式方法刺激、提升其需求层次,积极改进、完善教学内容、教学方法,加强理论教育、创新实践活动,希望在价值目标的指引下,价值客体通过理论教育和实践活动能够最大程度地满足价值主体的需求,进而实现价值目标。针对当前的思想政治教育来说,就是教育者要向受教育者讲清楚讲明白马克思主义理论教育的重要性,并用马克思主义的基本立场、观点、方法,特别是马克思主义中国化的最新成果——习近平新时代中国特色社会主义来教育引导价值主体尤其是当代大学生,不断提高大学生的思想理论素养。

5. 思想政治教育价值结构系统的层次性

探讨思想政治教育价值结构系统的层次性,首先要厘清思想政治教育价值结构系统层次性的内涵,这是前提。

(1) 思想政治教育价值结构系统层次性的含义

思想政治教育价值结构系统的层次性,是指因思想政治教育价值结构各要素的不同搭配和排列组合而在思想政治教育价值结构系统上表现出来的不同等级。系统都有一个形成组建、不断完善的过程,且由于受多种因素的影响,有的系统运行得好,有的系统运行较慢,还有的系统因为结构严重失衡勉强支撑,因此,不同的结构系统并不是都处在一定的层级,所以,思想政治教育价值结构系统具有显著的层次性。思想政治教育价值结构由多种要素组成,要素的不同搭配和排列组合可以得到不同类型的思想政治教育价值结构系统,有的系统功能强大、有的次之、有的则非常低下。

(2) 思想政治教育价值结构系统层次性的现实表现

系统的内部要素按照不同方式进行搭配组合,会形成不同的结构,这个结构就决定了系统的功能。从系统功能的角度来看,大致可分为三种系统:第一种是系统整体功能显著大于系统内部各要素之总和的系统,这种系统是层次较高的系统;第二种是系统整体功能是系统内部各要素简单相加的系统,这种系统是层次中等的系统;第三种是系统整体功能小于系统内部各要素总和的系统,这种系统是层次较低的系统。相应地,从系统功能的角度来看,在实际的思想政治教育活动中,思想政治教育价值结构系统也可以分为这三种层次的系统。

第一,系统整体功能大于系统各要素总和的高层次系统。高层次系统的一个首要因素就是各构成要素质量均衡,且都普遍较高。其次就是这种系统各构成要素肯定是经过多次逐级整合,逐级涌现,一步步实现从各要素自身的性能到系统整体功能的呈现。对于思想政治教育价值结构系统而言,价值目标、价值主体、价值客体、理论教育和实践活动五个要素首先要具备一定的质量,其次就是要实现从各个要素的性能到系统功能的质变和飞跃。各个要素层次再高,但要素之间没有形成互动、衔接，系统整体的功能是不会出现的，系统就是低层次的。只有各要素搭配合理，形成良性互动时，也就是价值目标适当，能够起到积极的引领作用，价值主体有着科学的价值需要，价值客体又能够通过理论教育和实践活动恰如其分地满足价值主体的价值需要时，思想政治教育价值结构系统就会达到系统的"整体涌现"，且涌现的功能层次很高，即思想政治教育价值结构系统的整体功能远远大于其系统内部各要素功能的总和，属于层次较高的系统。

第二，中等层次的系统。中等层次的系统就是系统的整体功能即各要素效能简单相加呈现出来的功能。首先就是各要素质量一般，甚至还存在一些小小的失衡；其次就是这种功能的呈现一般就是系统各要素的简单叠加，基本就是一次的简单整合，系统各要素之间缺乏互动、磨合以及有效配合，更没有经过多次的不同层次的要素之间的整合，要素之间配合的潜在力量没有得到充分挖掘，所以系统的整体功能一般。对思想政治教育价值结构系统而言，价值目标、价值主体、价值客体、理论教育和实践活动等系统要素各自"独立性""自主性"太强，系统对要素缺乏制约，要素之间的搭配也是机械的，要素之间没有形成良性互动，缺乏协同共进，思想政治教育价值结构系统的整体功能就一般。比如，教育者能够在党和国家规定的教育目标指引下，以一定的内容为依托开展思想政治教育活动，但教育客体或思想政治教育价值主体没有积极主动的价值需要，教育者也不能创新创造地利用教育内容、教育方法等进行思想政治教育，甚至照本宣科成为思想政治教育的常态。在这种情况下，思想政治教育价值结构系统的整体功能最多也就是系统内部各要素功能的简单机械相加，这种系统就属于中等层次的系统。

第三，低层次的系统。低层次的价值结构系统，首先就是系统各构成要素质量较低，或是结构各要素之间的质量严重失衡。其次就是各要素之间不仅不能协调配合，甚至是相互掣肘，要素之间进行内耗，这样当系统的外在环境出现变化时，系统缺乏调整修复的能力，整个结构系统"摇摇欲坠",不仅系统的整体功能无法涌现,甚至某些要素的效能都不能正常发挥,这样的系统就是低层次的系统。就思想政治教育价值结构系统而言,当价值目标、价值主体、价值客体、理论教育和实践活动不能很好地搭配组合,甚至互动受阻,不能进行要素间的信息互动时,思想政治教育价值结构系统的整体功能必然小于系统内部要素功能的总和。比如,在思想政治教育价值结构系统内,价值主体或受教育者的需求层次较高,但教育者却素质较为低下,不能用科学的理论特别是马克思主义中国化的最新成果教育受教育者,不能做到理论彻底、服人,那么价值主体的需要必然得不到满足,价值关系都无法形成,更别说产生价值功能。

二、思想政治教育价值功能

思想政治教育有功能,思想政治教育价值也有功能,那么,二者的联系和区别在哪里?二者的联系是:思想政治教育价值功能是思想政治教育功能的子系统。它们彼此紧密相连,相互影响。二者的区别是:思想政治教育功能是在思想政治教育系统的活动中表现出来的有利作用;思想政治教育价值功能是思想政治教育价值由各个要素组合搭配形成合理结构后表现出来的有利作用。它们功能的表现就各有侧重。思想政治教育价值功能主要包括保证功能、约束功能、塑造功能和激励功能。

(一) 思想政治教育价值的保证功能

思想政治教育价值保证功能在思想政治教育价值功能中居于核心位置,文中将从含义、功能的发挥和功能的调节三个方面进行论述。

1. 思想政治教育价值保证功能的含义

思想政治教育价值的保证功能,是指思想政治教育价值结构合理的基础上,在确保价值主体按照正确方向发展过程中产生的有利作用。在社会主义中国，任何教育对象的发展都有一个政治方向和业务方向选择的问题，方向选择得正确与否会产生两个方面的影响。

思想政治教育价值的保证功能主要表现在两个方面：一是确保价值主体发展的政治方向。人的发展具有方向选择性，有了方向选择性才能确立和实现他的人生目标。在阶级社会，所有的方向选择，政治方向的选择必须放在首位。在我国，必须把社会主义的发展方向放在第一位。对此，毛泽东在谈到青年成长和发展时就明确地指出："青年应该把坚定正确的政治方向放在第一位。"[①]政治方向选择正确与否影响教育对象自身的发展，直接关系到他们的前途和命运，政治素质是灵魂。对此，价值客体要满足价值主体成才的需要，政治方向是第一位。只有通过科学的理论学习和实践指导，价值主体才能具有一定的政治思想觉悟，坚持党的路线方针政策，社会层面才能在坚定正确政治方向的保证下，经济建设这个重心才能少受负面因素的影响，经济建设才能持续健康发展，从而为思想政治教育价值结构运行创造一个良好的外部环境。二是确保价值主体发展的业务方向。政治方向确定后，就应该确定业务方向，即通过从事什么业务活动来促进国家的繁荣和社会的发展。业务方向的选择具有时代性。中国特色社会主义已经进入新时代，但在我国还保留着传统农业和传统工业的业务活动。这两类业务活动目前已经不能适应新时代社会主义现代化建设的需要。在这样的背景下，如何确保价值主体发展的业务方向？要做的工作就是引导教育对象选择现代社会发展所需要的专业，特别是要选择高新技术产业的专业。只有这样，他们才能凭借高智能的而不仅仅是体力劳动来为社会创造财富，才能完成习近平总书记提出的培养德智体美劳全面发展的社会主义建设者和接班人的我国教育的根本任务。

---

① 毛泽东：《在模范青年给奖大会上的讲话》，载《新华日报》，1939年6月6日，第1版。

2. 思想政治教育价值保证功能的发挥

思想政治教育价值具有保证功能,但这种功能并不会自发地起作用,而是要通过开展思想政治教育活动,在实现思想政治教育价值的过程中来发挥思想政治教育价值的保证功能。思想政治教育保证功能的发挥具体应体现在以下方面:

(1) 如何发挥对价值主体政治导向的作用

要发挥对价值主体政治导向的作用,必须做好以下几个方面的工作:

第一,要通过各要素的协调配合提高价值主体的马克思主义理论素养。良好的马克思主义理论素养是价值主体坚定正确政治方向的理论基础,而思想政治教育价值这一功能的有效发挥不是价值结构某一因素作用的结果,而是需要价值系统各要素的协调配合。理论教育这一要素起核心作用,但没有其他要素的配合,功能仍然无法发挥,作为理论教育组织者、实施者的教育者如果没有扎实的理论功底,无法在进行理论教育的过程中以理论的彻底来服人,理论教育如果还是人们心目中开大会、读文件的老模式,那作为思想政治教育核心内容的马克思主义理论教育的作用就无法充分发挥。马克思主义理论是一种科学的理论,具有科学性和革命性。正是其科学性和革命性,才能指导社会主义国家的革命,指引社会主义由理论变为现实。要发挥思想政治教育价值的保证功能,价值主体掌握科学理论是重要前提。与传统的思想政治教育相比较,要创新马克思主义理论教育,采用价值主体易于接受的方式方法,增强理论的鲜活性,同时全社会还应营造尊重理论、学习理论的氛围,这样价值主体才有学习的积极性、主动性和热情,价值主体学习理论的效果才会更好,进而以科学理论为指导,用马克思主义的立场、观点和方法分析问题、解决问题,在这一过程中逐步认识真理,掌握真理,信仰真理,捍卫真理,把握好自己前进的方向,努力成为社会主义事业的建设者和接班人。

第二，要通过价值结构各要素的协调配合满足价值主体树立科学理想信念，补足精神之"钙"的需要。理想信念是支撑价值主体朝着社会发展目标前行的精神支柱。习近平指出，"理想信念就是共产党人精神上的'钙'，没有理想信念，理想信念不坚定，精神上就会'缺钙'，就会得'软骨病'"。① 当今，不少人信仰迷茫、缺乏方向感，就是精神上"缺钙"的表现。邓小平曾经也特别指出，"我们这么大一个国家，怎样才能团结起来、组织起来呢？一靠理想，二靠纪律。组织起来就有力量。没有理想，没有纪律，就会像旧中国那样一盘散沙，那我们的革命怎么能够成功？我们的建设怎么能够成功？"②在国家并不富裕、内忧外患的情况下，我们在理想和纪律的支撑下，战胜了各种困难，在和平时代我们更应该绷紧精神上的弦。因为，与以往相比，"精神懈怠危险、能力不足危险、脱离群众危险、消极腐败危险更加尖锐地摆在全党面前。"③ 思想政治教育价值保证功能的发挥，一个重要的体现就是价值主体科学理想信念的确立。科学理想信念的确立同样是系统各要素通力合作的结果。首先，要引导价值主体树立正确的世界观、人生观和价值观。在价值结构运行的过程中，"三观"教育要与价值主体的思想特点、生活环境紧密结合，要引导价值主体用辩证的观点分析和对待社会问题与现实，提高辨别是非对错的能力和抵御不良思想、思潮影响的能力。其次，要确立中国特色社会主义共同理想和共产主义的远大理想。这不仅是思想认识层面的问题，更是一个实践问题。只有在思想层面坚定认识，才能在实践中以理性正确的态度对待前行中的困难、挫折。在思想政治教育价值结构运行的过程中，价值主客体信念坚定，理论教育和实践活动中贯穿正确处理个人理想与社会理想的关系，在系统要素的合力

---

① 习近平：《紧紧围绕坚持和发展中国特色社会主义深入学习宣传贯彻党的十八大精神》，载《人民日报》，2012年11月19日，第1版。
② 《邓小平文选》第3卷，北京：人民出版社1993年版，第110页。
③ 习近平：《习近平谈治国理政》，北京：外文出版社2014年版，第368页。

之下，思想政治教育价值功能才能有效发挥，价值主体坚定理想信念，为他们补足精神之"钙"，他们才能将个体的聪明才智和热情投入到工作之中，为社会发展贡献自己的力量。

第三，保证良好政治环境的形成。良好政治环境的形成是思想政治教育价值保证功能的重要体现。在良好的政治氛围下，价值主、客体对思想政治教育的内容都更容易认同、接受，思想政治教育价值关系更易形成，理论教育、实践活动的进行更有环境保障和舆论氛围，价值目标也更容易达成，在良性循环之下，价值主客体因为具备良好的政治素质，始终保持坚定正确的政治方向，也是能更加夯实中国共产党的领导，认同并保证党的路线方针政策的顺利实施，社会环境中的消极负面因素才会减少，人们在一个和谐稳定的政治环境中才能把重心和主要精力放在工作上，保证工作效率和成绩的出现，实现高层次的思想政治教育价值。

(2) 如何发挥对价值主体业务方向的引导作用

价值主体业务方向的引导作用主要表现在两个方面：一是引导价值主体选择什么类型的业务。社会的业务工作很多，有研究类、管理类、技术类、教学类，等等。价值客体要根据价值主体的需要，引导其选择适合的业务工作。二是引导价值主体提高业务工作水平。业务工作水平有高等层次、中等层次和低等层次。价值客体要引导价值主体的业务工作从低等层次水平向中等层次和高等层次水平的方向发展，这样，价值主体才能得到更好的发展。价值客体对价值主体业务方向的引导作用主要表现在以下几个方面：

第一，价值主体业务发展方向要顺应时代发展的趋势。每一个时代的发展都有鲜明的主题，就拿我国来讲，经历了农业、工业的快速发展，当前中国特色社会主义已经进入了新时代，我国社会的主要矛盾已转变为人们日益增长的美好生活的需要与不平衡不充分发展之间的矛盾。社会发展也已进入到高新技术领域的竞争阶段，人们对物质、文化

第二章 思想政治教育价值结构系统与功能分析

的需要基本已脱离之前的低层次阶段，对产品的质量、服务的质量要求更高，因此，价值客体要引导价值主体不断提高业务水平，尤其要在高新领域，特别是在创新性强的高精尖业务领域引导价值主体选择业务工作，使他们在这些领域得到更好的发展。

第二，业务发展的层次要越来越高。业务发展在顺应时代发展趋势之余，还应坚持以服务人民为导向，不断地创新发展，以人民的满意为目标，才能在实现自身发展的同时，创造更大的社会效益。比如，走在创新领域前端的华为、在"互联网+"方面走在前面的腾讯、电子商务取得骄人成绩的阿里巴巴，都是走在时代前沿、业务领域的佼佼者，他们的一个共同之处就是不安于现状，一直处于创新、探索的前沿，产品、服务的质量不断升级，当然也获得了大量消费者的支持。在思想政治教育价值结构运行的过程中，要通过各要素的协调配合，提高价值主体的思想认识，尤其是社会责任感，将个体的发展与国家的前途、民族的命运紧密相连，在实现个体自身价值的同时，实现社会价值。

3. 思想政治教育价值保证功能的调节

思想政治教育价值保证功能要有效发挥，才能满足价值主体成才展才的需要，推动价值结构持续健康运行。但思想政治教育价值保证功能的发挥也需要具备一定的条件才能充分发挥，在现实生活中，思想政治教育价值保证功能的发挥总是遭遇这样那样的障碍，思想政治教育价值保证功能在多重境遇下并没有得到较好的发挥。对此，要及时对思想政治教育价值保证功能进行调节，才能保证功能的有效发挥。

（1）及时对思想政治教育价值结构各构成要素的协调配合进行调节

各要素协调配合，价值功能才能有效发挥。对此，一是要及时对价值主体与理论教育、实践活动进行调节。列宁曾指出，工人本身不可能自发地产生科学社会主义思想，最多也只能产生工联主义，科学的社会主义的原则只能由外部灌输进去。由于教条主义原因，灌输、说教甚至一度成为我国思想政治教育的主要方式，一谈思想政治教育，在部分价值主体的心中，教育要么是硬灌理论，要么是强行说教。久而久之，灌输、说教就成为了人们对思想政治教育的刻板印象，在思想政治教育价值实现的过程中忽视思想政治教育的方法创新，以及对价值主体的理论引领，导致价值主体的逆反心理。一旦产生逆反心理，价值主体内心深处就会对思想政治教育产生抵触心理，相应地，思想政治教育价值就不能得到很好的实现，进而其保证功能自然得不到很好的发挥。对于青年大学生而言，高校思想政治理论课并不是一门思想课、道德课，而是一门知识课，普遍把思想政治理论课看作一门需要死记硬背的知识型课程。在现有的评价体系中，学生的期末考试成绩还是对思想政治理论课评价的一个重要指标。因此，及时对理论教育和实践活动进行创新、改进，改变过去那种重灌输、重说教的传统教育方式，遵循思想形成发展规律，贴近价值主体的思想现实和接受方式非常必要。二是有效对价值目标与价值主客体进行搭配协调。如果目标导向出现了问题，价值主客体之间的组合搭配也必然出现问题，就算形成了成果，可能也是站在人民的对立面，出现负面的效果。比如，2018年爆出的长春生物的"假疫苗"事件，虽是上市大公司，但企业的发展已偏离了社会主义属性，背离了以人民为中心的立场，公司发展的价值目标导向出现了重大问题，弄虚作假，无视人民大众的生命安全，不仅在企业的发展方面没有创新，业务和政治方向也犯了严重错误，不再是服务人民、奉献社会，而是如何谋取更多的私利。可见，思想政治教育工作是一项极端重要的工作，也是一项长久的工作，但因其是一项长久的工作，尤其是效果和功能的发挥需要较长时间才能显现出来，在现实生活中，某些单位总是抱实用主义的态度，业务工作与思想政治教育工作的"两张皮"现象长期存在，导致部分单位业务发展方向出现问题。习近平总书记曾把思想政治工作比作"盐"，"最好的方式是将盐溶解到各种食物中自然而然吸收"[①]，

[①]《沿用好办法 改进老办法 探索新办法——三论学习贯彻习近平总书记高校思想政治工作会议讲话》，载《人民日报》，2016年12月11日，第1版。

第二章 思想政治教育价值结构系统与功能分析

只有将食盐放进菜里、融入汤里,人们日用而不觉,才能起到良好效果。因此,在思想政治教育价值结构运行中,价值主客体的活动只有时刻以正确的价值目标为导向,将思想政治教育工作有效融入业务工作才能及时发挥作用,保证业务发展方向的正确性。对此,正确的价值目标是思想政治教育价值功能发挥的重要基础和保障。在正确价值目标的指引下,价值主客体的互动、协调才能更有效。

(2) 及时调节思想政治教育价值结构系统与外部环境的关系

前文已阐述过思想政治教育价值结构系统具有显著的动态性,如果不及时调节其与外部环境的关系,价值结构运行的方向就会发生偏离。习近平总书记说过,我们要"始终保持清醒坚定,保持强大前进定力,既不走封闭僵化的老路,也不走改旗易帜的邪路"①。随着大数据时代的到来,信息科学技术的发达,多元价值观、多种社会思潮的涌入,一些"极左""极右"思想对我国的社会主义道路进行了质疑,国外一些别有用心的势力也在煽风点火,对此,一定要及时处理价值结构系统的运行与外部环境之间的关系,坚定价值目标,将价值运行的方向从错误拉到正确,才能保证价值功能的发挥。此外,就是价值结构系统在与外部环境进行物质、信息和能量的交换过程中要不断提高系统功能的层次。无论个体还是集体、社会在业务发展方面一定要紧跟时代潮流,自主创新,才能与国际接轨,在世界范围内的竞争中拥有一席之地,比如我国的航空航天领域。当然在这一过程中也要结合系统自身实际,比如,就我国当前发展的阶段来讲,工业领域尤其是高科技领域必须紧跟时代发展潮流,才能在国际竞争中有自己的话语权,但现代化农业的发展在当前条件还不成熟,不能盲目跟风,还得立足当前的现实一步步推进。

---

① 《习近平总书记系列重要讲话读本》(2016年版),北京:学习出版社、人民出版社2016年版,第30页。

(二) 思想政治教育价值的约束功能

思想政治教育价值约束功能是思想政治教育价值的重要功能之一，文中将从功能的含义、功能的发挥和功能的调节三个方面进行论述。

1. 思想政治教育价值约束功能的含义

思想政治教育价值的约束功能，是指思想政治教育价值在消解错误思想对价值主体产生消极影响的过程中所起到的限制性作用。面对世界范围内思想交流交融交锋，社会思潮激流涌荡，西方敌对势力把"和平演变"的希望寄托于我们第三代、第四代身上，期望用错误的社会思潮影响青年，以长久的影响来改变我国青年的世界观、人生观、价值观。通过加强思想政治教育，用马克思主义理论教育影响青年，实现思想政治教育的价值，发挥思想政治教育价值在消解错误思想特别是错误的社会思潮对价值主体产生的消极影响。因此，此处的约束功能，一方面指通过思想政治教育工作向价值主体传递正确的思想观念，促使其在各种行为中遵守相应的规范，减少错误思想理论的影响；另一方面指通过思想政治教育工作进行马克思主义理论教育，教育引导价值主体树立科学的世界观、人生观、价值观，运用马克思主义的基本立场、观点、方法认识分析问题，批驳错误思想，阐释正确理论，抵制错误思想理论的影响。

2. 思想政治教育价值约束功能的发挥

从一定程度上说，思想政治教育价值约束功能的发挥必须是在思想政治教育价值实现的过程中才能发挥出来，如果思想政治教育价值本身不能得到很好地实现，那么思想政治教育价值的约束功能必然得不到良好地发挥。从总体上说，思想政治教育价值约束功能的发挥主要体现在以下方面：

(1) 通过社会规范发挥思想政治教育价值的约束功能

为了保证人的健康成长和社会的平稳有序发展，任何社会都要用一

第二章 思想政治教育价值结构系统与功能分析

定的规范来约束其社会成员的错误思想和行为。只有如此，社会才能平稳发展。社会规范主要包括法律、道德、规章制度，法律主要是依靠强制手段，道德和规章制度主要靠人们的内在自觉性，人的自律。任何系统都存在与这个系统背离的要素，牵制、否定系统的存在和发展，在系统的运行中如果不对这部分因素进行限制，就会影响系统构成要素以及要素之间的搭配组合，从而影响系统功能的发挥。社会环境中的错误思想、陈旧理念会导致人们形成错误思想，产生错误行为。思想政治教育价值的约束功能就是要通过法律、道德、规章制度等社会规范形式，一方面，通过对规范的警示、限制作用在系统形成一定的明确要求。系统各要素自身的发展抑或要素间的配合必须自觉遵守社会规范，有意识地自觉遵守社会规范，克服错误思想、陈旧理念的影响，自觉控制错误行为的发生。如果违背了社会规范，发生了对社会产生危害的错误行为，将会受到社会规范的强制约束，甚至是惩罚。另一方面，就是在社会规范的约束下，应逐步地将这些规范内化为价值主客体的行为规范，无论是自身的思想认识，还是理论教育和实践活动中都应该自觉遵守、践行。

（2）通过社会舆论发挥思想政治教育价值的约束功能

社会舆论是指相当数量的社会成员对某一问题的共同倾向性看法或意见。由于社会舆论是以拥护或反对、赞扬或谴责的方式对某一问题作公开的评价，因此，社会舆论能够对社会成员的思想产生动力和压力。思想政治教育价值运用社会舆论的力量发挥思想政治教育价值的约束功能，主要体现在两个方面：一是通过舆论的压力谴责不良思想或行为，对大众起压力和警示作用。舆论的压力是无形的，在系统中，除了价值客体与价值主体之间直接的教育活动形式，社会舆论产生的压力对价值主、客体的影响和教育虽是无形的，但却是直抵内心、最触动人的，价值主体面对舆论压力在一定程度上会发自内心、积极主动地迫使自己放弃错误思想而接受正确思想，避免了逆反心理和排斥心理的出现。二是通过对正能量的宣传，传递真善美，为价值主体提供精神动力，起到正确的思想导向作用。通过对正面事件的表彰、宣传，激起大众那种由衷的感动、钦佩之意，坚定自己的选择和行为，成为人们前行的精神动力。对于青少年价值主体这是一个很好的思想导向，有利于他们正确世界观、人生观和价值观的形成，指引他们成长为一个之于社会真正有意义的人。

(3) 通过科学理论发挥思想政治教育价值的约束功能

科学理论是帮助价值主体提高思想政治道德素质，实现高层次思想政治教育价值的重要内容。通过科学理论发挥思想政治教育价值的约束功能，就是要引导、帮助价值主体学习掌握科学的理论尤其是马克思主义理论。马克思主义理论是思想政治教育的核心内容，思想政治教育的重点任务也在于教育引导价值主体理解掌握马克思主义的基本立场观点方法，并学会用马克思主义的立场观点方法认识分析解决问题。从本质上讲，错误思潮是非马克思主义和反马克思主义的错误思想和理论，其对受教育者的消极影响主要表现在用错误的思想理论影响其认知，妄图带偏其方向。通过科学理论发挥思想政治教育价值的约束功能，主要是通过思想政治教育活动，向价值主体传递马克思主义的科学理论，提高价值主体的思想素质、认识水平，价值主体自身的认识水平提高了，就能够充分发挥自己的主观能动性，辨别错误思想理论的能力就强，能够用马克思主义理论识别、批驳、阐释错误思想理论，认清其错误本质。通过科学理论的学习，价值主体对错误思想理论的消解是一种内在的、自发的消解，是一种自我积极约束的体现，当然这种形式功能的发挥效果更好。

3. 思想政治教育价值约束功能的调节

思想政治教育价值约束功能的发挥，是通过思想政治教育实践活动向价值主体传递科学理论、社会规范等正确价值理念，进而成功影响价值主体的思想、行为等以避免或减轻其受到错误思想理论消极影响的过程中所表现出来的限制性作用。但由于思想政治教育价值的实现本身也是一个系统性工程，在这一过程中，思想政治教育工作总会受到这样那样的影响，其传递的科学理论、社会规范等正确价值观被价值主体吸收接纳的程度也会受到各种因素的影响，进而影响、阻碍思想政治教育价值约束功能的发挥。为了促进思想政治教育价值约束功能的顺畅发挥，必须要及时对功能的发挥进行调节。

（1）在加深理解上下功夫

思想政治教育活动要发挥实现其相应的价值，发挥其相应的功能，有一个前提性的条件就是价值主体对思想政治教育传递的科学理论、社会规范等价值理念能够进行很好的理解，只有在理解的基础上才能认同。思想政治教育工作本质上是做人的工作，必须遵循人对知识体系、价值观念的接受规律。毛泽东曾讲："感觉到了的东西，我们不能立刻理解它，只有理解了的东西才更深刻地感觉它。感觉只解决现象问题，理论才解决本质问题。"[①] 思想政治教育价值约束功能之所以在发挥的过程中容易遭受阻碍，原因主要在于价值主客体这个价值结构系统中的两个核心要素。价值客体的教育者负责思想政治教育活动的组织和实施，如果教育者自身对理论的理解不够，抑或存在偏差，就会直接体现在理论教育和实践活动中，从而影响价值目标的实现。作为教育对象的价值主体对所要传授内容的理解也非常重要，如果不在加深理解上下功夫，价值主体会认为教育者传递的内容没有用，学习需要的动力不足，甚至排斥，此外如果对教育的内容理解不足，认识有偏差，也会直接影响价值主体的行为。对此，思想政治教育工作要在加深理解上下功夫，改变传统的单纯灌输模式，创新思想政治教育方式方法，致力于让价值主体理解思想政治教育所传递的科学理论、社会规范等，进而促使价值主体将科学理论、社会规范内化于心。

---

① 《毛泽东选集》第1卷，北京：人民出版社1991年版，第286页。

(2) 在养成教育上下功夫

如果说加深理解的主要目的在于促使科学理论、社会规范等内化于心，那么注重养成教育就是要使科学理论、社会规范等外化于行。价值主体通过思想政治教育习得了马克思主义理论和相应的社会规范，思想政治教育的任务并没有完成，这个时候的马克思主义理论和社会规范只是作为一种知识型的状态存在。因此，在此基础上，还需要在养成教育上下功夫，促使价值主体在工作、生活、学习中慢慢将内化于心的理论、规范等在行为上得到强化。唯有内化于心、外化于行，才能在遭遇错误思想理论影响时保持应有的独立性，才能抵御错误思想理论的消极影响。

(3) 在形成合力上下功夫

思想政治教育价值结构系统是在复杂的社会环境中运行，要取得良好的效果肯定有一定难度。这个难度很大程度上在于思想政治教育很难在一个较为单纯的环境中开展，在现实的思想政治教育价值结构运行中各方因素很难在同一个方向上用力，教育很难形成合力。因此，常常有"5+2=0"的难题出现。思想政治教育价值实现要取得良好效果，首先，学校、家庭、社会这个大系统要致力于一起来推进思想政治教育价值结构的运行，注重学生健康成长，把学生健康成长看成是自己分内的责任，力求同向发力、同向同行，形成合力。其次，学校、家庭、社会内部也要整合发展，避免互相推诿、相互扯皮，阻碍思想政治教育价值的实现。只有在合力的作用之下，各要素协调配合都参与到思想政治教育工作中来，大家都一起来做思想政治工作，都重视思想政治工作，才能够在社会之中形成良好的社会氛围，思想政治教育所传递的思想理论和社会规范等才能够为价值主体真正接纳，才能用之抵御错误思想，更好地发挥思想政治教育价值的约束功能。

（三）思想政治教育价值的塑造功能

思想政治教育价值的塑造功能是思想政治教育价值功能的重要组成，现从功能的含义、功能的发挥和功能的调节三个方面展开分析。

1. 思想政治教育价值塑造功能的含义

思想政治教育价值塑造功能，是指思想政治教育价值在改造价值主体的思想，提高其素质时产生出来的有利作用。思想政治教育，就是一定阶级和集团按照社会发展的要求向人们传递本阶级或集团的政治思想、思想观念和道德规范的活动。那么，从本质上讲，思想政治教育活动就是要通过向人们传递本阶级或集团的政治思想、思想观念、道德规范，进而引导人们朝着社会发展所需要的方向发展。正如习近平所说，"关于教育和办学，思想流派繁多，理论观点各异，但在教育必须培养社会发展所需要的人这一点上是有共识的。培养社会发展所需要的人，说具体了，就是培养社会发展、知识积累、文化传承、国家存续、制度运行所要求的人。所以，古今中外，每个国家都是按照自己的政治要求来培养人的，世界一流大学都是在服务自己国家发展中成长起来的。我国社会主义教育就是要培养社会主义建设者和接班人。"① 因此，所谓塑造，其实质就是向价值主体提出一系列发展要求和规范，教育引导价值主体朝着社会发展的方向前进。在社会主义中国，思想政治教育价值塑造功能的核心就是培养符合社会发展要求的人才，即德智体美劳全面发展的社会主义建设者和接班人。按照思想政治教育培养人才的规律来看，思想政治教育价值塑造功能主要表现在两个方面：

一是提高人的综合素质，培养社会发展所需要的人才。人的思想具有极大的可塑性，既可以朝正确的方向发展，成为社会的建设者；也可

---

① 习近平：《在北京大学师生座谈会上的讲话》，载《人民日报》，2018年5月3日，第2版。

能走入歧途，成为社会的危害者。思想政治教育价值塑造功能就是按照社会发展对人才素质的要求，通过理论教育、实践锻炼和榜样示范等形式，培养德才兼备、全面发展的人才。

二是塑造健康活泼的社会风气。社会风气是指在社会中流行的观念、爱好和习惯。思想政治教育价值在塑造健康活泼社会风气方面有以下作用：第一，更新思想观念。思想观念是社会风气的重要内容。通过思想观念的变革和更新，除去旧的内容，接受新的内容。更新思想观念可以使人们摆脱僵化、保守思想的束缚，使人们的主观思想更加符合客观实际，符合社会的快速变化。思想政治教育价值对思想观念的更新表现在两个方面：一是对原有的观念赋予新的内涵。原有的观念中，有的内容已经陈旧，应该用新的内容替换旧的内容，对该概念赋予新的内容。比如，价值观教育，过去长期都在用这一概念。当今我们理解价值观教育的内容，就应增加社会主义核心价值观的新内容。二是根据时代的需要产生新的观念。随着时代的发展，大量的新生事物出现，理论不断推陈出新。在这样的社会背景下，我们应从思想政治教育实践活动中提炼出新的思想观念。比如，中国梦、中国创造、工匠精神、开拓创新等观念就是在新的历史条件下产生的。第二，培养多种爱好，养成良好习惯。人的爱好是社会风气不可缺少的部分。比如，爱好学习，就会形成学习蔚然成风的好风气。科学技术的高速发展，为我们培养多种爱好，尤其是对开拓创新爱好的培养提供了优越条件。思想政治教育价值能够根据社会的要求，充分利用现有的各种有利条件培养人的爱好。良好习惯也是社会风气的重要内容，思想政治教育价值能够在满足人们希望养成良好习惯的需要过程中，培养良好习惯。比如，大学生渴望成才，思想政治教育在满足其成才需要的过程中，使之养成勤奋学习，勇于探索的好习惯。

2. 思想政治教育价值塑造功能的发挥

发挥思想政治教育价值的塑造功能，实质就是按照党和国家的要求培养社会主义建设者和接班人。一般情况下思想政治教育价值的塑造功能要从两个方面来发挥。一是"纠偏"。按照党和国家的要求，通过思想政治教育活动教育引导价值主体改正已有的错误思想，使其思想观念由错误的轨道回到正确轨道上来。二是"提升"。按照党和国家的要求，通过思想政治教育活动向价值主体传递先进的、科学的思想观念，促使受教育者的思想素质由较低层次向较高层次转化。

"纠偏"是思想政治教育价值塑造功能的重要体现，主要是指通过思想政治教育活动向价值主体传递正确的思想、观念，促使其错误思想向正确转化。在此过程中，向价值主体传递正确的思想观念是关键，这也是系统各要素综合作用的结果。但改革开放以来，由于受到西方多元思想观念，尤其是西方错误思潮的影响，部分人的价值观出现了问题，不但部分价值主体思想受到影响，部分价值客体的思想也出现了偏差。比如，作为大学生思想政治教育主渠道的思想政治理论课，一度都出现了偏差。2014年11月14日，《辽宁日报》发表了一封公开信《老师，请不要这样讲中国》，信中介绍道，为了了解情况，《辽宁日报》的记者奔赴东西南北中，深入北京、上海、广州、武汉、沈阳5座城市的20多所高校，用了半个月的时间，听了近百堂专业课。大家被老师们渊博的专业知识、严谨的治学态度、自觉的责任意识所感动。但同时，"呲必中国"的现象也一定程度存在，有的还很过分，必须引起教育界的警觉和重视。在整理的近13万字的听课笔记中，揭露了三类问题。第一类是缺乏理论认同。有的老师用戏谑的方式讲思想理论课，揭秘所谓马克思恩格斯的"隐私"；将毛泽东与古代帝王进行不恰当比较，解构历史，肆意评价；对党的创新理论不屑一顾，动辄把实践中的具体问题归结为理论的失败。第二类是缺乏政治认同。有的老师传递肤浅的"留学感"，追捧西方"三权分立"，认为中国应该走西方道路；公开质疑中央出台的重大政策，甚至唱反调；片面夸大贪污腐败、社会公平、社会管理等问题，把发展中的问题视为政治基因缺陷。第三类是缺乏情感认同。有的老师把自己生活中的不如意变成课堂上的牢骚，让学生做无聊的"仲裁"；把"我就是不入党"视为个性，显示自己"有骨气"；把社会上的顺口溜和网络上的灰色段子当做论据，吓唬学生"社会险恶"，劝导学生"厚黑保身"。此公开信一处，引发了广泛热议，也让人们意识到了思想政治教育价值功能在发挥过程中存在的严重问题，作为价值客体的教育者也不能放松教育。如果此类问题得不到及时纠正，思想政治教育价值不仅起不到纠偏的作用，反而会成为传播错误思想的重要渠道。对于价值主体思想的偏差则要通过及时的理论教育、实践体验等方式，让他们认识到错误思想、理论的实质，及时回到正确的思想轨道上来。

"提升"是思想政治教育价值塑造功能的主要体现。人的需求具有层次性，思想政治教育的价值不在于盲目满足人们的需求，而在于满足人们脱离低级趣味的较高层次的需求。但并不是所有人都天然具有高层次的需求，这就首先需要通过思想政治教育价值来教育帮助价值主体不断提高他们的需求层次，由低层次向高层次转变。其次，就是通过理论教育和实践活动，通过科学理论的学习，实践活动的强化，进一步提升价值主体的思想素质。

3. 思想政治教育价值塑造功能的调节

发挥思想政治教育价值的塑造功能，就是要求思想政治教育价值能够较好地实现纠偏和提升的功能。但由于主客观原因，思想政治教育价值塑造功能的发挥在一定程度上受到阻碍，要更好地发挥思想政治教育价值塑造功能，必须相应地进行调节。

（1）建设高素质的教师队伍

"人才培养，关键在教师。教师队伍素质直接决定着大学办学能力和水平。"[①] 教师对一个人的影响是非常深远，在学生眼里，老师是"吐

---

① 习近平：《在北京大学师生座谈会上的讲话》，载《人民日报》，2018年5月3日，第2版。

辞为经、举足为法",一言一行都给学生以极大影响。在思想政治教育价值结构中,教育者在一定程度上主导着价值结构运行的方向,是思想政治教育活动的具体组织者和实施者。高素质的教育者不仅自身的思想政治状况在价值结构系统中具有很强的示范性,也能有效地与其他要素协调、搭配产生系统的合力。因此,建设高素质的教师队伍,是思想政治教育价值塑造功能调节的重要方式。对此,首先要严格考察其思想政治状况,加强师德师风建设,严格把关政治素质,把师德师风作为评价教师的第一标准。加强教师教育发展,教育引导教师队伍把立德树人作为根本任务,自觉承担思想政治教育的重要工作。引导教师牢固树立中国特色社会主义理想信念,牢固树立终身学习理念,牢固树立改革创新意识;努力成长为有理想信念,有道德情操,有扎实学识,有仁爱之心的"四有"好老师和习近平总书记提出的"政治要强、情怀要深、思维要新、视野要广、自律要严、人格要正"的"六要"老师;力争做学生锤炼品格的引路人,做学生学习知识的引路人,做学生创新思维的引路人,做学生奉献祖国的引路人。

(2)提升思想政治教育实效

思想政治教育实效性的发挥和提升也是系统各要素有效搭配的结果。无论是要发挥好思想政治教育价值的塑造功能的"纠偏"还是"提升",都必须把思想政治工作落到实处,力求提升思想政治教育工作的实效性。这就必须要求我们的思想政治教育工作,一方面加强理论教育,力求向价值主体传递科学的思想理论观念,致力于用科学的理论引导价值主体的价值塑造,培养价值主体树立正确的世界观、人生观、价值观;另一方面创新思想政治教育工作方式方法,将理论教育和实践活动融入日常生活和业务工作,力求在生活中、工作中开展思想政治教育,达到随风潜入夜,润物细无声的效果,使人们对思想政治教育传递的价值观念日用而不觉,既达到纠偏的作用,也实现提升的作用。

(四) 思想政治教育价值的激励功能

思想政治教育价值激励功能是思想政治教育价值的又一重要功能，文中将从含义、功能的发挥和功能的调节三个方面进行论述。

1. 思想政治教育价值激励功能的含义

思想政治教育价值的激励功能，是指思想政治教育价值在激发人的工作热情、发掘人的创造潜力中产生的有利作用。从根本上说，思想政治教育是做人的工作，直接作用于人的思想。也就是说，思想政治教育本身并不直接创造经济价值或者什么可见的实物型价值，而是通过作用于人们的思想，通过改变人们的思想，激励人们，调动人们的积极性和工作热情，发掘人的内在潜力，激发人们的创造性。思想政治教育价值的激励功能主要表现为两个方面：一是激发人的工作热情。工作热情是人们从事业务活动必须具备的精神动力，有了它劳动者就能够自觉主动钻研业务知识，提高工作技能，干出比别人出色的业绩。那么，通过思想政治教育，使人们意识到自己工作的价值，向他们讲清楚自身工作与社会主义现代化建设、实现中华民族伟大复兴中国梦的关系，并且通过表扬、奖励等手段来刺激和满足人们的需要，进而激发人们的工作热情。二是发掘人的创造潜力。据研究表明，人的创造潜力非常巨大，但其中绝大部分还有待开发。思想政治教育在实现其价值的过程中通过向受教育者传递科学的思想理论观点，转变思维方式，并辅助于物质奖励、精神鼓励等，刺激人们大脑，促进脑力资源开发，调动积极性发掘其创造潜力。

2. 思想政治教育价值激励功能的发挥

思想政治教育价值的激励功能是思想政治教育过程中应该要实现的重要功能，要实现激励功能就必须致力于在思想政治教育活动中更好地发挥思想政治教育价值的激励功能。一方面，思想政治教育价值激励功能能够激发受教育者的工作热情和内在潜力；另一方面，思想政治教育价值激励功能的发挥能够切实增强思想政治教育的精神价值和物质价值，促进思想政治教育价值的实现。

(1) 思想政治教育工作要致力于使价值主体意识到自身的价值，增强工作热情

思想政治教育价值的激励功能要得到很好的发挥，关键要通过思想政治教育让受教育者意识到自身工作的重要性，意识到自身有能力促进工作的开展，意识到自身工作关涉到国家的前途命运，从而将个体的发展与国家的前途、命运紧密相连。在思想政治教育过程中中华人民共和国成立以来特别是改革开放以来我国社会主义建设、改革取得的伟大成就应是教育的重要内容，可以激发和增强价值主体的荣誉感；创新实践活动则让价值主体在实践中体验和感受自己与建设中国特色社会主义伟大事业的关系，教育引导价值主体将自身命运与祖国命运紧密联系起来；激发价值主体在实现中华民族伟大复兴中国梦中的责任，以增强其使命感、责任感；通过理论教育讲清楚中国特色社会主义事业的历史必然性，引导价值主体树立为共产主义远大理想和中国特色社会主义共同理想而奋斗的信念和信心。只有价值结构系统各要素协调配合，共同发力，才能促使价值主体明白自身所处的位置，增强其时代责任感和历史使命感，激发其工作热情，积极投入工作之中，进而在工作实践中进一步发掘其内在潜力。

(2) 消除"两张皮"，促进思想政治教育工作和业务工作的融合发展

要发挥思想政治教育价值的激励功能激发人们的工作热情和发掘其内在潜力，从根本上说是体现在业务工作之中的，两者应该是密不可分，相互促进的。但目前思想政治教育工作与业务工作相分离的"两张皮"现象还较为常见，两者相互促进的优势和合力没有显现，反而形成一种对立、"不兼容"的状态。人们不但没有感觉到思想政治教育工作的重要性，甚至觉得思想政治教育工作的加强会耽误业务工作。在这种情况下，思想政治教育的激励功能就不能充分发挥，对此，两者要融合

发展，一是要转变人们的思想认识。精神的力量是无限的，思想政治工作的最终目的也是通过提高人的思想认识更好地投入工作创造更大的经济效益。对此，要纠正部分价值主体的错误认识，认为思想政治教育的目的是"政治宣传"，与自己的业务工作无关。实则是做任何工作，只有思想问题解决了，后续工作才更易推进。二是在实践中让价值主体真正感受思想和精神的力量之于业务工作的重要性。这就与思想政治教育工作的方式方法有很大关系。要切实通过一两项具体工作让价值主体感受到思想认识的提升对自身业务工作的重要性，这就需要对思想政治教育工作的方式方法进行优化改进，改变传统硬灌输的思想政治教育方法，就思想谈思想、就认识谈认识，这就会给价值主体造成"假大空"的印象。思想的提升必须要有载体，其实业务工作就是一个很好的载体。比如，就公共交通行业来讲，一个公交车司机，如果单纯讲思想、讲理论他可能反感，但从工作实际讲起，可能更容易切入，作为公交车司机，他肯定希望工作业绩突出，拿更多的奖金，受人尊重而他突出的工作业绩与他的服务对象、服务质量密不可分，如果缺少服务意识、仁爱之心，没有一定的思想境界，他可能在驾驶技术层面无可挑剔，但不会成为大众认可的好司机。思想政治教育工作只有融入业务工作，将思想政治教育的内容、形式与业务工作的性质相结合，通过精神激励、物质鼓励等方式充分调动受教育者的积极性，实现融合发展，才能促使在思想政治教育价值实现的过程中充分发挥思想政治教育价值的激励功能。

3. 思想政治教育价值激励功能的调节

面对复杂的国际国内环境，在思想政治教育价值结构运行的过程中，我们要时刻注重调节思想政治教育价值的激励功能，才能保证思想政治教育价值激励功能的有效发挥。

（1）对重知识灌输轻价值传递的调节

思想政治工作从根本上说是做人的工作。所谓"浇花浇根，育人育心"，而育心又在于养德。思想政治工作本身就是一项德育工作，关键在于思想道德教育。对此，要保证思想政治教育价值激励功能的有效发挥，知识灌输与价值传递的关系一定要调节好。当前思想政治工作，重知识灌输轻价值引导的问题还是比较多，比如，高校思想政治理论课在一定程度上过于注重知识灌输，大学生的实际行为与课堂学习的知识出现了脱节。很多单位的思想政治教育活动虽然进行了诸多改革，也有一定创新，但一旦涉及价值观教育等方面的内容总会在一定程度上呈现出疲软乏力的病症，表面看思想政治教育活动热闹非凡，但实际浮于表面，很难做到入脑入心。从这个角度说，重知识灌输而轻价值传递阻碍了思想政治教育价值激励功能的发挥。对此，首先，知识灌输同样是必要的，但就思想政治教育而言，知识灌输不能与价值传递脱节，知识灌输的过程中应该渗透价值传递。其次，就是实践活动的理念、过程要渗透、传递一定的价值观，不能就活动而活动，要以各单位的实际工作为依托，以利益调节、消除对立情绪、协调人际关系，解决人们的实际问题，营造良好的环境，创造更大的效益为抓手，在这一过程中传递价值理念可能更有效果。

（2）对重精神激励轻物质鼓励的调节

提高思想政治教育的实效性，就必须既注重解决思想问题，又要注重解决实际问题。物质激励与精神激励各有侧重，都有自己的功能，两者不能失衡。当前，在某些领域，思想政治教育工作的实效性不高，价值主体对思想政治教育工作缺乏积极性甚至产生逆反，从而导致思想政治教育价值的激励功能不能得到很好的发挥，其中一个很重要的原因在于物质鼓励的缺失，物质激励在一定程度上是基础，是思想政治教育价值结构运行的物质保障。精神激励的功能在于激发价值主体高层次的需要，实现更高层次的思想政治教育价值。对此，在思想政治教育价值结构运行中，对于物质激励和精神激励的平衡和调节，首先，要突出物质激励的保证作用。思想政治工作的开展，思想政治教育价值结构系统的运行，不是无根之水，是需要物质支撑的，价值主客体作为生活在社会中的人，并不是孤立存在的，不仅自身生存发展需要物质保障，高质量的思想政治教育活动也需要资金的投入、场地的保证、设备的更新，因此，思想政治教育价值激励功能要发挥，缺乏物质的支撑、鼓励，仅有"空头支票"，效果不能落实、落地。其次，要通过解决实际问题达到解决思想问题的目的。如若思想政治教育只停留在思想层面而忽视实际问题的解决，这样的思想政治教育不但不能调动人们工作的积极性，也难以深度地刺激受教育者发掘其内在潜力。对此，在思想政治教育工作中，价值客体工作的开展必须要有针对性、实效性。这个针对性、实效性在于工作开展之前，要深入了解价值主体的思想实际和生活、工作实际，抛开价值主体目前的生活现状、工作难处，一味的谈奉献、谈服务，不仅不人性化，更会引起价值主体的反感，从解决价值主体的实际问题入手，不仅价值主客体之间更易沟通，价值主体实际问题的解决，价值客体传递的思想也更易获得价值主体的认同，教育的效果更好。针对性还应体现在不同类型的价值主体方面，有的价值主体物质层面充分，更在意的是精神层面需要的满足，对于这部分价值主体，精神激励的作用高于物质激励。而有的价值主体更在意物质层面问题的解决，只有前期工作准备好，有针对性地通过解决价值主体的实际问题和需要，才能解决思想问题。最后，精神鼓励也不容忽视。精神激励有其自身的功能，主要在于通过对价值主体高层次精神需要的形成，实现高层次的思想政治教育价值。对此，及时调节物质激励和精神激励的关系，才能保证思想政治教育价值激励功能的发挥。

三、思想政治教育价值结构系统与功能关系的分析

一个系统有其特有的结构。一方面，结构决定功能，但此处值得注意的是系统结构的多元性、动态性等特性表明系统结构并不是一成不变、单一化的，从整体上来看，系统结构本身也是一个系统，可以称之为结构系统，结构系统从整体上决定着系统的功能。另一方面，系统的

功能又影响着系统的结构,特别是从系统功能的发挥、调节来看,系统功能对系统的结构甚至整个结构系统都会产生明显的影响。

(一) 思想政治教育价值结构系统决定思想政治教育价值功能

在要素一定的基础上,结构决定功能。思想政治教育价值结构系统对思想政治教育价值功能的影响主要体现在以下方面:

1. 思想政治教育价值结构系统决定思想政治教育价值功能的强弱

思想政治教育价值结构系统决定思想政治教育价值功能,首先就表现在对思想政治教育价值功能强弱的影响上。在上文我们已经进行过详细的阐述,思想政治教育价值系统由诸多要素构成,而这些要素无论怎样安放始终涉及一个搭配的问题,这就使得思想政治教育价值结构系统呈现出两种状态。一种是思想政治教育价值结构系统合理,即思想政治教育价值系统中的诸要素搭配得当,整个系统的功能就不是各要素的简单相加,而会表现出"$1+1>2$"的状态,这个时候思想政治教育价值功能就会因"整体涌现"效应而增强。一种是思想政治教育价值结构系统不合理,即思想政治教育价值系统中的诸要素搭配不得当,系统内各要素最多是简单相加,有时还因要素之间的互相牵扯出现"内耗",导致思想政治教育价值功能变弱。

2. 思想政治教育价值结构系统决定思想政治教育价值功能的表现形式

思想政治教育价值结构系统具有多元性,多元性决定着多元的思想政治教育价值结构系统类型。思想政治教育价值结构系统类型的多元表现了思想政治教育价值结构系统的丰富性,但这就涉及思想政治教育价值结构系统类型的完善性问题。思想政治教育价值结构系统的类型越完善,思想政治教育价值功能的表现形式越丰富。也就是说,正是思想政治教育价值结构系统的这种多元性决定着思想政治教育价值功能的多种表现形式。思想政治教育价值结构系统越多元,要素之间的搭配越合理，其价值结构系统类型也就越完善，自然价值功能表现形式也就越多样，功能越强。如果思想政治教育价值结构系统残缺不全，甚至类型单一，必然会影响思想政治教育价值功能表现形式的多样性，甚至影响思想政治教育价值功能的表现形式，导致思想政治教育价值某些功能的发挥，出现某些功能因思想政治教育价值结构系统类型的缺失而缺失，从而呈现出思想政治教育价值功能的单一性。

3. 思想政治教育价值结构系统决定思想政治教育价值功能的发挥程度

思想政治教育价值结构系统还决定着思想政治教育价值功能的发挥程度。任何结构都涉及一个稳定性的问题，一般来说越是成熟的结构系统越稳定，稳定性越低，那么系统结构的成熟性则相应的较低。那么结构系统的稳定性或成熟性必将影响思想政治教育价值功能的发挥程度。思想政治教育价值结构系统具有一定稳定性意味着结构系统中各要素的搭配较为合理，从而整个结构系统处于一种平衡状态。思想政治教育价值结构系统越稳定越有利于思想政治教育价值功能的发挥，相应地思想政治教育价值功能的发挥程度越高。思想政治教育价值结构系统缺乏稳定性，意味着思想政治教育价值结构系统中的要素搭配不当，进而导致结构系统中诸要素的搭配失去平衡，即思想政治教育价值结构系统不稳定。思想政治教育价值结构系统越不稳定，思想政治教育价值功能的发挥程度越会相应地降低。

（二）思想政治教育价值功能影响思想政治教育价值结构系统

思想政治教育价值功能反过来也会影响思想政治教育价值结构系统，具体表现在以下方面：

1. 思想政治教育价值功能影响思想政治教育价值结构系统整体的稳定

思想政治教育价值功能的发挥在一定程度上取决于思想政治教育价

第二章 思想政治教育价值结构系统与功能分析

值结构系统的整体性、完善性，只有系统内各要素搭配合理，系统运行顺畅，才能从整体上发挥出系统的功能，思想政治教育价值功能才能够在较高程度上得到发挥。但从另一方面来说，也只有思想政治教育价值功能得到正常发挥，思想政治教育价值结构系统才能继续运行，思想政治教育价值结构系统的整体性才能得以保证。俗话说："有为才能有位。"思想政治教育价值结构系统能够稳定地运行，能够从整体上表现出一定的稳定性，也就在于思想政治教育价值功能得到了应有的发挥。当思想政治教育价值功能的发挥受阻时，思想政治教育价值结构系统必然面临调整的压力。如果思想政治教育价值结构系统的调整能够跟上实际情况的变化，那么，思想政治教育价值功能的发挥就能够重回合理的区域，思想政治教育价值结构系统的运行也能重趋稳定性。但是，如果当思想政治教育价值功能的发挥受阻时，思想政治教育价值结构功能没有得到及时的调整，或者思想政治教育价值结构功能的调整没能跟上时代变化，那么，思想政治教育价值结构系统的整体运行就会受到现实的挑战，严重时将危及到思想政治教育本身的地位，直接反映到现实生活中就是思想政治教育效果不佳，人们不重视思想政治教育活动，甚至反对思想政治教育，认为其没有必要存在等。

2. 思想政治教育价值功能的变化会影响思想政治教育价值结构系统的变化

从理论上来讲，系统的结构决定系统的功能。但系统结构与系统功能也遵循辩证发展的规律，从总体上看，一方面，系统的功能是由系统的结构决定的，这种决定作用在系统运行中起着主导作用；另一方面，系统功能的变化也会从整体上影响系统的结构。相应地，思想政治教育价值结构系统从整体上决定着思想政治教育价值功能，这并不是一个简单的决定论，思想政治教育价值功能的发挥也时刻影响着思想政治教育价值结构系统的变化。但我们必须注意到的是，思想政治教育价值功能的发挥还可能受到其他因素的影响，比如，当思想政治教育价值结构系统在决定思想政治教育价值功能发挥的过程中，还要受到思想政治教育环境因素的影响，而环境系统当中的积极因素，会使思想政治教育价值功能得到增强。这一部分增强的功能，不是由结构决定的，而是由环境中的积极因素决定的，这时，思想政治教育价值功能发挥的程度超越了结构系统本身。增强的功能会从相反的方向引起思想政治教育价值结构的变化，要求其与增强的功能相适应。另一种情况则是思想政治教育环境中的消极因素会使思想政治教育价值功能发挥的程度降低，而思想政治教育价值功能的降低则必然对思想政治教育价值结构系统造成破坏。从客观上来讲，这时一方面要对思想政治教育环境进行优化，尽量减少思想政治教育环境中的消极因素对思想政治教育价值功能的影响；另一方面则要求对思想政治教育价值结构系统作出调整以抵御思想政治教育环境中的消极因素的影响。

3. 思想政治教育价值功能质量的提升会影响思想政治教育价值结构系统质量的提高

我们研究思想政治教育价值结构系统与功能的关系，主要目的在于通过厘清两者的关系，掌握思想政治教育价值结构系统的运行规律和思想政治教育价值功能的发挥，进而促使思想政治教育价值结构系统和价值功能的质量都得到提高。思想政治教育价值结构系统决定着思想政治教育价值功能，那么思想政治教育价值结构系统质量的提高必然在一定程度上增强思想政治教育价值功能。那是否思想政治教育价值功能的质量得到提高就能够促进思想政治教育价值结构系统的质量得到提高呢？答案是肯定的。如上所述，当思想政治教育价值功能发挥的程度超越了结构系统本身，增强的功能会从相反的方向引起思想政治教育价值结构的变化，要求其与增强的功能相适应。这个时候思想政治教育价值结构系统就会吸收思想政治教育环境中的有利因素以改造提升思想政治教育价值结构系统。

第三章　思想政治教育价值结构的构成要素分析

系统论的观点告诉我们，要素、结构、功能三者之间有着内在联系，要素是最基础的，要素之间按照一定的关系形成结构，结构直接影响到功能的实现。研究思想政治教育价值结构必须研究其构成要素，因为构成要素是价值结构形成的基础，构成要素的有序组合形成结构从而产生思想政治教育价值的功能。关于思想政治教育价值结构的构成要素理论界到目前为止，尚无人研究。笔者就这一问题提出自己的观点，供同行参考。

一、思想政治教育价值目标

思想政治教育价值目标是思想政治教育价值实现要达到的预期结果，它在思想政治教育价值结构构成要素中起着引导其他要素的作用。

（一）关于思想政治教育价值目标论述的评析

现目前，学术界专门论述思想政治教育价值目标的成果没有，一般都是在思想政治教育目标的基础上研究思想政治教育的价值目标，并且对思想政治教育目标和思想政治教育价值目标的区别未作研究。思想政治教育价值目标可以理解为思想政治教育目标实现过程中所展现出来的价值取向或价值追求。基于以上理解和理论界没有研究思想政治教育价值目标的成果，我们研究思想政治教育价值目标的研究现状时，就通过对学术界研究思想政治教育目标的成果进行梳理，以此作为研究思想政治教育价值目标的参考。

目前最为权威的思想政治教育学原理教材就是由马克思主义理论研究和建设工程重点教材《思想政治教育学原理》编写组编写的《思想政治教育学原理》（第二版），该书由郑永廷担任主编，刘书林、沈壮海担任副主编，编写组涵盖了思想政治教育学界老中青专家，由高等教育出版社2018年出版。该教材中对于思想政治教育目标的定义是这样的："思想政治教育目标是指一定社会对教育所要造成的社会个体在思想政治品德方面的质量和规格的总的设想。思想政治教育的内容是根据一定的社会要求和受教育者的思想实际，经教育者选择设计后有目的、有步骤地输送给受教育者的思想意识、价值观念和道德规范等信息，是为实现教育目标、完成教育任务服务的。思想政治教育任务是思想政治教育目标和教育内容的具体化。思想政治教育目标、内容、任务相辅相成，共同作用于思想政治教育过程。"[①] 由此可见，思想政治教育目标这个概念是和思想政治教育内容、任务联系在一起的，三者相辅相成，是思想政治教育过程中不可或缺的三个要素。这一教材是在"马工程"第一版思想政治教育学原理基础上修订而成的，但是在思想政治教育目标这个概念上两版教材没有区别。

在"马工程"统编教材出版前，学界比较认可的是由张耀灿、郑永廷、吴潜涛、骆郁廷等著的《现代思想政治教育学》，该书2006年出版了第二版，该书以专题的形式呈现，专门有一个专题"思想政治教育目的论"，在阐述思想政治教育目的时该书也是将目的和任务结合起来的，并且区分了根本目的和培养目标。具体而言：该书认为思想政治教育的

[①]《思想政治教育学原理》编写组：《思想政治教育学原理》（第二版），北京：高等教育出版社2018年版，第154页。

根本目的有两个，一是提高认识世界与改造世界的能力，二是在改造客观世界的同时改造主观世界；思想政治教育的培养目标是促进人的自由全面发展，并且专门论述了人的自由全面发展的实现；思想政治教育的主要任务有四个，理想信念教育是核心，爱国主义教育是重点，道德教育是基础，还包括培养科学的思维方式。[①] 该书较为详细地阐述了思想政治教育的根本目的、培养目标和主要任务，并且有一个逐步从抽象到具体的过程，其中特别强调了理想信念、爱国主义、道德教育和科学思维方式培养是思想政治教育目的达成中的重点任务。

倪愫襄在其主编的《思想政治教育元问题研究》一书中，专门设立"思想政治教育的目标指向"一章来阐述思想政治教育目标的相关问题，这一章实际由项久雨撰写。该章从思想政治教育的合目的性、社会取向和人本取向三个方面对思想政治教育的目标指向进行了阐述。该书认为思想政治教育教育的目标指向与思想政治教育目的不完全相同，思想政治教育目的是思想政治教育活动预期达到的结果，是思想政治教育的目标指向或价值取向；思想政治教育的目标指向则是指思想政治教育作为一项活动，是朝着预期结果的方向进行的，思想政治教育学作为一门学科，是按照一定的方向发展的。[②] 该书从合目的性的角度阐述了思想政治教育目标设定的一些原则，从政治认同、经济发展、文化繁荣、社会进步等角度阐述了思想政治教育的社会取向，从满足人的心理需求、提升人的道德素养、实现人的自由全面发展等角度阐述了思想政治教育的人本取向。这就把思想政治教育目标进行了层次的划分，具有理论的创新性。

思想政治教育学还有一套教材比较经典，那就是高等教育出版社面

[①] 张耀灿、郑永廷、吴潜涛、骆郁廷等：《现代思想政治教育学》，北京：人民出版社2006年版，第136—159页。

[②] 倪愫襄：《思想政治教育元问题研究》，北京：中国社会科学出版社2014年版，第166页。

向21世纪课程教材系列。该系列第一版由邱伟光、张耀灿主编,1999年出版,该书指出:"思想政治教育目标是指教育者根据社会的要求与人的发展要求,通过思想政治教育活动使受教育者的思想政治品德在一定时期内所要达到的预期结果。思想政治教育目标贯穿于思想政治教育的全过程,它自始至终发挥导向、凝聚、纠偏和激励作用。"① 这一概念不仅强调了思想政治教育目标的具体指向和内容,还指出了思想政治教育目标发挥的重要作用。2007年出版的由陈万柏、张耀灿主编的《思想政治教育学原理》(第二版),该书指出:"思想政治教育目的,是指通过思想政治教育活动,在受教育者的思想和行为方面所期望达到的结果。换言之,思想政治教育目的使人们依据一定的主客观条件对受教育者思想品德方面的质量的一种期望和规定。思想政治教育目的是开展各项思想政治教育活动的依据和动力。"② 这一界定指向了受教育者达到教育者教育目标中的思想品德方面的质量提升。该系列第三版由陈万柏、张耀灿主编,2015年出版,该书在沿用第二版有关思想政治教育目标概念基础上进一步进行了明确,该书认为:"思想政治教育目的,是指通过思想政治教育活动,在受教育者的思想和行为方面所期望达到的结果。换言之,思想政治教育目的是教育者依据社会发展的要求、受教育者精神世界发展的需求对受教育者思想品德方面的质量的一种期望和规定。思想政治教育目的是开展各项思想政治教育活动的依据和动力,体现出思想政治教育的价值取向。"③ 这一界定有两个方面的亮点:一是强调了思想政治教育目的要根据社会发展要求和受教育者精神世界发展的需求确定,这就体现了思想政治教育目的应该体现教育者和受教育者两

---

① 教育部社会科学研究与思想政治工作司组编:《思想政治教育学原理》,北京:高等教育出版社1999年版,第182页。

② 陈万柏、张耀灿:《思想政治教育学原理》(第二版),北京:高等教育出版社2007年版,第72页。

③ 陈万柏、张耀灿:《思想政治教育学原理》(第三版),北京:高等教育出版社2015年版,第78页。

个向度的需求;二是指出思想政治教育目的体现出思想政治教育的价值取向,这就将思想政治教育的目的和思想政治教育价值的目标有机结合起来了,思想政治教育目的的实现过程就是思想政治教育价值的实现过程,也就是思想政治教育价值目标的达成过程。

除了思想政治教育价值目标,学术界还有关于思想道德教育价值目标的研究,郑永廷在其著作《现代思想道德教育理论与方法》一书中专门设立一章"现代思想道德教育价值论",其中专门论述了"确立现代思想道德教育的价值目标",从明确现代思想道德教育的价值定位、认识现代思想道德教育目标的全面性、把握现代思想道德教育目标的整体性三个方面展开了论述。核心观点是:"新时期关于培养'四有'新人,关于着力提高全民族思想道德素质和科学文化素质的目标定位,是既符合现代社会要求,又符合人的发展的价值目标定位。"[①] 这一观点将思想道德教育价值目标与党和国家对于育人要求相结合,对于研究思想政治教育价值目标具有借鉴意义。

对于思想政治教育价值研究,罗洪铁是思想政治教育学学术史梳理中具有代表性的重要人物。罗洪铁主编,2000年由西南师范大学出版社出版的《思想政治教育基础理论研究》一书中专门设置"思想政治教育价值"一章[②],其中虽没有直接阐述思想政治教育价值目标,但是通过阐述思想政治教育价值的含义、内容、具体表现等一定意义上涉及了思想政治教育的价值目标,因为思想政治教育价值目标就是通过思想政治教育价值内容和价值具体表现呈现出来的,内容是载体,价值目标的实现是结果。罗洪铁、董娅主编的《思想政治教育原理与方法基础理论研究》,2005年由人民出版社出版,该书也专门设置"思想政治教育价值

---

① 郑永廷:《现代思想道德教育理论与方法》,广州:广东高等教育出版社2002年版,第68—69页。
② 罗洪铁:《思想政治教育基础理论研究》,重庆:西南师范大学出版社2000年版,第33—60页。

研究"一章,并且从社会价值、集体价值和个体价值三个维度阐述了思想政治教育价值①,实际上思想政治教育价值目标也应该是围绕着社会、集体、个体三个层面实现的。罗洪铁、周琪主编的《思想政治教育学理论的形成和发展》一书2014年由中国文史出版社出版,该书入选教育部思想政治工作司组编的思想政治教育研究文库,影响较大。该书既专门研究了思想政治教育价值理论的形成与发展,还系统梳理了思想政治教育目标理论的形成和发展,该书认为:"目标作为一种对于未来的预期,既着眼于未来,同样在目标实施的过程中也着手于现实,思想政治教育目标从确立的依据、确立的原则,思想政治教育目标的内涵、结构,到思想政治教育目标的实施完整地体现了思想政治教育目标理论的基本框架结构和内容体系。思想政治教育目标理论的实践价值着重在于两个方面,即增强思想政治教育的目的性和提高思想政治教育的有效性。"② 这就明确了思想政治教育目标研究的价值,思想政治教育目标与思想政治教育价值目标密不可分,因此这样的研究对于思想政治教育价值目标研究具有一定的参考意义。

以上对于学术界关于思想政治教育目标和思想政治教育价值目标的梳理可以说明以下两点。第一,学术界对于思想政治教育价值目标的研究不多,但是对于思想政治教育目标的研究较多。对于这一点要辩证地看,一方面思想政治教育目标和思想政治教育价值目标是不同的两个概念,另一方面二者又是相辅相成的。思想政治教育目标更多强调的是基于思想政治教育内容,达成思想政治教育者的教育目的,使得教育对象在思想素质、政治素质、道德素质等方面有所提高,达到教育者预期的过程。思想政治教育价值目标更多强调的是思想政治教育实践过程中,

---

① 罗洪铁、董娅:《思想政治教育原理与方法基础理论研究》,北京:人民出版社2005年版,第40—52页。
② 罗洪铁、周琪:《思想政治教育学理论的形成和发展研究》,北京:中国文史出版社2014年版,第88页。

借助教育过程和教育目标,而实现的一种教育者满足受教育者需求和受教育者需求被教育者所满足的价值实现过程。研究思想政治教育目标和思想政治教育价值目标有相通之处,价值目标有赖于目标的达成,目标对于价值目标具有重要的指导作用。

第二,学术界对于思想政治教育价值目标或者思想政治教育目标的研究主要集中在受教育者素质的提升上。对于思想政治教育的目标而言,使得受教育者提升自身各方面的素质,尤其是政治素质、道德素质、科学文化素质和能力素质等,以适应教育者预期和一定阶级、国家、政党的需要。对于思想政治教育的价值目标而言,使得思想政治教育价值的客体能够满足价值主体的需求和价值主体被价值客体所满足的过程,这就强调了价值主体和价值客体之间的关系,和简单的思想政治教育目标还是有所区别。因此在研究思想政治教育价值目标的时候还存在价值目标的指向问题,思想政治教育目标的指向一般是从教育者指向教育对象,思想政治教育价值目标的指向一般是从价值主体指向价值客体,是主体认为客体具有价值。思想政治教育价值目标的研究还离不开思想政治教育的价值主客体研究。

基于文献梳理和两点思考,我们发现,学术界对于思想政治教育价值目标有一定的研究,但往往是在宏观的思想政治教育价值这一范畴中进行的研究,真正能够把思想政治教育价值目标这一概念阐述清楚,把思想政治教育的目标和思想政治教育的价值目标区分界定清楚还需要继续深入研究,研究的着力点可以放在思想政治教育价值目标究竟是什么,确立这样的价值目标有什么意义,如何实现这样的价值目标等方面。

(二) 思想政治教育价值目标的界定

思想政治教育价值目标的界定首先就要明确思想政治教育价值目标的指向,思想政治教育的目标一般是由教育者指向教育对象,价值目标一般是由价值主体指向价值客体。价值主体涉及谁对他有价值的问题，价值客体涉及用什么来满足主体需要的问题，从宏观上说思想政治教育是一定的阶级、政党、国家通过特定的活动对人们实施教育，使得人们的思想、道德、政治素质达到预期水平的过程，一方面阶级、政党、国家是预期的提出者，最后能否实现预期关系到他们的满足程度；另一方面受教育的人们思想、道德、政治素质的提升过程也能够满足人们自身发展的需要，但是这两个方面归结起来实际上就是人们素质提升既满足了自己的需求也满足了教育者（广义的教育者是阶级、政党、国家，狭义的教育者就是思想政治教育实施过程中的教育者）的预期。

这里就涉及两个满足，一是自我满足，一是教育者满足。再深入研究就可以发现，这两个满足实际上是相通的，受教育者的自我满足也是向着教育者满足的方向发展的，如果教育者满足的方向和受教育者自我满足的方向不一致就会造成思想政治教育的无效性，虽然教育者对教育对象实施的教育过程可能在一定时期内得不到教育对象的理解和认可，但是从长远看教育者的预期和教育对象自身的发展是一致的。此外，思想政治教育过程中教育者对教育对象的教育，实际上是承载了党和国家对于教育对象的期待的，教育者的教育实际上是我们的党和国家对人们期望的体现。比如，新时代思想政治教育者就承担了党和国家对他们培养德智体美劳全面发展的社会主义建设者和接班人的期望，就此习近平总书记在讲话中多次表达了他对教育者的期望。正是基于党和国家对人们的期望与教育者对教育对象期望的一致性，教育者满足和教育对象满足的一致性，我们可以将思想政治教育价值目标的研究转化为党和国家对于人们的思想、道德和政治素质的期待。

思想政治教育价值目标的研究一定意义上就可以转化为对党和国家育人目标的研究，而目标又具体表现为党对于人才培养的要求。党的思想政治教育的育人理念是将公民培养成社会主义事业的建设者和接班人，这样的育人理念对人的素质提出了明确的要求，除了基本的工作素质和业务能力之外，尤其强调在育人过程中进行思想素质、政治素质和道德素质的教育与践行。

在育人目标方面，毛泽东提出了"德智体全面发展""又红又专""三好"等标准，这些标准既强调了人的全面发展，更凸显了政治素质、道德水平在育人过程中的重要地位。邓小平提出了要培养"有理想、有道德、有文化、有纪律"的四有新人。1980年开始全国上下开展系列运动，大兴"五讲四美三热爱"之风，即讲文明、讲礼貌、讲卫生、讲秩序、讲道德；心灵美、语言美、行为美、环境美；热爱祖国、热爱社会主义、热爱中国共产党。2001年中共中央下发《公民道德建设实施纲要》，其中规定了公民的基本道德规范：爱国守法、明礼诚信、团结友善、勤俭自强、敬业奉献。2006年胡锦涛提出要引导广大干部群众特别是青少年树立以八荣八耻为主要内容的社会主义荣辱观，社会主义荣辱观涉及爱国、爱人民、爱科学、爱劳动、团结互助、诚实守信、遵纪守法、艰苦奋斗等内容。党的十七大在社会公德、职业道德、家庭美德的基础上加上了个人品德，强调要着力建设"四德"。[①]

思想政治教育对象中有一个十分重要的群体就是大学生，研究思想政治教育价值目标是一定不能忽视大学生这一重要群体，因此，有必要对于党和国家培养大学生的目标进行梳理和研究。2004年《中共中央、国务院关于进一步加强和改进大学生思想政治教育的意见》指出："以理想信念为核心，以爱国主义为重点，以思想道德建设为基础，以大学生全面发展为目标，解放思想、实事求是、与时俱进，坚持以人为本，贴近实际、贴近生活、贴近学生，努力提高思想政治教育的针对性、实效性和吸引力、感染力，培养德智体全面发展的社会主义合格建设者和

---

① 唐斌：《准确理解和把握社会主义核心价值观的根本属性》，载《社会主义核心价值观研究》2018年第2期，第15页。

可靠接班人。"① 这里就强调了党和国家对于大学生的培养目标是社会主义事业的建设者和接班人，并且在建设者前面加上了"合格"一词，在接班人前面加上了"可靠"一词。2016年《中共中央、国务院关于加强和改进新形势下高校思想政治工作的意见》指出："以立德树人为根本，以理想信念教育为核心，以社会主义核心价值观为引领，切实抓好各方面基础性建设和基础性工作，切实加强和改善党的领导，全面提升思想政治工作水平，紧密团结在以习近平同志为核心的党中央周围，牢固树立政治意识、大局意识、核心意识、看齐意识，坚定不移维护党中央权威和党中央集中统一领导，为实现'两个一百年'奋斗目标、实现中华民族伟大复兴的中国梦，培养又红又专、德才兼备、全面发展的中国特色社会主义合格建设者和可靠接班人。"② 这就在社会主义合格建设者和可靠接班人的基础上进一步重申了又红又专、德才兼备、全面发展。我们可以发现培养社会主义事业建设者和接班人的目标始终没有变化。党的十九大报告中，习近平在强调培育和践行社会主义核心价值观时指出："要以培养担当民族复兴大任的时代新人为着眼点，强化教育引导、实践养成、制度保障，发挥社会主义核心价值观对国民教育、精神文明创建、精神文化产品创作生产传播的引领作用，把社会主义核心价值观融入社会发展各方面，转化为人们的情感认同和行为习惯。"③ "担当民族复兴大任的时代新人"是当代大学生的奋斗目标，也是对大学生进行思想政治教育要达成的目标。习近平总书记在全国教育大会上指出："培养德智体美劳全面发展的社会主义建设者和接班人，加快推进教育现代化、建设教育强国、办好人民满意的教育。"④ 这就将"时代

---

① 教育部思想政治工作司组编：《加强和改进大学生思想政治教育重要文献选编（1978—2014）》，北京：知识产权出版社2015年版，第266页。
② 《十八大以来重要文献选编》（下），北京：中央文献出版社2018年版，第480页。
③ 习近平：《决胜全面建成小康社会 夺取新时代中国特色社会主义伟大胜利——在中国共产党第十九次全国代表大会上的报告》，北京：人民出版社2017年版，第42页。
④ 《坚持中国特色社会主义教育发展道路 培养德智体美劳全面发展的社会主义建设者和接班人》，载《人民日报》，2018年9月11日，第1版。

新人"的目标进一步具体化为"德智体美劳全面发展"的人，就将"担当民族复兴大任"的要求进一步升华为"社会主义建设者和接班人"。由此可见高校对大学生进行思想政治教育的目标是把大学生培养成德智体美劳全面发展的社会主义建设者和接班人。无论是2004年的"意见"，还是2017年的"意见"，还是党的十九大报告和全国教育大会精神，强调始终的都是社会主义事业的建设者和接班人。

党和国家一以贯之的育人理念，党和国家对于大学生培养目标和使命的明确，实际上就是党和国家对于人民思想素质、政治素质和道德素质的基本要求，梳理和研究发现，德才兼备、全面发展、又红又专、建设者和接班人成为了各个时代共同的目标，这就是党和国家对于思想政治教育价值目标的设定。

综上所述，思想政治教育的价值目标就是通过思想政治教育活动，将教育对象培养、塑造成又红又专、德智体美劳全面发展的社会主义的合格建设者和可靠接班人。依据思想政治教育价值要达到的目标，对思想政治教育价值目标的含义，笔者界定为：思想政治教育价值目标，是指通过思想政治教育价值主客体的共同努力，使思想政治教育价值实现达到预期的结果。

（三）思想政治教育价值目标作用

思想政治教育价值目标是整个思想政治教育的重要内容，对于思想政治教育价值结构运行具有重要的指导意义，具体而言有以下几方面的作用。

1. 思想政治教育价值目标对价值客体起到导向作用

思想政治教育者是思想政治教育价值客体的实际承载者，不仅是思想政治教育活动的发动者、组织者，更是思想政治教育活动的实施者。思想政治教育价值目标对价值客体的导向实则就是对教育者的导向。教育者要将规定的思想政治教育内容传授给作为价值主体的思想政治教育对象，在满足价值主体需要的同时达成思想政治教育的价值目标。在教育过程中，思想政治教育者要始终铭记思想政治教育的价值目标，清楚认识到教育活动的开展和全过程都是为了使得价值主体成为社会主义事业的建设者和接班人。对于思想政治教育者而言，价值目标始终起到导向作用，教育者要做到"不忘初心"。思想政治教育价值目标对于教育者发挥的导向作用主要体现在以下几个方面：一是教育内容的选取和呈现。思想政治教育的内容体系十分丰富，内容体系本身也是有价值目标规范的，教育者在实际教育过程中如何从丰富多彩的内容中选取既适合价值主体特点又能达成价值目标的内容进行教育是价值目标能否达成的前提。二是教育方式的选取和运用。思想政治教育的方法体系也十分丰富，方法的运用是为了达成教育目标，教育者根据教育内容和教育对象的特点选择适合的教育方式，能够有效实现思想政治教育教育的价值目标，方法的选取和运用一方面要考虑价值主体的特点用对象喜闻乐见的方式开展教育，另一方面也要关注价值目标不能一味迎合价值主体的需求。三是教育成效的总结和评估。思想政治教育活动的成效主要就是看教育目标的达成度，也就是思想政治教育价值目标的实现程度，这对于教育者而言是最终的评价标准，如果价值目标达成度较高证明教育的针对性和实效性都很强，这样的教育过程就需要总结经验以供借鉴；如果价值目标的达成度较低证明教育过程中还有很多需要改善的地方，这样的教育过程就需要不断反思、不断修改完善。思想政治教育价值目标对于教育者开展教育活动具有重要的导向作用，主要就体现在教育的内容、方法和评估上。

2. 思想政治教育价值目标对价值主体起到引领作用

思想政治教育价值主体是指在教育者实施思想政治教育活动时作为对象的人，即教育对象。思想政治教育是以人的思想为主要活动对象的实践活动，属于科学文化实践范畴，因此活动的对象必须是人而不是物。思想政治教育的价值目标最终是要指向价值主体即教育对象的，是为了使得成为教育者所期待的全面发展的社会主义建设者和接班人，价值主体在整个教育过程中不是无能为力的被动接受，作为具有主体性的人，教育对象在教育过程中发挥了重要作用，尤其是在思想政治教育价值目标的引领下和教育者一起为达成教育目标而努力。具体而言，价值主体在教育过程中受到价值目标的引领发挥的积极作用主要表现在以下几个方面：一是参与教育活动，与教育者一起实现思想政治教育价值目标，离开了价值主体的配合，教育者的教育活动是不可能达到预期目标的，思想政治教育的价值目标也不可能实现。二是体现教育效果，价值主体的成长成才能够体现出教育目标的实现，只有从价值主体身上才能看到教育内容是否真正在对象身上实现了"内化于心、外化于行"。三是反馈教育过程，教育者的教育效果体现在价值主体身上，价值主体的反馈是整个教育过程中最为重要、最为直观的反馈，可以让教育者直接根据价值主体的反馈及时进行调整，以完善教育过程达成价值目标。四是引领自我教育，思想政治教育除了教育者对教育对象的教育外，还有一个重要的方式就是受教育者的自我教育，自我教育可以理解为受教育者在教育的价值目标引领下实现的自我提升，这种自我教育既存在于价值主体在教育者教育过程后的自我复习提高，也存在于价值主体根据价值目标需求主动学习提高。价值目标对于价值主体而言起到的引领作用，主要体现在价值主体的参与、成效、反馈和自我教育中。

3. 思想政治教育价值目标对思想政治教育的内容起到规范作用

思想政治教育价值目标的实现要依托于思想政治教育的实践过程，实践过程的基础是思想政治教育内容的传授。哪些内容成为思想政治教育的内容，这要取决于这些内容对于思想政治教育价值目标的达成能够起到什么样的作用，因此很多研究都是将思想政治教育的价值目标和内容放在一起的，因为价值的确定对于内容的选取具有规范作用。在最新版的"马工程"教材《思想政治教育学原理》（第二版）中在阐述了思想政治教育的目标之后，根据目标的指向，阐述了思想政治教育的内容体系，主要有马克思列宁主义、毛泽东思想和中国特色社会主义理论体系教育，社会主义核心价值观教育，党的基本理论、基本路线和基本方略教育，中国革命、建设和改革开放教育，中华民族优良传统和中国革命传统教育，公民道德和民主法治教育，基本国情和形势政策教育，生态文明教育等，同时指出了思想政治教育的主要任务是理想信念教育，爱国主义教育，民主法治教育，全面发展教育等。① 这些教育内容和主要任务大致可以分为以下几类：对于党情、国情、世情认识和理解的，对于党的理论、路线、方略认识和理解的，对于传统文化、革命传统、先进文化认识和理解的，对于革命、建设、改革认识和理解的，对于思想道德素质认识和理解的等，这些内容的教育就是为了让价值主体认同中国特色社会主义，实现价值主体的全面发展。我们可以发现，这些教育内容和重点任务实际上与思想政治教育价值目标是内在一致的，通过这些内容的教育就是为了培养全面发展的社会主义建设者和接班人。

总之，思想政治教育价值目标在整个思想政治教育过程和思想政治教育价值实现过程中发挥了重要的导向、引领和规范作用，为培养社会主义建设者和接班人提供了目标导向、价值引领和内容规范。

二、思想政治教育价值主客体

学术界关于思想政治教育价值的研究成果多，而对思想政治教育价值主客体研究的深度不够，往往是在对思想政治教育价值内涵界定时涉及主客体的问题。研究思想政治教育价值，就必须明确思想政治教育价值的主体是什么，客体是什么，客体如何满足主体的需要，满足了主体什么样的需要，在多大程度上满足主体的需要，如何才能更好地满足主体的需要，主体的需要如何发展，客体的形式如何更新等一系列问题，

---

① 参见《思想政治教育学原理》编写组：《思想政治教育学原理》（第二版），北京：高等教育出版社2018年版，第159—182页。

但是这些问题都是围绕着思想政治教育价值的主客体展开的，因此，很有必要系统阐述思想政治教育价值的主客体。

（一）关于思想政治教育价值主客体论述的评析

有关思想政治教育价值主客体的研究是随着思想政治教育价值研究的推进而不断发展的，早期对于思想政治教育价值的研究主要集中在思想政治教育有没有价值和思想政治教育价值中的"价值"内涵等方面，随着陈秉公主编《思想政治教育学》，罗洪铁主编《思想政治教育基础理论研究》和张耀灿、郑永廷、吴潜涛、骆郁廷等著的《现代思想政治教育学》的出版，思想政治教育价值的研究得到全面展开，从各个方面对思想政治教育价值进行的研究不断深入。项久雨著的《思想政治教育价值论》开启了思想政治教育价值研究的新境界，该书从含义、本质、特征、形态、生成、实现、评价等角度深入研究了思想政治教育的价值。

在以上思想政治教育价值研究的推进过程中，有关思想政治教育价值主客体的研究也得到了发展。思想政治教育价值主客体是思想政治教育价值研究中不可回避的一个问题，对价值主客体的研究集中体现在思想政治教育价值的内涵中，因为回答什么是思想政治教育价值就必须涉及价值的主客体，涉及主体的需要和客体对主体需要的满足，因此我们就可以通过梳理思想政治教育价值的内涵来梳理学术界对思想政治教育价值主客体的研究。

1995年，布和在其论文中指出："思想政治工作的价值就是思想政治工作者满足社会或他人需要的表现。"[1]这可能是目前学术界对于思想政治教育价值最早的定义，但是这一定义将思想政治教育的价值仅仅理解为思想政治工作者满足社会或他人需要，有将思想政治工作者和思想

---

[1] 布和：《思想政治工作的价值及价值的实现》，载《思想工作论坛》，1995年第1期，第20页。

政治工作活动简单等同或混淆的问题。1999年，陈华洲在其论文中指出："思想政治教育的价值是指作为客体的思想政治教育的属性、功能对作为社会实践主体的个人和社会的需要和满足的关系。"① 这一概念比较贴近哲学上有关价值的概念，但是显得比较冗杂，学理性和提炼性还显得不够。

  罗洪铁在其主编的《思想政治教育基础理论研究》一书中专门对思想政治教育价值展开研究，在学术界有重大影响力，该书认为："思想政治教育价值，是指思想政治教育以自身的属性来满足人和社会发展的需要以及人和社会发展的需要被思想政治教育满足的效益关系。思想政治教育的属性与人和社会发展需要是价值形成的两个不可缺少的要素。它们两者相辅相成，不可缺失任何一方。"② 这一定义把哲学上价值的概念运用到思想政治教育价值研究中来，该概念中指出的两个要素实际上就是思想政治教育价值的主体和客体，客体是思想政治教育，主体是人和社会，客体用自己的属性满足主体的需要，形成一种效用关系。罗洪铁、董娅在其主编的《思想政治教育原理与方法基础理论研究》一书中延续了思想政治教育价值专门成章的做法，该书指出："思想政治教育价值，是指思想政治教育以自身属性满足主体需要和主体需要被客体满足的效益关系。这里讲的主体是社会和个人，即思想政治教育既要满足社会发展的需要，也要满足个人发展的需要。思想政治教育满足社会发展的需要，是通过培养社会所需要的人才来满足的。在我们社会是培养社会主义现代化建设人才来满足社会发展的需要。思想政治教育满足个人发展的需要是通过提高理论水平和思想素质来完成的。思想政治教育的属性与人和社会发展需要是思想政治教育价值形成的两个不可或缺的

---

  ① 陈华洲：《试论思想政治教育价值的表现形态》，载《高等函授学报（哲学版）》，1999年第6期，第35页。
  ② 罗洪铁：《思想政治教育基础理论研究》，重庆：西南师范大学出版社2000年版，第35页。

要素。"① 这一观点延续了前一本著作中的观点，但是更为明确地点出了主体和客体这对概念，并且明确强调了思想政治教育满足社会发展和满足个人发展的具体所指，即培养社会需要的人才和提高自身理论水平思想素质。罗洪铁主编，周琪、张家建副主编的《思想政治教育学原理》一书中仍然单独设置章节论述"思想政治教育价值"，该书认为："思想政治教育价值，也就是思想政治教育以自己的属性和功能满足个人和社会发展需要的效益关系。在这一价值关系中，思想政治教育作为价值客体，具有满足主体需要的属性和功能。这些属性和功能既包括物质性实体，如教室、教材等，也包括精神性形式，如教育目标、教育原则等；既包括静态的制度规定，也包括动态的实践过程。思想政治教育价值主体是人，既包括受教育者，也包括教育者；既包括一般的人——人类或者说由人类组成的社会，也包括特殊的人——群体，以及个别的人——个体。不同的主体也会获得不同的思想政治教育价值。"② 此处对于思想政治教育价值主客体的界定就非常清晰了：主体是人，包括了人类社会、人的群体和单个的人；客体是思想政治教育，而思想政治教育功能的发挥既需要物质实体，也需要精神因素，两者缺一不可。这是学术界对于思想政治教育价值的主客体比较清晰的界定，对于思想政治教育价值主客体的研究具有较大的参考价值。

2001年在张耀灿、郑永廷、吴潜涛、骆郁廷等著的《现代思想政治教育学》中，项久雨认为："思想政治教育价值，是任何社会在思想政治教育实践—认识活动中建立起来的，以人的思想政治品德形成和发展规律为尺度的一种客观的主客体关系，是思想政治教育的存在及其性质

---

① 罗洪铁、董娅主编：《思想政治教育原理与方法基础理论研究》，北京：人民出版社2005年版，第29页。

② 罗洪铁主编：《思想政治教育学原理》，重庆：西南师范大学出版社2009年版，第60—61页。

是否与人的本性、目的和需要等相一致、相适合、相接近的关系。"① 该书在 2006 年修订新版时，将其中的"以人的思想政治品德"修改为"以主体的思想政治品德"②，这就进一步明确了思想政治教育价值研究中的主客体关系，其中用"主体"这一概念比用"人"这一概念外延更广，思想政治教育价值的主体，不仅包括个人，而且包括群体和社会，也就是个体主体、群体主体和社会主体，这三类主体都可以在思想政治教育活动中得到满足。

有学者认为，不能简单将价值理解为主客体之间的满足和被满足关系，因为主体的需要是不断变化的，并有生存需要、享受需要和发展需要等层次之分，更有积极需要和消极需要的性质之别。对此，有研究者主张将价值理解为：建立在现实的主客体关系基础之上的主体在活动中对自身需要的满足和超越，与之相适应，思想政治教育价值就是指："作为价值主体的人通过作为价值客体的思想政治教育实践活动，对其自身需要的满足和超越。"③ 这一观点将客体满足主体需求的过程动态化了，思想政治教育不仅仅是满足人们的需要，还要引导人们的需要、提升人们的需要，进而促进人的发展，使之与社会发展方向一致。还有研究者认为，在客体与主体需要之间的满足与被满足的价值关系中，价值对于认识中具有不可替代的绝对超越的指向意义。思想政治教育作为人类的一种活动，其中渗入了主体的价值追求，是人类的一种自觉选择，基于此思想政治教育价值是指："作为客体的思想政治教育与作为主体的人的需要之间的特定的关系，即人在思想政治教育中通过创造性活动所实现的对人的超越性本质的追求。"④ 这里指的思想政治教育是价值客

---

① 张耀灿、郑永廷、吴潜涛、骆郁廷等：《现代思想政治教育学》，北京：人民出版社 2001 年版，第 103 页。
② 张耀灿、郑永廷、吴潜涛、骆郁廷等：《现代思想政治教育学》，北京：人民出版社 2006 年版，第 162 页。
③ 张亚丹、黄永宜：《从满足到超越：思想政治教育价值的内涵浅析》，载《求实》，2013 年第 6 期，第 88 页。
④ 褚凤英：《思想政治教育价值再认识》，载《探索》，2013 年第 3 期，第 118 页。

体，人是价值主体，他们之间的特定的关系就是客体满足主体需要和主体需要被客体满足的关系。这两种观点，不仅阐述了思想政治教育价值的主客体，而且还将满足关系进一步提升为一种超越关系，这样的理念具有创新意义，值得深入研究。

随着思想政治教育价值研究的不断深化，以之作为学位论文选题的也逐步出现了。有作者在论文中指出："所谓思想政治教育价值主体，是指具有思想道德认知能力的人，即是指在社会生活中掌握一定的思想道德规范，以善恶为评价标准，通过社会舆论、风俗习惯和内心信念来维系和调整人与人、个人利益与社会利益关系的人。换句话说，从思想政治教育外部来看，它包括一般人、特殊的人和个体人；从思想政治教育内部看，它包括一定教育情景中的教育者与受教育者。思想政治教育价值客体可以概括为：指通过思想政治教育，人们所接受的统治思想。所谓统治思想是指一个社会或一个阶级里占统治地位的思想，它是一定社会、一定阶级在本阶级的思想体系指导下，通过思想政治教育对全体社会成员的心理、思想和行为进行约束的合乎阶级愿望和要求的思想。"[①] 这样的观点表述尽管显得不精炼，但将思想政治教育价值的实质表述出来了。不足之处在于：思想政治教育价值主体是人，但不是所有的人，只是被思想政治教育工作对象的人。

学术界对于思想政治教育价值主客体的研究实际上和思想政治教育价值的概念研究是密不可分的。对于上述研究的梳理，我们发现思想政治教育价值的主客体研究是一个基础理论问题，是研究思想政治教育价值乃至研究思想政治教育不可缺少的环节，因为思想政治教育价值主客体的界定才能够更好实现客体利用自身属性对主体的满足，也只有把思想政治教育价值的主客体界定清楚了才能够更好实现这种满足与被满足的关系，实现效用的最大化。

---

① 刘艳萍：《论新时期思想政治教育的价值及其实现》，吉林大学2007年硕士学位论文，第5页。

（二）思想政治教育价值主客体的界定

如果说前面研究的思想政治教育目标和思想政治教育价值的目标有一定的相同之处的话，思想政治教育主客体和思想政治教育价值主客体就有着非常明显的区别，我们在梳理文献和进行综述时就一定要严格区分这两对概念。思想政治教育的主客体强调的是思想政治教育过程中教育者和教育对象的关系，思想政治教育价值的主客体强调的是思想政治教育作为一种活动对于人们或社会某种需要的满足。思想政治教育主客体和思想政治教育价值主客体在具体所指上是有所区别的，甚至在教育对象身上这样的区别还表现为一种根本相反。比如，思想政治教育过程中，教师对学生进行讲授，传授了知识，教师是思想政治教育的主体，学生是思想政治教育的客体。但从思想政治教育价值的角度讲，教师成了价值客体，学生却是价值主体。教师作为价值客体，他的职责就是以教书育人的功能去满足学生提升自己的思想政治道德素质、文化素质和能力素质的需要，将其塑造成为社会所需要的具备相应素质的人才。

要准确界定思想政治教育价值的主客体就需要首先准确界定思想政治教育、价值、主客体这三对概念。首先，思想政治教育的概念。目前对于思想政治教育的概念不同的学者在不同的著作中有不同的表述，比较有共识的一种概念就是教育部思政司组编的《大学生思想政治教育理论与实践》一书中的概念，该书认为："思想政治教育是教育者与受教育者根据社会和自身发展的需要，以正确的思想、政治、道德理论为指导，在适应与促进社会发展的过程中，不断提高思想、政治、道德素质和促进全面发展的过程。"[①] 这一概念强调了思想政治教育是一个实践过程，这一实践过程离不开教育者与受教育者的双重关系，是一种不断适应并促进社会发展的过程中提升思想、政治、道德素质的过程。

[①] 教育部思想政治工作司组编：《大学生思想政治教育理论与实践》，北京：高等教育出版社2009年版，第2页。

第三章 思想政治教育价值结构的构成要素分析

其次,价值的概念。根据《马克思主义大辞典》的解析,价值是事物或现象对于一定的个人、群体乃至整个社会的生活和活动所具有的积极意义。一种事物或现象(包括物质的、制度的和精神的事物或现象)由于其具有一定的属性,能够满足一定主体的某种需要(物质需要、制度需要或精神需要),对主体具有积极的、肯定的意义,对于该主体就是有意义的即有价值的。[①] 这一概念强调了价值是一种关系,是一种客体凭借自身属性满足主体需要的关系;这一概念还强调了主体的这种需要,或者客体满足主体的这种需要可能是物质性的,可能是精神性的,也可能是制度性的;这一概念强调了价值的主体可以是个人,可以是群体,甚至可以是整个社会。对照思想政治教育这一活动,我们可以发现,思想政治教育的价值也应该是一种客体满足主体需要的关系,思想政治教育价值的主体也可能是个人、群体乃至整个社会,思想政治教育价值中主体的需要可能更偏重于精神性或制度性的需求。

最后,主客体的概念。主客体是一对哲学意义上成对出现的范畴,根据《马克思主义大辞典》中的界定,"主客体是标志实践和认识活动中的实践者、认识者和实践、认识对象的哲学范畴。主体是从事实践和认识活动的人。客体是进入人的实践和认识活动领域的事物,即主体实践和认识活动的对象。"[②] 这就强调了主客体这对范畴是在实践过程中实现的,主体是人,客体是人实践和认识活动的对象,但是我们不能由此简单地把客体理解为非人的物。"客体是主体实践和认识活动的对象,客体作为进入主体实践和认识活动范围的客观事物,是随着社会历史的发展而不断扩展的。客体归根到底是物质世界,是不以主体意志为转移的客观存在。客观性是客体的根本属性。但统一的物质世界中包括意识

[①] 徐光春主编:《马克思主义大辞典》,武汉:长江出版传媒、崇文书局2017年版,第91页。

[②] 徐光春主编:《马克思主义大辞典》,武汉:长江出版传媒、崇文书局2017年版,第42页。

现象，客体也包括精神客体。客体包括自然和社会，也包括人自身。人既是主体，也可以称为客体。"① 这就说明一般意义上主体是人，客体是物质世界，但是客体也可以是意识现象，也可以是人。思想政治教育主客体概念的运用中就遵循了这一界定，主体是教育者，客体是受教育者，二者都是具有主观能动性的人。对于思想政治教育价值主客体而言：主体是从事思想政治教育活动的人，包括教育者和受教育者；客体是主体实践和认识的对象，也就是思想政治教育活动。

以上对于思想政治教育、价值、主客体的概念界定为思想政治教育价值主客体的界定奠定了基础。我们发现这三个概念是紧密联系在一起的，尤其是价值和主客体这对概念，讲到价值势必涉及主客体之间的关系，一定是客体满足主体和主体被客体满足的关系，而思想政治教育也是一种有价值的主客体之间能动而现实的双向对象化过程。思想政治教育价值的实现离不开思想政治教育价值主体的需求被思想政治教育价值客体的功能所满足，同样的离不开思想政治教育客体以自身的属性满足思想政治教育价值主体的需求。因此，要界定清楚思想政治教育价值主客体就要弄明白思想政治教育价值主体的需求是什么，思想政治教育价值客体的属性有哪些，它们二者之间是如何实现满足与被满足的关系的，也就是如何实现特定的效用关系的。

思想政治教育价值主客体的概念也应该是和价值主客体的概念一样，成对出现。思想政治教育价值主体是在思想政治教育活动中需要得到满足的人。这样的主体包括教育对象、教育者和整个社会。首先，思想政治教育价值主体包括作为思想政治教育对象的人。教育对象思想、政治、道德水平的提升是思想政治教育价值的体现，教育对象的需求是提高思想、政治、道德等各方面的素质，实现全面发展，成为社会所需要的高素质的人才，思想政治教育就是造就这样人才的过程。其次，思

---

① 徐光春主编：《马克思主义大辞典》，武汉：长江出版传媒、崇文书局2017年版，第42页。

第三章 思想政治教育价值结构的构成要素分析

想政治教育价值主体还包括作为思想政治教育者的人。教育者通过教育活动一方面对教育对象进行教育使之提升综合素质，另一方面在教育过程中自身的素质和能力也同时得到提升，教育者的需要就是受教育者能够内化于心、外化于行，同时教育者的需要还有自身思想政治教育能力的提升，这将会在教育过程的不断反思和总结中得到提升。最后，思想政治教育价值主体除了包括教育者和教育对象，还包括整个群体和社会。我们讲的思想政治教育是指党的思想政治教育，即中国共产党用马克思主义理论对人民群众进行的教育，目的就是培养德智体美劳全面发展的建设者和接班人。思想政治教育活动的有效开展，使党和国家的意志得到体现，受益的将是整个社会和所有的受教育者。从狭义上看，思想政治教育就是教育者对教育对象实施教育的过程，从广义上看思想政治教育的教育者也包括了各级党组织。因此，思想政治教育价值的主体就是在思想政治教育过程中需要得到满足的一方，即教育对象。

思想政治教育价值客体，是指思想政治教育。但这里要作说明的是，思想政治教育中的教育者是思想政治教育的主导者、组织者和实施者，他掌控着思想政治教育活动的发展方向。但这个教育者并不是孤立或是独立存在的单个的教育者，而是指体现着党和国家意志，以马克思主义理论为指导，引导教育对象全面发展的教育者群体。教育者是思想政治教育功能的传递者，他要用思想政治教育的功能去满足价值主体的需要。思想政治教育价值客体的实质就是通过理论教育与实践活动以自身的功能去满足个人、集体和社会发展的需要。思想政治教育活动的属性主要包括思想政治教育活动的客观性和能动性。思想政治教育活动的客观性强调的是思想政治教育活动是一项具体的、历史的活动，能够直接为人们所感知，通过参与其中可以感受到思想政治教育活动的教育性、科学性和思想性。思想政治教育活动的能动性是指通过开展思想政治教育活动，使得教育对象在接受教育的过程中不断改造自己的主观世界，不断提升思想、政治和道德素质，使自身素质和能力得到提升，这就是一个教育者和教育对象充分发挥主观能动性的过程。思想政治教育的功能主要包括保证正确的政治方向，培育和践行社会主义核心价值观，增强民族凝聚力和构建精神家园。① 保证正确的政治方向是思想政治教育活动的前提，只有在正确的政治方向指引下思想政治教育才能够真正达成教育目标；培育和践行社会主义核心价值观是思想政治教育活动的重要任务，通过社会主义核心价值观的认知认同和培育践行，使得教育对象对于包括社会主义核心价值观在内的整个社会主义的思想道德要求做到真懂真信真用；增强民族凝聚力和构建精神家园，确立起中华民族共同认可的、共同奋斗的、共同依托的价值理念和精神体系，这是思想政治教育活动的内在要求，思想政治教育活动本身就是做思想工作的，就是要形成思想上的共识、政治上的认同和教育上的感召。

综上所述，思想政治教育价值的主客体是成对出现的，体现出满足与被满足关系的一对范畴。思想政治教育价值主体指的是在思想政治教育活动中得到满足的个人、集体和社会，思想政治教育价值客体指的是能够以自身的功能和属性满足思想政治教育价值主体需求的思想政治教育。简而言之，思想政治教育价值主体是参与到思想政治教育活动中的个人、集体、社会。思想政治教育价值客体是思想政治教育。

（三）思想政治教育价值主客体的作用

思想政治教育价值主客体的确立具有重要的意义，明确价值主客体可以有效且充分地发挥价值主体的积极性，可以不断调整完善客体的呈现方式，进而使得客体更好地满足主体的需求。

1. 思想政治教育价值主客体的确立可以充分发挥价值主体的能动性

思想政治教育价值的主体是人，是包含了个人、集体以及社会在内

---

① 参见《思想政治教育学原理》编写组：《思想政治教育学原理》（第二版），北京：高等教育出版社2018年版，第113页。

的人，包含了教育者和教育对象，包含了作为显性教育主体的思想政治教育者和作为隐形主体的阶级、政党和国家。思想政治教育价值的实现归根到底是价值主体需要的满足，确立思想政治教育的价值主体可以更好研究主体的需要，这样为思想政治教育价值的实现奠定了基础。思想政治教育价值主体的确立可以充分发挥其能动性，主要表现在以下几个方面：首先，作为价值主体的教育对象可以通过自己的能动性为实现教育目标推动教育内容和方法的调整，不断提升教育的亲和力和针对性，不断提升教育的时效性和有效性，增强价值主体自身的获得感。其次，作为价值主体的教育对象可以通过自己在教育实践过程中的内化、外化，通过达成教育者教育的目标，为思想政治教育价值的实现提供保障，没有教育对象主观能动性的发挥就不可能有思想政治教育价值的实现，确立教育对象的价值主体地位是对其主观能动性的尊重，可以更好发挥其能动性。最后，作为思想政治教育隐性主体的阶级、政党、国家，其作用主要是为教育者进行思想政治教育提供指导思想，提供教育内容，制定教育规范，教育者按照其要求进行教育活动，受教育者接受了其要求的全部并提升自身素质，这就是思想政治教育价值的达成，没有这样的主体存在，思想政治教育就会无法确定内容、无法进行规范。明确思想政治教育价值的主体，可以充分发挥他们在思想政治教育的教育实践过程、内化外化过程、内容和规范制定过程中的主观能动性，更好推动思想政治教育价值目标的实现。

2. 思想政治教育价值主客体的确立可以充分实现价值客体的有效性

思想政治教育价值的实现归根到底就是价值客体满足了价值主体的需要，价值的实现要依靠教育者主导的教育活动去满足价值主体的需要，没有教育者主导的教育活动就无所谓价值更无所谓价值的实现。思想政治教育价值客体地位的明确，可以充分实现价值客体的有效性，具体表现在以下两个方面：一方面，要更加重视价值客体功能的发挥。价值主体是为了满足自己的需要才加入到教育过程中来的，离开了价值客体，主体的需求就永远都不会得到满足。对此，要重视价值客体在思想政治教育价值结构中的地位。另一方面，价值客体要不断增强功能，提升满足价值主体的能力。由于价值主体需要的层次在提高，价值客体的功能也应随之增强，只有如此，才能及时满足价值主体的新需要。增强价值客体功能，提升满足价值主体的能力。具体包括不断提高教育者自身的素质，主要包括教育者的政治素质和业务能力，除了坚定正确的政治立场和政治方向，在业务方面要增强对教育活动的组织和掌控能力，增强价值主体在活动中的获得感。此外，要认真准备教育活动，通过科学方法开展行之有效的教育活动，有效监督管理教育活动，不断丰富教育活动的内容和形式，不断调整教育活动的针对性，不断提升教育活动亲近时代、亲近对象、亲近生活的能力，不断提升教育活动知识性、政治性、价值性与趣味性的统一，不断提升教育活动的显性与隐性的结合，不断提升教育活动的环境优化和方法创新，不断完善教育活动管理水平和评价机制，通过一系列措施使得思想政治教育更加"解渴"，更能满足价值主体的需要。

3. 思想政治教育价值主客体的确立可以充分提高价值目标的达成度

研究思想政治教育价值的主客体就是为了更好研究主客体之间的关系，简单说就是客体满足主体需要和主体需要被客体满足的关系，这种满足和被满足的关系实际上就是一种效用关系，这种效用关系能否实现实际上就是思想政治教育价值目标能否达成的指针。思想政治教育价值主客体的确立，可以让教育者、受教育者对自己在思想政治教育价值中的地位有精准的定位，他们会通过自己的最大努力实现思想政治教育活动的有效化。一方面，教育者和教育对象都通过自己价值主客体地位的确证，强化主人翁意识，使得他们更加重视作为沟通桥梁的思想政治教育实践活动的作用，教育者认真对待，教育对象积极参与，这就形成了思想政治教育主客体的良性互动，双方为达成价值目标共同努力的结果是价值目标更有效的达成了。另一方面，教育者和教育对象通过自己价值主客体地位的确证,也促使他们进一步思考自己的需求是什么,进而在教育活动中根据自己的需求寻找自己的关注重点和需要满足点,这就更好地发挥了教育者和教育对象的主观能动性,使双方都更加投入,教育者更好教就能更好实现自己的目标,教育对象好好学并且带着需求学就能更好提升自己的素质和能力。价值主客体的确立,让作为价值主体的人都能够就更加重视价值客体的作用,更加准确分析自身的需要并通过价值客体不断满足自身需要。

总之,思想政治教育价值的主客体是一对重要范畴,在思想政治教育价值结构研究中是最为重要的环节,没有价值主客体就无法实现思想政治教育价值目标,没有价值主客体就无法开展思想政治教育活动。通过明确思想政治教育价值主客体的具体所指,可以充分发挥价值主体的能动性,可以充分实现价值客体的有效性,可以充分达成客体对主体的满足即达成思想政治教育的价值目标。

三、思想政治教育价值介体

思想政治教育价值介体就是思想政治教育价值实现过程的中介,就是思想政治教育价值客体满足思想政治教育价值主体过程中的中介环节。这里讲的介体,指的就是理论教育与实践活动,因为二者是沟通价值主客体的中介环节。与思想政治教育介体不同的是,思想政治教育价值介体强调的是价值客体满足价值主体的中介,思想政治教育中介强调的是教育过程中教育主体运用理论教育与实践活动对教育客体进行教育以达成教育目标。但是不可否认,思想政治教育的目标和思想政治教育的价值目标又有共通之处,思想政治教育的目标主要指向教育对象,但是也涉及教育者,因此思想政治教育的中介和思想政治教育价值的中介也应该有相通之处,二者的中介都是为了达成目标。

（一）关于思想政治教育价值介体论述的评析

学术界目前专门研究思想政治教育价值中介的并不多，散见在整体上研究思想政治教育价值和研究思想政治教育中介的成果中，这主要是因为思想政治教育中介和思想政治教育价值中介相似度很高，区分起来难度较大。

罗洪铁在其主编的《思想政治教育学原理》一书中，虽然没有直接提到思想政治教育价值中介这个概念，但是在研究思想政治教育价值的一章中研究思想政治教育价值实现的时候，专门论述了思想政治教育价值实现的途径。该书指出："思想政治教育价值的实现途径是连接价值主体与价值客体发生关系的纽带，适宜的途径有助于优化思想政治教育价值客体的作用模式，提高价值主体的接受性和参与性。"[①] 这里指出的连接价值主体与价值客体的纽带，我们就可以将之理解为价值中介，只不过这里使用的是价值的实现途径这一概念。在阐述了思想政治教育价值实现途径的概念后，该书提出了理论途径、接受途径和实践途径三种价值实现的途径，该书指出："此处的教育是指以党和国家为主导的马克思主义理论教育，既区别于其他内容的教育，又区别于实践教育。理论教育是思想政治教育最根本的方法，在思想政治教育价值实现中具有重要作用。……思想政治教育接受是指思想政治教育信息接受者对思想政治教育信息传导者所传输的思想政治教育内容进行选择、加工、内化、外化，并最终形成一定阶级和社会集团所期望的思想品德的过程。……社会实践在思想政治教育价值实现中的重要作用，将理论与实践紧密结合，借助社会实践解决好理论没能解决的问题，消除思想政治教育中存在的教条和空洞等弊病，真正做到贴近实际、贴近生活、贴近

[①] 罗洪铁主编：《思想政治教育学原理》，重庆：西南师范大学出版社2009年版，第75页。

群众。"① 这就比较明确地界定了思想政治教育价值实现途径的三种形式，并且这三种形式分别对应于理论教育、接受活动和实践活动。因此，我们可以认为该书指出了思想政治教育价值中介就是价值的实现途径，包括理论教育、接受活动和实践活动三方面的内容，这一观点在思想政治教育价值中介的研究具有重要的参考价值。

郑永廷主编的马克思主义理论研究和建设工程重点教材《思想政治教育学原理》中没有专门研究思想政治教育的价值，故而也没有专门研究思想政治教育的价值中介，但是该书的研究涉及思想政治教育的载体，对于思想政治教育价值中介的研究有一定的借鉴意义。该书认为："思想政治教育载体是指在思想政治教育过程中，思想政治教育者为实现一定的教育目标，选择、运用承载一定的思想政治教育信息的教育中介。中介是由此及彼的桥梁，既可以是语言文字、实践活动，也可以是一定的文化、管理等。无论是哪一种类型，只要能承载一定的思想政治教育信息，为实现一定的教育目的服务，都具有教育载体的作用。"② 由此可见，该书基本上将思想政治教育载体和思想政治教育中介等同进行界定，虽然这并不是讲的思想政治教育的价值中介，但是该概念提到的是为了实现一定的目标而选择的中介，实现了教育目标也就为实现思想政治教育的价值目标奠定了基础，也就一定程度上具备了思想政治教育价值中介的作用。该书 2018 年出版的第二版延续了这一概念，在讲到思想政治教育载体作用时指出其具有承载和传导思想政治教育信息，联结思想政治教育的教育者与受教育者，在教学互动中创新思想政治教育内容，教育者对不同载体的选择丰富了教育形式并体现不同的教育特征

---

① 罗洪铁主编：《思想政治教育学原理》，重庆：西南师范大学出版社 2009 年版，第 75—77 页。
② 《思想政治教育学原理》编写组：《思想政治教育学原理》，北京：高等教育出版社 2016 年版，第 261 页。

四个作用①。分析这四个作用，我们可以发现，承载和传导教育信息、联结教育者和受教育者、创新教育内容、丰富教育形式都可以为达成思想政治教育价值目标提供保障，都能够一定程度上满足价值主体的需求，所以研究思想政治教育载体或者思想政治教育中介及其作用对于思想政治教育价值中介的研究具有指导意义。

成媛在其主编的《思想政治教育学原理》一书中专门研究了思想政治教育价值的实现这一问题，该书指出："思想政治教育价值的实现，其内涵是价值的由'潜'到'显'，其实质是价值客体的主体化。"② 价值客体是思想政治教育活动的组织实施者，价值主体是接受思想政治教育的人，价值客体的主体化就是通过思想政治教育活动使得价值主体的需求得到满足，价值客体传递的教育内容转化为价值主体的内在素质和能力。该书进一步讲到思想政治教育价值实现的途径，强调了灌输途径和接受途径两种途径，该书指出："灌输途径就是用马克思主义的立场、观点、方法武装人们的头脑，引导人民群众树立科学的世界观和方法论的过程。灌输的实质是革命理论和群众实践相结合。……思想政治教育接受是指发生在思想政治教育领域内的接受活动，它反映了思想政治教育接受主客体之间的相互关系，是接受主体出于自身需要，在环境作用影响下通过中介对接受客体进行反映、选择、整合、内化、外化等多环节构成的、连接的、完整的活动过程，通过有效的接受，社会化为接受主体思想并外化为品德行为。"③ 这两种途径的论述看似比较复杂，实际上就是强调了灌输和接受两种途径，思想政治教育是教育者向受教育者灌输和受教育者接受教育者教育内容的过程，没有这样的过程就没有思想政治教育目标的实现，也就没有思想政治教育价值目标的达成，换言

---

① 《思想政治教育学原理》编写组：《思想政治教育学原理》（第二版），北京：高等教育出版社2016年版，第233—234页。
② 成媛：《思想政治教育学原理》，上海：上海中医药大学出版社2007年版，第101页。
③ 成媛：《思想政治教育学原理》，上海：上海中医药大学出版社2007年版，第103页。

之,该书认为灌输和接受就是思想政治教育价值实现的两种途径,也就是思想政治教育价值实现的中介,这里讲的灌输和接受就是前面刚讲到的理论教育与接受活动。

邵献平在其著作《思想政治教育中介论》一书中,系统研究了思想政治教育的中介,并且将中介分为组织、载体、内容、主体四大中介体系,其中有关思想政治教育载体中介的相关论述对于思想政治教育价值介体研究有一定的借鉴意义。该书在梳理了学术界有关思想政治教育载体的界定后,指出:"思想政治教育载体是指在思想政治教育过程中能承载和传递思想政治教育信息,为思想政治教育主体所操作并与思想政治教育客体发生关系的一种物质存在方式及其外在表现形态。"① 该书认为思想政治教育的载体中介有管理载体、活动载体、文化载体、传媒载体,对比思想政治教育价值实现的中介,我们可以发现,这些载体都能够为实现思想政治教育价值,搭建起思想政治教育客体满足思想政治教育主体需要的中介,这些内容都可以成为思想政治教育价值的介体。尤其是其中的活动载体值得深入研究,该书认为:"活动载体,是指思想政治教育主体为达到一定的教育目的,有意识地组织开展多种多样的活动,融思想政治教育信息于活动之中,使受教育者在活动过程中受到教育,提高受教育者的思想、政治、道德等方面素质的行为方式。活动载体的重要特征是目的性、群众参与性和实践性。"② 这里强调思想政治教育的活动载体是教育者为了达成教育目标所借助的行为方式,达成价值目标就是使得受教育者的思想、政治、道德素质得到相应提高,从这个过程中我们看到了作为思想政治教育客体的受教育者希望提升自身素质满足社会要求的需求得到了满足,同时我们也可以说作为教育者看到受教育者素质提升的过程本身也就是教育者需求得到了满足,受教育者素质的提升也符合一定的阶级、政党和国家的要求,总之,活动载体能够

---

① 邵献平:《思想政治教育中介论》,北京:中国社会科学出版社2007年版,第45页。
② 邵献平:《思想政治教育中介论》,北京:中国社会科学出版社2007年版,第45页。

满足思想政治教育主客体的需求，也为思想政治教育价值客体满足价值主体需要提供了载体和中介，由此可以看出活动载体是思想政治教育价值的重要中介。

由荆惠民主编，中国思想政治工作研究会、中宣部思想政治工作研究所组织编写的《思想政治工作概论》中有一章专门论述思想政治工作的途径、方法和载体，虽然这是针对思想政治工作的，但是对于思想政治教育也有借鉴意义。该书指出："思想政治工作的途径，是指为了完成思想政治工作的任务，实施思想政治工作所要经历的基本过程和采取的基本方法。思想政治工作的途径，主要包括发挥新闻媒体的舆论引导作用，把思想政治工作的要求贯穿于群众精神文明创建活动之中，发挥哲学社会科学对思想政治工作的基础性作用，以及重视通过人际交流开展个体思想政治工作等。"① 我们可以发现，思想政治工作的途径实际上就是为了完成思想政治工作任务所采取的措施，也就可以理解为思想政治工作开展的中介。该书指出："思想政治工作的载体，是指能促使思想政治工作有效开展而借助的各种形式。思想政治工作载体主要有活动载体、文化载体、管理载体和网络载体。这些载体的成功运用，进一步扩充、丰富了思想政治工作方法。"② 这里指出的思想政治工作的载体，实际上也有思想政治教育价值中介的意味，因为载体就是有效开展思想政治工作的各种形式，这些形式对于思想政治教育价值的实现同样发挥了重要作用。该书指出的活动载体尤为贴近思想政治教育价值中介，该书认为："思想政治工作以活动为载体，是指思想政治工作为达到一定的目的而开展的一系列活动。"③ 这些活动能够为达到思想政治工作的目

---

① 荆惠民主编：《思想政治工作概论》，北京：中国人民大学出版社2007年版，第151页。

② 荆惠民主编：《思想政治工作概论》，北京：中国人民大学出版社2007年版，第169页。

③ 荆惠民主编：《思想政治工作概论》，北京：中国人民大学出版社2007年版，第169页。

的服务,转个角度看就是能够为思想政治工作价值目标的实现提供中介。

以上对于思想政治教育价值中介的研究现状梳理,我们可以发现,学术界对于思想政治教育价值中介的研究并不直接,不同的作者表述的内容也有差异;但是,我们可以看到,多数人认为,思想政治教育价值的中介就是理论教育与实践活动。

(二)思想政治教育价值介体的界定

在界定思想政治教育价值介体之前首先必须弄清楚载体、中介、介体这几个概念。根据《现代汉语规范词典》的解释:载体有两层含义,一是科学技术上指某些能传递能量或运载其他物质的物质,二是泛指能承载其他事物的事物,从中可见思想政治教育价值载体应该使用第二种泛指的概念;中介也有两层含义,一是作为动词指在双方或者多方中间进行介绍使各方发生联系,二是作为名词指居中起联系作用的媒介,从中可见思想政治教育价值中介应该使用第二种名词性概念;词典中没有收录介体这一概念,这一概念具有较强的思想政治教育学科特色,介体实际上就可以理解为起到中介作用的载体,是一个由中介和载体构成的合成词。以上是词典中对于相关词语的界定,对于我们弄清楚思想政治教育价值介体的内涵有基础性的指导意义。

以上是从词语含义的角度进行分析的,我们还可以从哲学的高度对思想政治教育价值介体的相关内容进行界定。从哲学的高度看这一概念主要就是研究其中介体一词,介体是起到中介作用的载体,因此我们就从哲学的高度来分析中介一词。哲学,尤其是马克思主义哲学在研究中介这个词的时候主要是基于实践来探讨的,也就是研究实践的中介。马克思主义理论研究和建设重点教材《马克思主义哲学》中对于实践中介是这样界定的:"人类事件必须借助于一定的中介。实践中介不仅使主客体相互作用成为可能,而且中介的性质还决定着主客体相互作用的性质。实践的主体、客体、中介相互联系，形成了实践的基本结构。"① 由此我们可以看到实践的中介是基于实践的主体和客体而发挥作用的一种载体。比照实践中介的界定，我们可以认为思想政治教育价值中介就是使得思想政治教育价值的主体和客体相互作用成为可能，思想政治教育价值中介的性质决定着价值主客体相互作用的性质，思想政治教育价值的主体、客体、中介相互联系，形成了思想政治教育价值的基本结构，这个界定还是比较偏重于描述性的，勾勒出思想政治教育价值的主体、中介、客体之间的互动关系。对于实践的中介，该书认为："实践中介可划分为物质工具和语言符号两种。物质工具作为主客体相互作用的中介，是人类的创造物。语言符合作为实践的中介，一方面是主体思维活动得以进行的现实形式，另一方面也是人们之间社会交往得以进行的中介形式。"② 对于实践活动而言，有两类中介，一是物质工具，二是语言符号。思想政治教育价值的实现过程肯定也是实践过程，那么思想政治教育价值的中介也就应该分为两种，只不过思想政治教育价值中介的物质工具和语言符号可以合二为一，因为思想政治教育价值实现的过程不简单等同于是人类认识和改造自然的过程，而是作为主体的人或者群体满足自身思想、道德、政治素质发展需要的实践活动，而这一实践活动的开展肯定离不开特定的物质工具，如教学过程中的教室、教学媒介等，如学习过程中的书籍、报刊等，也离不开实践过程中教育者和教育对象之间的互动，互动过程中语言、文字、符号等中介不可缺少。因此，对于实践活动而言的物质工具和语言符号两种中介形式，在思想政治教育价值中介这一特定话题上可以实现合二为一，简单说就是思想政治教育的价值中介就是思想政治教育的活动。但是需要明确的是这里强

---

① 《马克思主义哲学》编写组：《马克思主义哲学》，北京：高等教育出版社、人民出版社2009年版，第83页。

② 《马克思主义哲学》编写组：《马克思主义哲学》，北京：高等教育出版社、人民出版社2009年版，第83页。

调的思想政治教育的活动是广义上的活动，不仅仅指的是思想政治教育的社会实践活动这一狭义的活动，还包括理论教育这种活动形式。

基于此，我们认为思想政治教育价值介体就是价值客体通过价值中介作用于价值主体，实现了价值主体的需求，使得价值客体能够并且更好满足于价值主体的需要，形成了思想政治教育价值实现的互动关系。具体而言，思想政治教育的价值介体就是指的思想政治教育实践，主要包括理论教育和实践活动两种形式。在理论教育和实践活动等形式中，思想政治教育价值主体相关需求得到满足，思想政治教育价值客体更好发挥其功效满足了价值主体的需求。

思想政治教育的价值介体就是思想政治教育活动中的理论教育和实践活动两种类型。一方面我们要明确这两种类型的具体内容，另一方面我们要正确认识这两种类型介体之间的互动关系。

第一，理论教育是思想政治教育价值实现的重要依托，是思想政治教育价值介体的主要形式。理论教育就是通过一定的方式将理论性的内容传授给教育对象，使得教育对象在教育过程中更好地吸收教育内容，形成教育者所期待的相关知识、能力、价值观。理论教育要依托的重要方法就是理论教育法，所谓理论教育方法，就是教育者与受教育者有目的、有计划地进行马克思主义理论学习、培训、教育，树立正确世界观、人生观、价值观的教育方法，简单地说就是通过理论学习、讲解、运用，提高思想政治素质的方法。①思想政治教育的本质是灌输，灌输就是通过理论教育把相关的理论内容传授给教育对象，使得其在学懂弄通的基础上做实，使得其对于党和国家所规定的思想政治教育内容做到内化于心、外化于行，使得其对于思想、道德、政治素质的内容能够做到真学、真懂、真信、真用。思想政治教育不同于一般意义上的教育，受教育者仅仅依靠自己的实践和理解一般不能自发形成相关的理论，要通

---

① 参见《思想政治教育学原理》编写组：《思想政治教育学原理》（第二版），北京：高等教育出版社2018年版，第217页。

过教育者的灌输，即理论教育，才能使得思想政治教育的成效得到保证。

第二，实践活动是思想政治教育价值实现的又一重要依托，是思想政治教育价值介体的另一表现形式。实践活动也可以理解为实践教育，就是有计划、有组织地引导教育对象积极参加包括专业活动在内的社会实践活动，在实践中不断提高其思想素质和认识能力。人的意识是社会环境和客观事物在人的头脑里的反映，正确思想是对社会环境和客观事物的正确反映，错误思想是对社会环境和客观事物的歪曲反映。人们只有通过实践才能接触事物的现象，更要通过实践，才能透过事物的现象发现事物的本质和规律，形成正确的思想。① 思想政治教育帮助人们在社会实践中正确分析和处理各种实际问题，帮助人们在实践中树立远大理想和培养道德情操，其目的就是指导人们的正确行动，只有在实践中才能够检验思想政治教育的实际成效，才能够体现出思想政治教育的价值。

第三，理论教育和实践活动是相辅相成、密不可分的。理论教育偏重理论的科学传授，实践活动侧重实践的现实体悟，二者的侧重点不同。但是理论教育和实践活动又是相互联系的，一方面理论教育为实践活动提供了理论指导和实践内容，任何实践都需要在一定的理论指导下进行，进行社会实践又是为了检验所学习的理论是否正确；另一方面实践活动为理论发展提供了不竭动力，在实践中理论不仅得到了检验而且还不断发展，只有在实践中才能感受到理论的魅力，只有在实践中才能为理论不断注入新的活力。

思想政治教育价值的介体就是思想政治教育的实践，包含了理论教育和实践活动两个方面，通过理论教育和实践活动的中介作用，思想政治教育价值客体不断优化，思想政治教育价值主体的需求不断得到满

---

① 参见《思想政治教育学原理》编写组：《思想政治教育学原理》（第二版），北京：高等教育出版社2018年版，第218页。

足,思想政治教育价值不断得到彰显,形成了价值主体、价值中介、价值客体良性互动的态势。

(三) 思想政治教育价值介体的作用

明确思想政治教育价值介体,可以明确在思想政治教育价值实现过程中如何发挥介体的作用以更好实现价值客体对价值主体需求的满足。具体而言,思想政治教育价值介体的确立和界定,可以更好地发挥思想政治教育价值介体,即理论教育和实践活动的作用,以促进思想政治教育价值主体需要的满足。

1. 理论教育是满足价值主体需要的重要途径

理论教育能够通过系统的马克思主义理论的传授,满足思想政治教育价值主体提高理论水平和思想素质的需要。理论教育是一个知识目标和价值观目标共同达成的过程。就拿高校思想政治理论课来举例说明。知识目标就是为学生讲授马克思主义的基本原理,讲授中国革命、建设、改革的历史进程、基本经验和马克思主义中国化的理论成果,讲授思想道德修养和法律基础知识,讲授国际国内形势和我们的对策,讲授当代世界政治与经济,讲授职业发展与人生规划等内容,这些内容大多纳入了高校思想政治理论课的范畴,对于这些内容的讲授首先就必须确保讲授的知识性,知识的科学性、逻辑性和完整性是知识讲授所要达到的目标。除了知识性之外,高校思想政治理论课更强调建立在知识性基础上的能力提升和价值观确立。在高校思想政治理论课教学过程中要以这些知识为依托帮助学生确立起正确的人生观、世界观和价值观,归根到底是确保大学生在正确的价值观指引下认识和改造世界。在讲授相关知识的过程中就必须注重价值观的提升,讲马克思主义基本原理时要指出这是人类解放的科学真理,讲中国化马克思主义时要强调中国人民选择马克思主义、中国共产党和社会主义道路的历史必然性,讲思想道德修养和法律基础知识时立足爱国主义、集体主义和社会主义,培育和践行社会主义核心价值观,讲形势与政策时要侧重中华民族伟大复兴与国际形势的艰巨复杂,讲当代世界政治与经济要上升到社会主义必然胜利和资本主义必然灭亡的高度,讲职业生涯规划时要使得学生树立起如马克思那样为人类幸福而工作的目标。只有将知识性上升到价值性的高度,才能真正实现高校思想政治理论课在立德树人中的重要作用,以此为例我们可以说明理论教育作为思想政治教育价值实现的中介就要把理论讲透,并且在理论教育的基础上实现价值观目标的达成。

2. 实践活动是思想政治教育价值实现的关键环节

实践活动是沟通思想政治教育价值主客体的桥梁,没有实践活动,思想政治教育价值就无法实现。因此,思想政治教育高度重视理论教育和实践活动。2018年教育部印发了《新时代高校思想政治理论课教学工作基本要求》,指出:"课堂教学方法创新要坚持以学生为主体,以教师为主导,加强生师互动,注重调动学生积极性主动性。实践教学作为课堂教学的延伸拓展,重在帮助学生巩固课堂学习效果,深化对教学重点难点问题的理解和掌握。要制定实践教学大纲,整合实践教学资源,拓展实践教学形式,注重实践教学效果。"这就强调了实践教学是思想政治理论课教学的重要形式,要制定大纲、整合资源、拓展形式,提高实践教学的针对性和实效性。2016年,《中共中央、国务院关于加强和改进新形势下高校思想政治工作的意见》(以下简称《意见》)指出:"坚持遵循教育规律、思想政治工作规律、学生成长规律。把握师生思想特点和发展需求,注重理论教育和实践活动相结合。"[①]也强调了理论教育和实践活动的有机统一。党的十九大指出:"要以培养担当民族复兴大任的时代新人为着眼点,强化教育引导、实践养成、制度保障。"[②] 同样

---

① 《十八大以来重要文献选编(下)》,北京:中央文献出版社2018年版,第480—481页。
② 习近平:《决胜全面建成小康社会 夺取新时代中国特色社会主义伟大胜利——在中国共产党第十九次全国代表大会上的报告》,北京:人民出版社2017年版,第42页。

第三章　思想政治教育价值结构的构成要素分析

强调了教育和实践的结合，只不过党的十九大报告此处是针对培育和践行社会主义核心价值观而言的。

3. 理论教育和实践活动共同促成价值目标的实现

理论教育和实践活动共同作为思想政治教育价值的介体，要实现二者的有机结合，形成合力，共同促成价值目标的实现。理论教育要从单纯的讲授理论丰富为理论讲授和实践教育相结合，要从单纯的教师讲拓展为教师讲授和学生研讨相结合。因此理论教育除了讲清楚理论问题外，还要结合具体的主题进行准确地讲授，如《意见》中指出："深入开展'我的中国梦'等主题教育，引导大学生以实际行动实现人生理想。有针对性做好深层次思想理论问题辨析引导，旗帜鲜明批判错误观点和思潮。……加强国家意识、法治意识、社会责任意识教育，加强民族团结进步教育、国家安全教育、科学精神教育，纳入日常课程体系。"① 在理论教育的基础上还要强化实践育人的作用，通过科研实践、社会实践、教学实践等方式，完善科教融合、校企联动的协同育人模式，不断建立完善实践育人教学体系，分类制定标准，提高实践教学比重。此外，在高校思想政治工作中沟通、协调、谈心、讨论等方法依然能发挥重要的作用，利用学生社团、共青团、学生会等组织进行思想政治教育的平台优势依然显著。

理论教育和实践活动是思想政治教育价值实现的有效介体，一方面传统方法需要结合新时代的要求创新发展，另一方面也要积极拓展思想政治教育的新方法。随着网络技术和自媒体时代的迅猛发展，思想政治教育在迎接挑战的同时也要积极融入新媒体，在抵制消极影响的同时，掌握新技术，运用新平台，借助新载体，推进思想政治教育与网络媒体相结合。《意见》指出："加强互联网思想政治工作载体建设。梳理互联网思维，推动思想政治工作传统优势与信息技术高度融合，使互联网成

---

① 《十八大以来重要文献选编（下）》，北京：中央文献出版社2018年版，第481页。

为开展思想政治教育的新平台。"① 思想政治教育需要利用网络载体，强化在自媒体时代教育的针对性和实效性，充分运用"两微一端""易班""网上党课"等载体，借助价值主体常用的平台，用价值主体喜闻乐见的表达方式开展更加贴近实际的思想政治教育。

总之，思想政治教育价值介体是沟通思想政治教育价值主体和价值客体的桥梁，借助于价值介体的作用，价值客体更好发挥作用，价值主体更好满足自身需求，从而实现思想政治教育价值的目标。

---

① 《十八大以来重要文献选编（下）》，北京：中央文献出版社2018年版，第488页。

第四章　思想政治教育价值的横向结构

思想政治教育价值的横向结构，是指思想政治教育价值的构成要素按照平行关系进行的搭配和排列组合。思想政治教育价值横向结构的类型，按照不同标准可以分为不同类型。按照思想政治教育价值构成要素的性质来划分，思想政治教育价值横向结构包含两种类型：物质价值和精神价值。如果按照思想政治教育价值构成要素的内容来划分，思想政治教育价值横向结构包含三种类型：政治价值、经济价值和文化价值。本章从物质价值和精神价值这两种类型来探讨思想政治教育价值的横向结构，通过研究揭示出思想政治教育物质价值和精神价值的深刻内涵，厘清二者之间的内在关系。这样的研究，不仅能够帮助我们深入地剖析思想政治教育价值的横向结构，而且还能更深入地研究思想政治教育价值。

一、思想政治教育物质价值与精神价值的理论阐释

要理解思想政治教育价值的横向结构，首先要准确把握思想政治教育物质价值和思想政治教育精神价值的内涵。

（一）思想政治教育的物质价值

思想政治教育的物质价值是思想政治教育价值中的一个重要的内

容，但是，理论界对此研究得比较少。笔者在此谈一些看法，以起抛砖引玉的作用。

1. 关于思想政治教育物质价值含义述评

在研究思想政治教育物质价值有限的资料中，笔者梳理出了以下有代表性的观点。

刘坤雁于2007年在《黑龙江高教研究》杂志上发表的《思想政治教育价值意蕴的多重解读》指出，"思想政治教育视域下物质价值就是指主体的人和社会，在改造自然界的实践中所创造的，能满足人的衣食住行用等物质需要的价值，即是讲主体改造客体（自然界）以满足其物质生活需要的问题。"① 该定义的创新点在于：强调了人改造自然界是为了满足物质生活需要。但是，该定义的最大问题是没有揭示出思想政治教育价值的实质问题。思想政治教育价值的实质问题是：价值客体以其功能满足价值主体需要的效益关系。作者是从哲学的角度即人与物的关系来讨论价值主客体关系，而没有从思想政治教育价值的角度来探讨思想政治教育物质价值的主客体关系。

张耀灿、郑永廷、吴潜涛、骆郁廷等著的《现代思想政治教育学》中谈到了物质价值，但没有下定义。但该书对思想政治教育经济价值下的定义可供借鉴。该书认为："思想政治教育的经济价值是指思想政治教育劳动所创造的能促进社会经济增长和发展，满足人们物质和精神需要的效应。"② 这一定义的理论贡献在于：明确指明了思想政治教育经济价值的主客体，解决了刘坤雁所下定义在价值主客体上存在的问题，为我们界定思想政治教育物质价值提供了参考。

闵绪国在其2017年7月出版的《思想政治教育价值研究》一书中，

---

① 刘坤雁：《思想政治教育价值意蕴的多重解读》，载《黑龙江高教研究》，2007年第4期，第68页。
② 张耀灿、郑永廷、吴潜涛、骆郁廷等：《现代思想政治教育学》，北京：人民出版社2006年版，第177页。

对思想政治教育物质价值下了比较准确的定义。他认为：思想政治教育物质价值，是指思想政治教育对主体物质需要的满足而呈现出来的意义关系。[①] 闵绪国下的定义创新之处：较为准确地表述了思想政治教育物质价值的含义。存在的问题是：将价值主客体的价值关系定为意义关系。价值主客体之间的关系是满足和被满足的价值关系，正因为是价值关系才可以判断价值实现的程度。

在界定思想政治教育物质价值含义的同时，理论界还讨论了与思想政治教育物质价值的有关问题。

第一，思想政治教育有无物质价值。面对现实中"思想政治教育是一种精神生产活动，它能满足人的物质需要，形成物质价值吗？"的质疑，闵绪国在《思想政治教育价值研究》一书中从微观和宏观两个方面作了分析："思想政治教育在微观上可以调动人们生产的积极性和创造性，激发人们的主体意识、竞争意识，帮助人们树立效益观念、时间观念、科学技术观念，从而推动生产力的发展，创造更多的物质财富，以满足人们的物质需要。在宏观上，它能提高人的思想政治素质、激发人的潜能来变革生产关系，促进生产力的解放和发展，推动经济社会全面发展。"[②] 闵绪国阐述的观点，从思想政治教育能够调动人的积极性、创造性，提高人的思想政治素质两个方面论证了思想政治教育能够创造物质财富。王莉、孙建华在《思想政治教育的经济价值及其实现途径》一文指出："思想政治教育是社会意识形态的一部分，它既被社会物质条件决定，又对社会物质条件有反作用。"[③] 王莉、孙建华从社会意识反作用于社会物质条件的角度，论证了思想政治教育正是通过这种反作用产生出物质价值。上述两种观点，尽管论述问题的角度不同，但都论证了

---

① 闵绪国：《思想政治教育价值研究》，北京：人民出版社2017版，第115页。
② 闵绪国：《思想政治教育价值研究》，北京：人民出版社2017版，第116页。
③ 王莉、孙建华：《思想政治教育的经济价值及其实现途径》，载《学校党建与思想教育》，2014年第6期，第12页。

思想政治教育具有物质价值。

第二，研究思想政治教育物质价值的意义。研究思想政治教育物质价值有何意义？学者们认为加强对该问题的研究，一是能够引起人们对思想政治教育物质价值的关注，最大限度地发挥思想政治教育的物质价值。二是能够充分发挥思想政治教育对物质生产的促进作用。研究思想政治教育物质价值对于解决思想政治教育与经济工作、业务工作相对立、"两张皮"的问题，对于充分发挥思想政治教育的有效性，解决物质文明与精神文明协调发展具有十分重要的意义。①

第三，探讨思想政治教育物质价值的特性。学者们主要提出了几种观点：第一种是间接性。闵绪国是这样论述思想政治教育产生物质价值间接性的。他认为："思想政治教育物质价值的形成要经过两次转化。一是直接作用于人的思想，使其思想发生转化，调动其热情、启发其自觉。在这一转化过程中，其结果是精神的，思想政治教育的作用是直接的。二是转化了思想的人，把热情转化为行动，充分发挥自己的聪明才智作用于生产实践而产生物质价值。"② 第二种是多端性。裴学进、程刚、项久雨等在《论思想政治教育经济价值的特点与向度》一文中认为，思想政治教育经济价值的多端性主要体现在思想政治教育对经济活动的影响上，有宏观层次对整个国家经济活动产生影响，也有中观层次对某个经济组织、团体的经济活动产生影响，还有微观层次对个体劳动者的劳动施加影响。③ 除此之外，还有学者们提出实践性、社会性、阶级性、持续性、过程性等特性。上述观点，对于我们探讨思想政治教育物质价值的特性提供了参考。

2. 思想政治教育物质价值含义解读

通过对理论界关于思想政治教育物质价值内涵的界定，结合笔者对

---

① 王勤：《论思想政治教育的经济价值》，载《教学与研究》，2003年第3期，第67页。
② 闵绪国：《思想政治教育价值研究》，北京：人民出版社2017年版，第116—117页。
③ 裴学进、程刚、项久雨：《论思想政治教育经济价值的特点与向度》，载《马克思主义研究》，2008年第8期。

思想政治教育物质价值内涵的研究，就思想政治教育物质价值的含义，提出以下观点：思想政治教育物质价值，是指作为价值客体的思想政治教育以其功能满足作为价值主体的社会发展物质生产，丰富物质财富需要的效益关系。对此内涵，我们作如下分析：

（1）思想政治教育物质价值的主体是社会

这里讲的社会不是抽象的社会，是由各种类型各种层次的人构成的社会。由于我们研究的思想政治教育指的是党的思想政治教育，因此，这里讲的社会是指社会主义中国这个社会。本书讨论的所有问题都是在这个范围进行的。哲学对价值的界定，是指客体能够满足主体需要的效益关系，是表示客体的属性和功能与主体需要间的一种效用、效益或效应关系的哲学范畴。价值的主体是人，价值的客体是物。思想政治教育学讲的主客体都是人。从思想政治教育的角度讲，思想政治教育物质价值的主体主要是由从事物质生产的受教育者构成，其中也包括少部分直接在物质生产第一线劳动的教育者。

（2）思想政治教育物质价值的客体是思想政治教育

思想政治教育由教育者和受教育者共同参与。在教育者和受教育者中起主导作用的是教育者，因为他是思想政治教育活动的组织者、筹划者和实施者，是思想政治教育功能的具体体现者和传递者。

（3）实践活动是思想政治教育物质价值形成的关键环节

思想政治教育价值客体只有通过实践活动，才能以自己的功能去满足价值主体的社会发展物质生产，丰富物质财富的需要。离开了社会实践活动，思想政治教育的价值主客体就无法发生联系形成价值关系，产生出思想政治教育的物质价值。

（4）思想政治教育物质价值的价值主客体的关系是有效益的价值关系

由于受各种条件的制约，思想政治教育的价值主客体的关系可能是有效的，还可能是无效的。我们研究的思想政治教育物质价值，需要的是有效的价值关系。只有如此,才能产生好的思想政治教育效果,形成较高的物质价值。

3. 思想政治教育物质价值的体现

思想政治教育物质价值是思想政治教育价值的重要组成部分,对推动社会生产力的发展,丰富社会的物质财富有重要作用。它在现实社会中的作用表现为:

(1) 为经济发展提供价值导向

思想政治教育物质价值的核心问题是通过思想政治教育,鼓励、引导广大劳动者发展经济,不断满足人民群众日益增长的物质需求。改革开放四十年来,思想政治教育坚持用马克思主义理论武装群众,积极宣传党的改革开放的路线方针政策,鼓励和引导人民群众解放思想,大胆改革创新,为把我国建设成为社会主义现代化强国而努力奋斗。由于在思想政治教育中,始终坚持建设社会主义现代化强国的价值导向,使我国的物质生产水平得到大幅度提升。我国的 GDP 由 1978 年的 3678.7 亿元,上升到 2018 年突破 90 万亿元;人均 GDP 由 1978 年的 381 元,上升到 2018 年的 64520.7 元。经济的高速发展,不仅极大地提高了人民群众的物质生活水平,还使我国成为世界第二大经济体。我国改革开放取得的举世瞩目的巨大成就,原因是多方面的,但思想政治教育物质价值的导向是其中的重要原因。

(2) 为体制完善营造舆论氛围

我们是在党的指导思想和工作中心发生重大改变的基础上走向建设社会主义现代化强国之路的。由于极"左"路线和思想的长期影响,我们的体制变得僵化、封闭,完全不能适应改革开放的需要,严重阻碍了社会主义的现代化建设。所以,改革开放的一项重要任务就是改革不适应现代化建设的体制。思想政治教育通过各种形式,积极宣传邓小平等党的领导人关于改革开放的重要思想,宣传党的改革开放的路线方针政策，宣传政治改革和经济体制改革的必要性和重要性。思想政治教育为发展经济所做的大量的艰苦的细致的工作，不仅提高了人民群众的理论水平和思想水平，还为改革体制和完善体制营造了良好的舆论氛围，推动了体制改革的进行。

(3) 为经济主体提供精神动力

我们所从事的现代化建设是在十分激烈的竞争环境中进行的，这就使得从事物质生产的劳动者面临的挑战越来越大。在这样的态势下，思想政治教育的物质价值要得到实现，物质生产得到发展，物质财富不断丰富，经济主体即从事物质生产的劳动者必须具有攻坚克难的强大精神动力。因此，思想政治教育物质价值必须从以下几个方面为经济主体提供精神动力。首先，设置新的奋斗目标。奋斗目标既是人们对未来物质生产发展的预期要求，还包含着奋斗者的物质利益。思想政治教育根据世界物质生产发展趋势的要求和我国经济建设的实际情况，设计出新的奋斗目标去调动人们从事物质生产的积极性。回顾我国改革开放走过的四十年历程，就是在一个又一个奋斗目标激励下创造出了我国现代化建设的辉煌成就。在1982年9月召开的中国共产党第十二次全国代表大会上，提出了"从一九八一年到本世纪末的二十年，我国经济建设总的奋斗目标是，在不断提高经济效益的前提下，力争使全国工农业的年总产值翻两番"。2002年，党的十六大提出了"全面建设小康社会的奋斗目标"。2007年，党的十七大提出：2020年实现全面建成小康社会的奋斗目标。2012年，党的十八大提出了两个百年（建国100年和建党100年）奋斗目标。即在中国共产党成立一百年时全面建成小康社会；在中华人民共和国成立一百年时建成富强民主文明和谐的社会主义现代化国家。2017年，党的十九大提出的奋斗目标：实现"两个一百年"奋斗目标、实现中华民族伟大复兴的中国梦。党在不同时期的奋斗目标激发出了亿万人民的劳动热情，夺取了一个又一个的辉煌成就，使我国的物质生产力水平大幅度提高，人民群众的物质生活得到显著改善。其次，激发人的活力。激发人的活力根本点就是调动人的积极性、主动性，激发人的创造性。当人的积极性、主动性和创造性被调动和激发出来后，就会产生强大的精神力量去迎接物质生产中遇到的各种挑战，解决各种问题，进而提高劳动效率，生产出质优价廉的物质产品，更好地满足人民群众日益增长的更高层次的物质需求。

(4) 为经济发展提供良好环境

环境是社会经济发展的空间，环境的优劣对经济的发展至关重要。改革开放四十年的事实证明，环境优良，经济就蓬勃发展。环境出现重大问题就影响到经济发展的速度和质量。比如，经济发展的道德环境、法制环境和文化环境一旦失衡，就会导致物质生产秩序的混乱，出现假冒伪劣产品，严重损害人民群众的利益。再比如，生态环境受到破坏，不仅物质生产受到严重制约，而且还威胁到了人民群众的健康。因此，思想政治教育要针对环境中出现的问题，采取得力措施治理物质环境和精神环境。为物质生产营造一个风清气爽、和谐有序、山清水秀的社会环境和自然环境。

4. 思想政治教育物质价值的实现

思想政治教育物质价值只有从"潜"到"显"，价值主体只有在实践活动中自身需要真正得到满足，思想政治教育物质价值的功能才能得以发挥。思想政治教育物质价值要实现可以从以下方面入手：

(1) 激发价值主体的需要

需要是思想政治教育价值生成的前提和基础，没有价值主体需要的产生，价值关系就无法形成。因此，价值主体的需要以及需要的强烈程度就是价值能否顺利实现的一个重要因素。如何激发价值主体产生物质价值的需要，一是要对价值主体加强理论教育，提高价值主体的思想认识和责任感。推动社会发展，创造更多的物质财富不是哪一个个体或哪一个群体的责任，是全体社会成员的责任。但当前社会成员思想分化较为严重，一部分社会成员社会责任感强，对自己的要求高，业务能力拔尖，对国家社会的发展做出了巨大贡献，比如2019年1月过世的于敏，为了中国的氢弹事业隐姓埋名"消失"30年；中国肝胆外科手术之父吴孟超；用生命叩开地球之门的海归教授黄大年；天眼之父南仁东，等等。还有部分社会成员虽然业务能力没有达到这么高的层次，但在自己的工作岗位，兢兢业业、无私奉献，不仅在工作领域创造了价值，也给社会其他成员以巨大的精神鼓舞，比如在很多普通行业涌现的"感动中国十大人物"，最美妈妈、最美教师、最美司机等。但也有一部社会成员缺乏人生目标，没有人生追求，浑浑噩噩、得过且过，有的最后还沦为"啃老族"。所以对价值主体的思想教育、价值导向很重要，这样才能激发其进行创新创造、创造财富的激情和热情。二是对价值主体需要的激发要有着力点。这个着力点除了个体精神层面需要获得社会认可、他人尊重等，物质利益也是不容忽视的一个重要方面。利益是思想政治教育价值生成的直接动因，是非常重要的动力因素。对此，对价值主体需要的激发一定要结合价值主体的学习、生活和工作实际，将思想政治教育与业务实践有机融合，找到价值主体的"利益点"，思想政治教育才能做实，摆脱部分成员心中"假大空"的固定模式。

（2）提高劳动者的素质

思想政治教育虽不能直接创造物质财富，但思想政治教育物质价值实现的一个关键就在于通过思想政治教育，提高劳动者的素质，劳动者的素质提高了自然能创造更多的物质财富，实现物质价值。提高劳动者的素质主要包括两个方向：一是提高劳动者的思想素质。二是提高劳动者的业务素质。通过提高劳动者的思想素质，使劳动者的理想信念、价值取向、道德素质都在一个较高的层面，劳动者能够自觉地将个体的发展与社会的发展紧密相连，将个人理想融入社会理想，必要的时候甚至会牺牲个人理想实现社会理想。与此同时，个体要为社会贡献自己的力量，靠的是什么，就是自己的业务素质。一个具有较高思想素质的劳动者必然会千方百计地提高自己的业务素质,这是一种内在的精神动力和追求,只有业务素质提高了才能更好的服务人民、奉献社会。与此同时,伴随着业务素质越来越高,"能力越强,责任越大",劳动者对自身的要求就更高,又督促劳动者思想素质的进一步提升,进入一个良性的上升的通道,就更有利于思想政治教育物质价值的实现。

(3) 创设良好的环境氛围

思想政治教育物质价值的实现是一个过程,人的思想的形成也是一个长期的反复的过程,对此,思想政治教育物质价值实现的环境氛围非常重要。一是环境中要有明确的价值导向。一个社会只有积极向上、充满活力,才能调动广大劳动者的积极性。当前,"我们比历史上任何时期都更接近、更有信心和能力实现中华民族伟大复兴的目标。"[①] 在这样一种时代大背景下,只有全体人民勠力同心,才能实现伟大梦想。对此,思想政治教育环境要明确价值导向,对于积极奋斗创造物质财富、做出突出贡献的要及时给予表扬,如改革开放四十年先锋人物表彰,这既是鼓励、激励,更是一种目标、价值的导向。二是环境中要有明确的舆论导向。社会经济发展需要一个良好的环境保障。但当前意识形态领域的斗争非常激烈,社会思想意识错综复杂,一些错误的思想观点如西方"宪政民主"、新自由主义、历史虚无主义一直妄图挑战马克思主义的指导地位,瓦解我国经济社会。与此同时敌对势力为了影响、迷惑大众的判断,经常利用我国社会生活中的负面事件大做文章,利用在境外注册的账号、网址散播谣言、扰乱视听,否定中国共产党的领导和我国的社会制度。对此,环境建设中要加强舆论导向,为我们的道路、制度、理论、文化造舆论,增强大众的"四个自信",舆论不仅要坚持正面引导,弘扬正能量,更要为当前创新发展中的探索、甚至问题多一些

[①] 《决胜全面建成小康社会 夺取新时代中国特色社会主义伟大胜利》,北京:人民出版社2017年版,第15页。

包容、空间，给新生的力量足够的成长和发展空间。三是提高、完善价值实现的物质支撑。要推动社会发展，创造更多的物质财富，除了精神动力，物质支撑同样重要。劳动者要创造财富必然要在一定的具体的物质环境中进行，如果缺少必要的空间、条件，生产与工作就无法推进或是推进的速度缓慢，对此，这就涉及必要的物质投入和保障。华为手机之所以有今天的成绩，与其在研发上的巨大投入有很大的关系，大量的投入才换来技术层面的不断革新，在国际市场占有一席之地。

（二）思想政治教育的精神价值

思想政治教育的精神价值是思想政治教育价值横向结构中的另一价值，它对我国精神文明的发展和人民群众精神生活水平的提高具有重要作用。

1. 关于思想政治教育精神价值含义述评

理论界对思想政治教育精神价值论述不多，在现有的成果中，主要从两个方面进行了论述。一是直接论述思想政治教育精神价值；二是论述思想政治教育精神价值的重要组成部分：政治价值和文化价值。下面分开评述：

（1）对思想政治教育精神价值含义的述评

理论界对思想政治教育精神价值直接下定义的有：2005年，雷腾在《求索》发表的《论新时期思想政治教育内涵》一文对思想政治教育精神价值下了定义。他认为：思想政治教育精神价值，"是指客体（自然、社会、精神产品）同人的精神文化需要的关系。"[①] 该定义的理论价值在于，强调了思想政治教育精神价值研究的是价值主客体之间精神需要与满足需要的关系，即价值主体存在需要，价值客体能够满足价值主体的需要。但它的问题也是明显的，没有将思想政治教育精神价值的

---

① 雷腾：《论新时期思想政治教育内涵》，载《求索》，2005年第4期，第127页。

主客体讲清楚。思想政治教育精神价值的价值客体不是自然、社会、精神产品,而是具有能够创造精神产品的思想政治教育。价值主体是存在有各种精神需求的人民群众。闵绪国于2017年在他出版的《思想政治教育价值研究》一书中,对思想政治教育精神价值下了比较准确的定义。他认为:"精神价值,是指思想政治教育对主体精神需要的满足而呈现出来的意义关系。"① 闵绪国的定义明确了思想政治教育精神价值的主客体。存在的问题是:一是主体精神需要的满足表述不准确,应该是价值主体精神需要的满足;二是思想政治教育精神价值主客体的关系不是意义关系,应该是满足与被满足的效益关系。

(2) 思想政治教育政治价值

政治价值是思想政治教育精神价值的重要组成部分。理论界对思想政治教育政治价值的探讨主要从含义和内容两个方面展开的。

关于思想政治教育政治价值的含义,理论界的探索如下,早在1999年陈华洲在《试论思想政治教育价值的表现形态》一文中就研究了思想政治教育政治价值,对思想政治教育政治价值的表述是:"思想政治教育的政治价值,简单地说就是凝聚人心、巩固政权、化解矛盾、稳定社会、引导发展等内容。"② 作者只谈到了思想政治教育政治价值的内容,没有对定义作出界定,尽管如此,但该文对于研究政治价值的含义有借鉴意义。2003年赖荣珍在《学术论坛》发表的《论思想政治教育社会价值和个体价值的统一》一文中认为,"思想政治教育的政治价值是指思想政治教育能够起到维护社会稳定、促进社会政治发展的作用。"③ 该定义界定具有显著的现实意义,理论贡献在于突显了思想政治教育与社

---

① 闵绪国:《思想政治教育价值研究》,北京:人民出版社2017年版,第115页。
② 陈华洲:《试论思想政治教育价值的表现形态》,载《高等函授学报》(哲社版),1999年第6期,第36页。
③ 赖荣珍:《论思想政治教育社会价值和个体价值的统一》,载《学术论坛》,2003年第3期,第149页。

会政治发展之间的关系,强调了应然状态,应该发挥的积极作用。不足之处是没有明确揭示出价值主客体之间的关系是满足需要和需要被满足的价值关系,即价值客体对价值主体的关系是满足关系,价值主体与价值客体的关系则是需要被满足的关系。2006年王宏宇在《中国成人教育》发表的《论现代思想政治教育社会价值与个体价值的理论分野》一文中认为思想政治教育政治价值是指"现代思想政治教育在社会政治领域发挥的功能、作用和意义"。[①] 文中对思想政治教育政治价值内涵的界定存在的问题在于:一是没有讲明价值主客体之间是满足与被满足的关系,而这是价值关系得以形成的重要基础。二是没有指出价值主体存在的需要,也就是没有从需要的角度来界定政治价值的内涵,而价值主体的需要是价值产生的前提。

通过对以上观点的评述,可以得出三点结论:第一,理论界对思想政治教育政治价值的研究是有成效的。第二,对思想政治教育政治价值含义的界定不准确。第三,理论界的研究成果对于我们界定思想政治教育政治价值提供了有益的借鉴。

关于思想政治教育政治价值内容、作用。学者们对于思想政治教育政治价值的内容、作用的研究较多,也比较深入。陈华洲1999年指出,思想政治教育政治价值具体包括,"控制思想上层建筑,调节社会精神生产;沟通社会信息,协调社会矛盾和冲突,确保社会的有机联系,促进社会政治稳定和发展;促进人们特别是青年政治社会化,选择和培养社会政治人才。"[②] 本文作为较早探讨思想政治教育政治价值的文章,对思想政治教育政治价值内容的分析较为全面、客观,对后续研究有重要的现实意义。2006年,王宏宇在文章中认为,"思想政治教育政治价值

---

① 王宏宇:《论现代思想政治教育社会价值与个体价值的理论分野》,载《中国成人教育》,2006年第9期,第20页。
② 陈华洲:《试论思想政治教育价值的表现形态》,载《高等函授学报》(哲社版),1999年第6期,第36页。

包括政治决策价值、政治导向价值和政治整合价值等。"① 作者对思想政治教育政治价值内容的表述基本准确，有理论价值。张耀灿、徐志远著的《现代思想政治教育学科论》中认为，"从整体上认识和把握思想政治教育的政治价值，主要从以下三个方面去研究和理解：一是社会精神生产的价值。二是政治关系再生产价值。三是促进社会稳定和发展的价值。"② 文中对思想政治教育政治价值的理解和表述较为之前的研究更为全面、准确和完善，有理论贡献。王学俭在《现代思想政治教育前沿问题研究》中指出思想政治教育的政治价值表现为"对政治发展的导向、协调、推动和保证作用。在我国政治价值就表现为加强爱国主义、集体主义和社会主义教育，加强'四信'教育，为政治体制改革提供导向；通过协调国家、政府、社会和个人之间的权益分解矛盾，维护安定团结的政治局面；通过培养人民群众的民主法制意识和道德素质，推动依法治国和以德治国方略的实施；通过党的基本路线、方针、政策教育，为政治体制改革提供政策保证"。③ 文中的论述不仅有新意，还拓展了思想政治教育政治价值的内容。杨心童在《论新时期思想政治教育的政治价值》一文中，探讨了思想政治教育政治价值的作用，文中指出，"思想政治教育的基点是研究和传播马克思主义；思想政治教育的重点是培养社会主义事业的合格建设者和可靠接班人；思想政治教育的关键点是树立党员干部的理想信念；思想政治教育的创新点是引领社会风尚。"④ 该文从另外一个角度探讨了思想政治教育政治价值的作用，对深化研究思想政治教育政治价值的作用有意义。

---

① 王宏宇：《论现代思想政教育社会价值与个体价值的理论分野》，载《中国成人教育》，2006年第9期，第20页。
② 张耀灿、徐志远：《现代思想政治教育学科论》，武汉：湖北人民出版社2003年版，第349—350页。
③ 王学俭编著：《现代思想政治教育前沿问题研究》，北京：人民出版社2008年版，第177页。
④ 杨心童：《论新时期思想政治教育的政治价值》，载《思想理论教育》，2017年第10期，第55—60页。

第四章 思想政治教育价值的横向结构

(3) 思想政治教育文化价值

研究思想政治教育文化价值的代表性成果有：关于思想政治教育文化价值的含义，孙其昂在其主编的《思想政治教育学基本原理》一书中认为，思想政治教育的文化价值是"思想政治教育活动通过一定社会的政治文化和伦理文化的传播教育，努力使人们接受相应的政治生活的思维和行为的基本模式"。① 作者对思想政治教育文化价值含义的界定对后续研究有参考价值。王宏宇认为，思想政治教育文化价值"是指现代思想政治教育在文化形态成长、发展中的作用和意义"。② 王学俭则认为是"在文化继承、传播和发展中的效用"。③ 袁汪洋在文中指出"现代思想政治教育的文化价值，就是指现代思想政治教育对于满足教育对象在文化传承、选择、传播和创新等需要层面上所具有的积极作用和意义"④，该定义谈到了文化价值的核心问题是价值客体满足价值主体的需要，这是对的。但对另一个问题表述就不准确，即价值主客体之间的关系不是具有积极作用，而是具有价值关系。徐春艳、田九霞认为，"思想政治教育的文化价值就是思想政治教育的存在和发展是否与主体的文化需求相一致的关系"。⑤ 该定义没有将价值主客体价值关系是满足和被满足的关系揭示出来。思想政治教育的存在和发展，如果不与价值主体相联系，不去主动满足价值主体的需要，思想政治教育文化价值就难以形成。

---

① 孙其昂主编：《思想政治教育学基本原理》，南京：河海大学出版社 2004 年版，第 35 页。

② 王宏宇：《论现代思想政治教育社会价值与个体价值的理论分野》，载《中国成人教育》，2006 年第 9 期，第 20 页。

③ 王学俭编著：《现代思想政治教育前沿问题研究》，北京：人民出版社 2008 年版，第 177 页。

④ 袁汪洋：《论现代思想政治教育的文化价值及其实现路径》，载《求实》，2012 年第 6 期，第 74 页。

⑤ 徐春艳、田九霞：《论文化软实力视域下思想政治教育的文化价值》，载《学术论坛》，2013 年第 4 期，第 63 页。

关于思想政治教育文化价值的特征、内容和实现，学者们也作了较多探索。徐春艳、田九霞认为"思想政治教育的文化价值是思想政治教育文化性、价值性和政治性三者的统一"。① 徐春艳、田九霞关于思想政治教育文化价值的特征探索有价值，但作者没有将特征与特性区别开来。特征，是指人或事物的征象、标志。特性，是指人或事物所特有的性质。论文讲的文化性、价值性和政治性是特性而不是特征。特征讲的是事物外部的标志，特性讲的人或事物内在的性质。

关于思想政治教育文化价值的内容，袁汪洋认为思想政治教育文化价值的内容包括"传承和维系民族文化，吸收和融合外来文化，选择和引导多样文化，传播和创新优秀文化"②，作者的观点有新意，对于我们继续研究思想政治教育文化价值的内容有启发。

沈根华则指出，思想政治教育的文化价值，"从文化的内容来分，可区分为其对于道德文化、政治文化、经济文化等不同文化结构单位所具有的价值；从文化的运行过程来分析，则可区分为文化的渗透、传承、过滤、控制、纠偏、变迁等价值。"③作者对于文化内容、文化运行过程包含的文化内容的论述，扩大了我们探索思想政治教育文化价值内容的视野。

陈华洲则在文中探讨了思想政治教育文化价值的功能，包括，"思想政治教育的文化传播功能、思想政治教育的文化选择功能、思想政治教育的文化创造功能、思想政治教育对社会文化的渗透功能。"④ 吴艳东在《论思想政治教育的文化价值》一文中，认为"思想政治教育的文化

---

① 徐春艳、田九霞：《论文化软实力视域下思想政治教育的文化价值》，载《学术论坛》，2013年第4期，第63页。
② 袁汪洋：《论现代思想政治教育的文化价值及其实现路径》，载《求实》，2012年第6期，第74—75页。
③ 沈根华：《试论思想政治教育的文化价值》，载《南京政治学院学报》，2002年第5期，第91页。
④ 陈华洲：《试论思想政治教育价值的表现形态》，载《高等函授学报》（哲社版），1999年第6期，第38页。

第四章 思想政治教育价值的横向结构

价值集中体现为思想政治教育作为一种社会实践活动，在促进社会文化建设、发展和创新方面，有维护主流文化、批判异质文化、传承优秀文化、整合多元文化和创造先进文化五方面的效应。"①陈华洲直接提出了思想政治教育文化价值的功能，吴艳东则是从效应的角度涉及了功能。他们的观点有理论价值和参考意义。

关于思想政治教育文化价值实现，学者们也进行了探讨，王学俭指出"在我国既要坚持以马克思主义为指导的民族的、科学的和大众的先进文化，又要发展多样性且富有特色的区域文化，大力弘扬和培育民族精神和创新精神，提倡符合社会主义市场经济要求的民主意识、竞争意识、效率意识和公平意识，把是否推动先进文化从而提高综合国力作为思想政治教育价值实现的一个重要标志"。②王学俭的论述尽管没有讲如何实现思想政治教育文化价值，但却提出了思想政治教育文化价值实现的一个重要问题，即文化价值实现的标志。有了文化价值实现的标志，我们就好判断文化价值是否得到了实现。

关于思想政治教育文化价值实现的路径和途径，也有论文作了研究。袁汪洋则认为"实现现代思想政治教育文化价值的主要路径包括增强教育内容的文化底蕴，提升教育主体的文化素养，优化和开发文化环境"。③徐春艳、田九霞指出思想政治教育文化价值的实现途径"主要包括丰富思想政治教育的文化内容，提高思想政治教育主体的文化素养，营造思想政治教育的文化氛围"④。袁汪洋提出的实现现代思想政治教育文化价值的主要路径，徐春艳、田九霞指出的思想政治教育文化价值的

---

① 吴艳东：《论思想政治教育的文化价值》，载《思想教育研究》，2011年第9期，第3页。

② 王学俭编著：《现代思想政治教育前沿问题研究》，北京：人民出版社2008年版，第177—178页。

③ 袁汪洋：《论现代思想政治教育的文化价值及其实现路径》，载《求实》，2012年第6期，第75—76页。

④ 徐春艳、田九霞：《论文化软实力视域下思想政治教育的文化价值》，载《学术论坛》，2013年第4期，第65—66页。

实现途径符合实际情况，值得我们借鉴。

2. 思想政治教育精神价值含义和类型解读

在前面，已对理论界关于思想政治教育精神价值含义的界定作了评述，在借鉴这些成果优秀成分的基础上，笔者就思想政治教育精神价值的含义提出自己的见解，以起抛砖引玉的作用。思想政治教育精神价值，是指作为价值客体的思想政治教育以自己的功能满足价值主体精神发展需要的效益关系。对该定义的要点，我们作如下分析：

（1）思想政治教育精神价值的主体是由人构成的社会

思想政治教育精神价值的价值主体是社会，但这个社会并不是空泛的、抽象的社会，而是由一个个具体的个体组成的社会，虽然每个单个的个体都有自己独有的特点和具体的精神需要，但作为共同生活在一定时代、一定社会的个体具有这个社会形态下共同的精神需要，这个共同的精神需要就是社会主流意识形态指引下的社会发展的共同理想和目标，只有社会的共同理想和目标实现了，个体的价值才能得以保证。

（2）思想政治教育精神价值的客体是由人构成的思想政治教育活动

价值客体在思想政治教育价值结构系统中的作用是以其功能和属性满足价值主体的需要，满足需要的过程必然是一个双向参与的活动，在这个活动中有作为思想政治教育活动主导者、策划者以及实施者的教育者，也有作为接受对象但又具有自主性、选择权和主体性的价值主体。因此，思想政治政治教育精神价值的客体是由人构成的思想政治教育活动。

（3）思想政治教育精神价值的生成基于一定的实践活动

思想政治教育精神价值的生成，首先取决于价值主体的需要及其需要的强度，离开价值主体的需要，价值客体的属性与功能就无法发挥其作用。但需要一个桥梁或纽带将价值主、客体连接起来，这个桥梁就是思想政治教育的实践活动。价值主体需要在实践活动中接受社会所要传递的思想观念、政治观点、道德规范,并在实践中将这些观念、观点和规范转化了实际的行动,满足自身精神层面提升的需要,形成思想政治教育精神价值。对此,这个实践活动既包括教育者的实践,也包括教育对象的实践,前者是教育者主导的各项实践活动,后者是价值主体所经历的思想内化外化的实践活动。

(4) 思想政治教育精神价值旨在培养中国特色社会主义事业的建设者和接班人

习近平总书记在党的十九大报告中,指出,"中华民族伟大复兴,绝不是轻轻松松、敲锣打鼓就能实现的。全党必须准备付出更为艰巨、更为艰苦的努力。"① 对此,强大的精神动力是不可缺少的,只有这样才能进行伟大斗争、建设伟大工程、推进伟大事业。任何一个时代,青年的未来总是攸关国家的前途命运。青少年作为思想政治工作的重点对象,实现思想政治教育精神价值,让青年一代担负起自身的历史使命,成为中国特色社会主义事业的建设者和接班人具有重要的现实意义。

3. 思想政治教育精神价值的体现

基于本书对思想政治教育精神价值的界定,我们认为思想政治教育活动在社会思想道德和教育、科学、文化提升方面具有重要的现实意义,是思想政治教育精神价值的重要体现。

(1) 提升社会思想道德水准

社会思想道德水准主要体现在大众的理想信念、社会风气以及人们的道德素养方面。

第一,引导大众确立崇高的理想信念。理想和信念同属于精神范畴,理想的实现依靠信念的力量,信念的坚定基于理想的选择,二者相互依存,对于个体精神力量的产生以及实践活动的指导都发挥着重要作

---

① 《决胜全面建成小康社会 夺取新时代中国特色社会主义伟大胜利》,北京:人民出版社2017年版,第15页。

用。动摇了理想信念、淡薄了共产主义远大理想，就动摇了共产党人的根本立场，就不可能取得中国特色社会主义胜利。科学理想信念的确立是思想政治教育的核心内容，也是思想政治教育价值主体重要的内在需要，是思想政治教育效果在精神层面的集中体现。"我们多年奋斗就是为了共产主义，我们的信念理想就是要搞共产主义。在我们最困难的时期，共产主义的理想是我们的精神支柱，多少人牺牲就是为了实现这个理想。"① 实现共产主义一直是中国共产党人的力量源泉、精神支柱，支撑着中国革命、建设、改革，没有科学崇高的理想信念，就没有凝聚力，就没有一切。当前存在的先锋模范作用弱化、马克思主义信仰危机、对社会主义缺乏信心、意志薄弱腐化堕落等现象根源就在于理想信念的偏离，当今，社会主义事业建设者和接班人的培养必须建立在科学理想信念确立的基础上，理想信念就是精神上的钙，是一个人的世界观、人生观、价值观的集中体现，是确立人生价值取向的最高准则。"理想信念一旦形成，就成为支配人们行动的持久精神动力。"② 对此，在思想政治教育的过程中，一是要引导人们正确地对待理想与现实的关系。要用辩证的观点对待理想与现实之间的矛盾，既不能轻易用现实否定理想，放弃对理想的追求，更不能用理想来轻视现实，自暴自弃，得过且过。还要认识到理想的实现绝不是一蹴而就而是一个长期的、艰巨的和曲折的过程，每一个个体都要有艰苦奋斗的精神，不懈努力才能实现远大理想。二是要引导个体处理好个人理想与社会理想的关系。中国梦的实现是无数个人梦实现的统一。思想政治教育精神价值的价值主体本就是由一个个具体个体组成的社会。社会理想与个人理想本就密不可分，社会理想不是遥不可及，也不是停留在口头的口号，而是建立在众人的个人理想基础之上的，两者是统一的。最后就是要将崇高的理想信

---

① 《邓小平文选》第 3 卷，北京：人民出版社 1993 年版，第 137 页。
② 黄蓉生：《关于大学生思想政治教育：理想信念是核心》，载《高校理论战线》，2004 年第 12 期，第 8 页。

念落实到实践中。中国梦的实现就是强军梦、教育梦、医疗梦、航空航天梦……各个行业梦想的实现。崇高的理想信念最终要落实到各行各业的人们身上，需要大家发挥聪明才智，不忘初心，砥砺前行，为实现国家统一、民族振兴不懈奋斗。

第二，形成良好的社会风气。社会风气是推动或阻碍社会进步的巨大力量，与人民群众的身心健康、社会安危、国家的兴衰有很大的关系。形成良好的社会风气，可以从以下方面入手：一是建设风清气正的政治环境。对此，要加强党的政治建设和思想建设。旗帜鲜明的讲政治是马克思主义执政党的根本要求。首要任务是坚决维护党中央权威和集中统一领导，严肃党内政治生活，弘扬正气，抵制歪风邪气，不断提高领导干部的政治能力，坚定崇高的理想信念；建设高素质专业化干部队伍。要按照习近平总书记提出的"信念坚定、为民服务、勤政务实、敢于担当、清正廉洁"的新时代好干部标准选人、用人，抑制选人用人方面的问题和错误导向；加强作风建设，用铁的纪律和合理的制度管党治党，减少腐败行为。二是将社会主义核心价值观落地落实。当前科学技术发展迅猛，信息传递速度快，多元价值、外来思潮无不冲击着人们的思想，对主流价值观产生挑战，导致部分人规则意识缺乏，敬畏意识不够，缺乏道德底线，甚至以牺牲大众的利益来谋取个人的私利触碰法律的红线。对社会的价值取向、道德风气影响很大、很坏，什么是主流的价值导向，什么是荣，什么是耻，在部分人心中是模糊的，甚至以耻为荣，热爱祖国被视为"假做作"，危害祖国成了"斗士"；服务群众被视为"爱逞能"；崇尚科学被视为"书呆子"；愚昧无知成了"时尚"，等等。网红、明星成为青少年热烈追捧的偶像，国之重器、民族脊梁则缺乏应有的关注。践行社会主义核心价值，让其落地落实，渗透到每一个人的心中，成为人们发自内心的自觉，这样才能在国家、社会、个体层面做出正确的价值导向和行为选择，人与人之间的关系才能更加友善，社会才能更加和谐。要适当惩处破坏道德规范的行为，鼓励、奖励好人好事,让向善发自内心,蔚然成风。三是占领宣传思想政治工作的主阵地。当前意识形态领域的斗争是激烈的、形势是严峻的,境外敌对势力妄图和平演变的图谋从未停止。对此,必须牢牢掌握宣传思想工作的主阵地,抓好党的新闻舆论工作,对此,新闻舆论工作一定要把正确的政治方向摆在第一位,牢牢掌控正确的舆论方向,坚持正面宣传为主,发挥舆论的引领作用。此外,要处理好思想舆论中的红色、黑色和灰色"三个地带",真正让舆论起到凝聚人心的作用。

第三,养成良好的道德素养。道德是一种社会性、全局性的规范,是社会成员必须遵循的规范。道德具体包括社会公德、职业道德、家庭美德等,各个方面的道德为各个领域从事各种活动的社会成员提供正确处理社会关系的标准和行为准则。良好的道德素养不仅是国家、社会对个体的要求,也是个体调节自身关系的内在要求,是促进个体健康成长的内在需要。道德对于个体道德品质提升发挥着重要作用。在具体的道德实践中,要激发每个人内心深处的道德意愿,进行正确的道德判断,并担负起应有的道德责任,个体要注重道德要求,严守道德底线,实现个体道德意识到道德行为实践的飞跃,促进自我道德品质的形成最终内化于心、外化于行,进而促进自我提升、自我完善。《孟子·离娄下》中提到:"人之有道也,饱食、暖衣、逸居而无教,则近与禽兽。"道德在精神层面最集中的体现是幸福感的获得,个体通过道德准则的践行获得社会成员的认同、尊重、赞赏,精神世界充盈,获得物质层面所无法替代的精神享受,这种被社会认同的心理产生的幸福感又帮助社会个体坚定道德认知,坚守道德信念和道德底线,在践行道德准则的同时继续追求更高的道德理想,为成为合格的社会主义建设者和接班人夯实基础。

(2) 提高社会教育、科学、文化水平

虽然思想政治教育属于教育的一部分,实则思想政治教育并不直接参与社会成员教育、科学、文化水平的提升,但却可以通过以下手段间接提高社会教育、科学、文化水平。一是培养高素质的劳动者。无论是教育、科学还是文化，没有德才兼备的高素质的劳动者，是无法推进的，教育领域需要高素质的教师队伍，科学技术领域需要甘于寂寞、甘于奉献的科学家，文化领域需要扎根现实、服务人民的文艺工作者。作为思想政治工作者自身在工作过程中也可以参与本单位文化的生成，比如制作记录团队工作、展现团队精神、团队风采的宣传片等。二是在社会层面树立先进的教育科学理念。恩格斯说："一个民族要想站在科学的最高峰，就一刻也不能没有理论思维。"一个社会要发展，民族要有希望，不注重教育科学文化是没有希望的，也是走不长远的。市场经济在推动社会快速发展的今天，在创造大量物质财富的同时，所滋生的急功近利、追逐利益，让部分人的价值理念出现了偏差甚至歪曲，虽不至于像之前出现的"搞原子弹的不如卖茶叶蛋"的，但教育、科学、技术文化在部分人眼中利益来得太慢，再加上浮躁的社会心理，部分人根本静不下心、坐不下来进行科学研究和技术创造，对此，思想政治教育在日常工作中要注重价值主体尤其是青少年先进理念的形成。三是要加强舆论宣传和引导。在思想政治教育工作中要大力宣传、及时表彰教育、科学、文化工作者，让大众在意识里认识到教育、科学、文化工作之于社会发展的重要性，教育、科学、文化工作者至于社会发展所作的贡献，对于在教育科学文化领域凝练出来的精神要大力弘扬，比如航空航天精神、抗击非典精神、女排精神……这些精神里面体现出来的自强不息、顽强拼搏、不懈奋斗的精神值得所有行业的人员借鉴、学习。在高校思想政治理论课课堂，任课教师对教育、科学、文化行业的优秀人员、模范代表的讲授也是一种宣传，在校大学生在这些行业优秀人员的激励下，会成为他们今后走上教育、科技、文化战线的强大动力。在文化领域，也要通过舆论宣传和引导，弘扬中华优秀传统文化，建设社会主义先进文化，增强社会大众的文化自信，让文化自信成为社会最深层次、最根本的自信。

4. 思想政治教育精神价值的实现

思想政治教育精神价值之于社会教育科学文化的发展、大众思想道德素养的提升意义重大，但思想政治教育精神价值要从应然状态转换为实然现实，就必须采取有效的措施，完成思想政治教育精神价值的实现。思想政治教育精神价值的实现主要包括理论学习、社会实践活动、自我教育三个方面。

(1) 理论学习

思想政治教育精神价值的一个重要功能是满足人们高层次的思想需要，从而创造高质量的物质成果。理论学习是思想政治教育精神价值实现的重要渠道。首先，要加强马克思主义理论学习。理论源于实践，但最终又指导实践。通过系统的马克思主义理论学习，可以掌握科学的理论。任何实践活动都需要科学理论的指导，在部分价值主体的心中，思想政治教育与业务工作、实践工作是不相关的，这实则就是没有正确理解物质与精神的关系，思想政治教育虽不直接参与业务工作，但却是通过提高思想认识促进业务工作和实践工作。还有部分价值主体对自己的目标缺乏持久性，在前进的路上轻易对困难、挫折妥协，这也是缺乏用辩证的观点看待问题，没有认识到理想实现的长期性和曲折性。加强理论学习尤其是马克思主义理论学习，让价值主体树立正确的世界观、人生观和价值观，价值主体随着思想认识的提升，才能创造更多的精神成果。高校思想政治理论课作为大学生思想政治教育的主渠道，是大学生系统学习理论知识的重要途径，当前必须以习近平总书记在学校思想政治理论课教师座谈会上的讲话精神为指导，加强和改进思想政治理论课的方式方法，理直气壮讲好思想政治理论课，增强大学生对思想政治理论课接受的积极性和主动性，实现思想政治教育价值主客体之间关系的和谐，为大学生掌握科学的理论打下坚实的基础。其次，要加强思想政治教育价值理论的学习。思想政治教育价值理论是指导个体实现高层次思想政治教育精神价值的直接理论。思想政治教育价值包含的要素、价值生成、实现都有其过程与规律,掌握思想政治教育价值理论,个体有针对性地对自己的短板、不足进行改进、加强,能够事半功倍,有利于高层次价值的实现。

(2)要发挥实践活动的强大作用

实践活动之于思想政治教育精神价值的实现作用重大。一是理论与实践活动相结合才能推动精神价值的实现。实践活动是一切价值实现的基础和根本途径,只有将理论与实践相结合,才能推动精神价值的实现。虽然思想政治教育要做的是人的思想工作,但是精神价值的实现脱离不开现实的生活实际,要积极将思想政治教育知识运用于实践,在实践中检验、升华,实现理论和实践的统一,为精神价值的实现提供精神动力和实现条件。此外,科学的理论最终只能在实践活动中才能彰显理论的现实力量,否则只能停留在意识层面。懂得精神能动作用的人,必然会重视精神素质的提升;三观正确的人,有远大理想信念的人不会轻易走上歪路,而是会克服重重困难实现自己的目标;实践活动因为有科学理论的指导才不会偏离方向,才会更加的有效。此外,也只有在实践中才能检验价值主体对理论的掌握程度,不同的价值主体对同一理论的理解、掌握、运用的程度是不一样的,但在相当一部分人的意识里,认为自己已经完全掌握了,其实并没有。他们只要深入社会,参加各种实践活动,才会发现自己对许多理论的理解是片面的,甚至还是错误的。通过实践活动的检验,对于他们准确地掌握理论大有好处。

二是通过实践活动才能创造精神成果。无论是道德模范彰显的道德力量,还是改革先锋彰显的创新创造的力量,如果不将这些精神力量运用于现实,作用于实践,成为推动价值主体实际工作的精神动力,就不会转化为精神成果。缺少实践活动这个桥梁和纽带,科学理论也只能停留在意识层面,不能通过指导实践转换为现实的力量。价值主体只有深入社会,增长才干、磨炼意志品质,才能奉献社会,创造精神成果。在实践活动中,无论是思想政治教育实践活动还是业务实践活动,无论是良好思想道德给人以精神力量还是通过指导主体在业务实践活动中通过踏实敬业的工作或是创新创造，创造更多的物质财富发挥其示范作用，思想政治教育活动都是推动精神成果转化和实现的重要载体。对此，在思想政治教育过程中要充分开发思想政治教育实践活动的资源，改进思想政治教育实践活动的形式，充分发挥实践活动在价值实现中的重要作用。

（3）自我教育是思想政治教育精神价值实现的重要途径

在思想政治教育精神价值实现的过程中，要重视自我教育作用的发挥。在进行自我教育的过程中，个体集价值主体与价值客体于一身，且已经具备了一定的知识和能力，也就是进行自我教育之前，个体已经接受了一定的系统教育，但自我教育相对于他教，仍具有自身的优势，一是个体自身作为价值主体更了解自己的需要。"充分激发价值主体（这里特指教育对象）对思想政治教育的需要，是实现思想政治教育价值的必然途径。"① 需要是价值生成的前提和基础，当前思想政治工作中备受困扰的一个问题就是价值主体的需要动力不足或需要层次较低，价值客体功能的发挥无从下手，自我教育的优势就是个体自身作为价值主体对自己的需要非常了解，包括需要的类型、需要的层次；自己最在意的需要；自身的不足、问题等。对于自身迫切想要实现的需要，在思想政治教育的过程中一定会积极主动地配合，实现的动力更足。二是对价值实现的措施更清楚。思想政治教育精神价值实现的途径也是多样的，但每一个个体内心深处都有相对最认可、最容易接受的措施。比如，有的个体爱好读书，喜欢通过大量的阅读提高自己的理论水平和思想认识；还有的个体则喜欢通过讲座的形式，或在实践活动的探索中亲身感受不断提升，总之最适合个体自身的才是效果最好的。三是自我教育对时间空间的掌控更加自由。统一的思想政治教育活动在时间空间、形式内容方

---

① 闵绪国：《思想政治教育价值研究》，北京：人民出版社2017年版，第211页。

面必定都有较为统一的安排,而自我教育个体自己作为价值客体,对时间空间的掌控更加的自主、自由,可以根据自己的兴趣、喜好和日程安排随机的进行,甚至可以与自己的工作安排一起推进。

自我教育的重要作用,一是提高价值主体自身的理论水平。通过自身理论水平的不断提升,引导他们产生相应的需要,激发、提升、强化价值主体自身的需要,促使其需要从低层次向高层次发展,强化其高层次的需要,追求精神层面的实现。每个人都在理想自我与现实自我的对立统一中不断追求着,随着自身理论水平的提升,也会促进个体在自我认识、自我发展、自我调节中的自我实现。二是弥补自身精神提升方面的不足。自我教育的一个重要作用就是个体发现自身在他教过程中出现的问题与不足,比如理论学习水平不足、书读得太少,或是深入实践不够,认识不足,没有将理论运用于实践,此时的自我教育就可以有的放矢,更加的有针对性,个体根据自己的发展需要,有针对性地学习、改进、弥补,能够有效推动精神价值的实现。

二、思想政治教育的物质价值和精神价值的关系分析

思想政治教育物质价值与思想政治教育精神价值有着密切关系,它们一起构成思想政治教育价值系统。人类为了生存和发展,必须认识和改造物质环境,获得人类生存和发展必需的物质财富,创造物质价值,与此同时也在生产精神财富,创造精神价值。精神与物质相互融通与转化,物质生产力和精神生产力相互渗透与制约。

(一)思想政治教育物质价值对精神价值的影响

思想政治教育物质价值对精神价值的影响主要体现在,物质价值是精神价值产生的基础,物质价值实现的高低影响精神价值的强弱,物质价值的变化影响精神价值的变化。

1. 思想政治教育物质价值是精神价值产生的基础

物质价值是人类生存和发展的基本价值，精神价值则是人类日益走向发展的标志，没有一定的物质价值，精神价值就无从谈起。

谈物质价值与精神价值的关系，还得从价值生成的前提需要讲起。对于个体来讲首先肯定是产生物质需要，在保证生存的基础上才会产生精神需要，所以物质需要决定精神需要，是我们论述思想政治教育物质价值是精神价值产生基础的一个重要前提。

（1）物质价值是精神价值形成和发展的基础

"物质生活的生产方式制约着整个社会生活、政治生活和精神生活的过程，不是人们的意识决定人们的存在，相反，是人们的社会存在决定人们的意识。"① 思想政治教育物质价值作为社会存在的范畴，建立在特定生产关系和生产力总和的生产方式的基础上，决定着作为社会意识的思想政治教育精神价值并直接影响着精神价值，是思想政治教育精神价值的物质基础。具体体现为，一是思想政治教育物质价值为思想政治教育精神价值的形成提供物质支撑。思想政治教育精神价值的实现离不开物质价值的支持，包括物质空间、物质载体和物质工具。一定社会的思想道德水平和教育科学文化程度都是扎根于一定社会的生产力发展水平，在此基础上形成精神的需要。比如，中华人民共和国成立之初，生产力发展水平还不高，当时在教育领域主要是进行扫盲，尽可能让老百姓都识字。伴随着社会的发展，物质文化水平的提升，慢慢普及了九年制义务教育，这是因为国家在物质层面能够支撑这样一项政策，能够保证全国的适龄儿童都能接受九年义务教育。二是思想政治教育物质价值推动思想政治教育精神价值的发展。作为思想政治教育价值生成前提的需要是一个不断提升的过程，伴随社会物质生产力的发展也会推动人的精神需要的不断提升。一方面，随着社会物质生产力的发展，就会需要

---

① 《马克思恩格斯文集》第2卷，北京：人民出版社2009年版，第591页。

新的适应社会发展的思想意识来支撑新的生产力的发展要求，比如，在封建社会后期，资本主义的萌芽，封建神权对人的束缚，已经不能适应生产力发展的需要，这时候代表时代发展方向的文学、艺术作品以及"自由、民主、博爱"的观念逐步应运而生，得到人们的关注和追捧。另一方面，伴随着生产力的快速发展，也要求精神价值与之相适应。我国改革开放40年取得了巨大的物质成果，我国从曾经世界上最贫穷的国家之一到如今的经济总量世界第二，物质领域成就斐然，但部分精神领域的发展却还没有跟上来，导致社会生活领域出现精神荒芜、道德失范等问题和现象，物质的发展必然会推动大众精神层面需要的不断提升，人们也需要掌握更新、更高层次的科学文化知识来推动社会的发展，从而推动思想政治教育精神价值不断发展。

（2）物质需要得到满足后必然产生精神需要

一是思想政治教育物质价值和精神价值相互依托，相辅相成，但精神价值还是以物质价值为基础得以存在。无论物质价值还是精神价值的生成与实现都要在思想政治教育物质价值创造的大环境中进行，只有物质价值发挥树立正确的价值导向，营造良好的舆论氛围、创造经济发展的良好环境，为价值主体提供精神动力的作用，精神价值才有生长的土壤。二是物质需要得到满足后价值主体必然会产生新的需要。这个需要既包括物质需要也包括精神需要。当然，新的物质需要的层次必然更高，追求更高的目标、更高的平台，创造更多的财富，这也就要求价值主体有更先进的理念、更高的思想境界，掌握更多的科学文化知识，而这就是价值主体新的精神需要的产生，而这些精神需要运用于现实，作用于实践，就会推动更高层次物质需要的满足。作为精神价值重要体现的教育、科学、文化以及思想道德风貌，最终还是要回到实践中，体现在物质价值实现的基础上。一旦新的物质需要没有与此相适应的精神需要，就会出现问题。比如近几年在社会生活领域出现的重大食品、卫生、医疗安全领域的问题，毒奶粉、假疫苗无不直接危害大众的生命安全，这就是精神层面的需要没跟上，仅停留在物质需要层面，但没有精神支撑的物质发展是不会长久的。

2. 思想政治教育物质价值的层次性影响精神价值的层次性

思想政治教育物质价值既然是精神价值的基础，在两者的关系中处于基础性的地位，那思想政治教育物质价值的层次性就会直接影响精神价值的层次性。

（1）高层次的物质价值产生高层次的精神价值

思想政治教育物质价值的层次越高，创造的物质财富越多，在此基础上产生的精神价值也就更大。高层次物质价值的创造绝不会是一个简单的过程，而是一个无比艰辛的过程。20世纪50年代面对当时严峻的国际形势，为抵制帝国主义的武力威胁和核讹诈，以毛泽东同志为核心的第一代党中央领导集体根据当时的国际形势，为了保卫国家安全、维护世界和平，高瞻远瞩，果断地作出了独立自主研制"两弹一星"的战略决策。大批优秀的科技工作者，包括许多在国外已经功成名就的科学家，放弃国外优越的物质生活和工作环境，怀着对新中国的满腔热爱，响应党和国家的召唤，义无反顾地投身到这一神圣而伟大的事业中来，他们以身许国，在茫茫戈壁滩，在物质、科研条件基本为零的状况下，凭借着对祖国满腔的热情，默默奉献，很多人隐姓埋名数十载，但他们也创造了惊动全世界的伟大奇迹。"干惊天动地的事，做隐姓埋名的人"是他们的真实写照，他们的拼搏为共和国铸造了强大的核盾牌，为国家经济发展提供了安全的环境保障。与此同时，在这一过程中凝练出来的"热爱祖国、无私奉献，自力更生、艰苦奋斗，大力协同、勇于登攀"的"两弹一星"精神，至今仍是国企精神的重要代表和中国精神的重要组成部分，依然是激励各行各业尤其是核工业人员奋勇前行的重要精神力量，是中华民族继续前行的重要精神财富。

（2）中等层次的物质价值产生中等层次的精神价值

相比于推动社会快速发展、创造巨大物质财富的高层次物质价值，中等层次的物质价值因其局限性就只能创造中等层次的精神价值。具体体现为，一是中等层次的物质价值对社会发展的影响决定了精神价值的层次。物质成果在社会生产中的运用，大众的认可度，在国际的影响力，这也会直接影响他们对大众思想层面的影响和触动。如我国传统产业中的食品加工工业、纺织服装工业、农林畜牧业、建筑建材工业、机械设备工业、汽车工业、冶金工业等，相比于新兴的"互联网+"、IT、生物科技等行业，正面临转型、调整、升级，在社会物质发展中，传统产业仍然是中坚力量，维持和保证整个社会的有序运转，是社会物质发展不可或缺的一部分，但在创新领域动力不足，在国际市场的竞争中缺乏战斗力和话语权，在此过程中形成的精神价值也是中等层次的，在社会中的影响力不够，还不足以像"两弹一星精神""航天精神""大庆精神"那样具有自己独立独特的气质，激励一代人甚至几代人。二是中等层次的物质价值决定中等层次的精神需要。我国地域广大，各地的地理条件各不相同，发展不平衡。发达地区因社会发展水平高，物质财富充足，教育科学文化水平较高，人们的观念和意识也较为超前，人们的精神需要层次就较高。中等发达地区因为社会物质生产力发展水平层次所限，在这样一种环境下，教育、科学文化水平不会超越物质生产力水平，人们的精神需要也只能在这一水准下产生。而精神对物质是有反作用的，没有高层次的精神成果运用于现实，也无法推进高层次物质价值的产生。

(3) 低层次的物质价值产生低层次的精神价值

传统农业在当前社会发展中处于边缘化状态，当前我国仍是世界上农业人口最多的国家，但目前我国农村大部分情况还是精耕细作的小农经营模式，随着市场经济的发展，这种经营模式的局限性越来越突出，已经不能适应市场发展的需要。农民想要通过种地来实现可观的经济收入也是比较困难的，很多情况下务农只能保证农民的基本生活，"靠天收"的情况依然存在，极端恶劣天气可能连基本生活都无法保证，近些年农村空心化、老龄化、土地闲置问题较为突出,我国农产品在国际竞争中仍处于弱势地位,大豆和玉米在国际上没有竞争力。农业在推动社会发展、创造物质财富方面力量就比较弱,思想政治教育物质价值处在较低的层次,在这一领域产生的精神价值的层次也比较低,对人们思想、观念的影响和触动不大,大部分的农村人口缺乏从事农业生产的动力和热情,一个重要原因还是看不到希望,没有物质价值这个强大的动因。青年一代农民基本没有务农打算,出门打工才是他们的第一选择,他们不认同自己农民这一身份,精神需要处在一个较低的层次,没有先进的思想、理念去改变,也没有先进的科学文化支撑改变,总之,物质价值和精神价值都处在低层次。

当然,一般情况下都是高层次物质价值产生高层次精神价值,低层次物质价值产生低层次精神价值。但也有特殊情况出现,比如高层次的物质价值同样也会出现低层次的精神需要;低层次的物质价值也会产生高层次的精神需要。有的企业家事业做得很成功,创造了很多物质财富,自身的物质需要层次也不低,住豪宅、开豪车,但精神需要贫乏,处在较低的层面,不仅缺乏回馈社会、服务人民的意识和境界,甚至处在庸俗、低级的层面。而延安时期,当时的物质生产力水平低下,还处在面临外敌入侵的危难时刻,但在这一时期人们精神需要的层次却非常高,不仅毛泽东思想日臻成熟,还培养了一大批高素质人才,对以后中国革命的发展起了非常重要的作用。

3. 思想政治教育物质价值的变化影响精神价值的变化

思想政治教育物质价值的变化对精神价值的影响,主要体现在两个方面:

(1) 思想政治教育物质价值变化的速度决定精神价值的变化速度

社会物质生产决定着社会意识的变化和发展。正如马克思所说,"人们的观念、观点和概念,一句话,人们的意识,随着人们的生活条件、人们的社会关系、人们的社会存在的改变而改变。"① 因此，思想政治教育物质价值变化的速度在一定程度上直接影响精神价值的变化速度。思想政治教育物质价值实现速度快，在大量的物质成果、物质财富面前，对人们思想的冲击、影响也是巨大的。在外在环境的变化之下，人们的思想、理念必须在尽可能短的时间内调整、改变，人们要接受更好的教育，要及时更新知识，要养成学习的习惯，积极接触、接受、适应新生事物，精神价值变化的速度就快。比如，改革开放40年，从最开始的计划经济时代，各种生活用品、消费资料限量供应，企业、工厂原材料不足，到市场经济浪潮的冲击，人们的思想观念如果不及时转变，就会被这个时代淘汰。另外，如果经济社会发展缓慢，物质文化生活水平较低，整个社会思想也就比较保守僵化，人们不需要创新、不需要改变，墨守成规，不求进取也不会被这个时代淘汰，这样人们就不会有危机意识，人们精神需要层次停留在较低的层面，变化的速度自然也慢。

（2）思想政治教育教育物质价值变化的形态决定精神价值的变化形态

思想政治教育物质价值的实现为精神价值的实现提供了活动空间和物质支撑，对人的思想发展变化产生直接影响。一是思想政治教育物质价值创造的多样性的物质形态直接影响人们精神需要的变化。伴随着社会的发展，很多以前美好的设想都变为现实，交通便利，高铁、动车让人们的出行更加简单；信息发达，人与人之间的联系更加的快捷，不同地区、不同国家之间的信息交流都非常的畅通。而这些都会直接影响人们思想、观念的变化，比如对于工作地点的选择，部分价值主体可能不会再纠结离家远近，而更多地考虑个体发展的平台、前景等；现在人们的储蓄、投资理念也有很大的变化，不是只把钱存到银行，出门旅游成为很多人休闲娱乐的选择。二是思想政治教育物质价值的不同类型也决

---

① 《马克思恩格斯选集》第1卷，北京：人民出版社1995年版，第291页。

定精神价值的变化。除了传统的实体经济，互联网的崛起，"互联网+"的发展，共享产品、AI智能、移动支付、外卖、快递……无不在改变人们的物质生活，在这样的物质形态下，没有经过系统的教育，没有学历，没有基本的电子产品使用技能，就像个"原始人"会被这个社会淘汰，人们出于生存的本能，伴随着这些新型物质形态的出现、应用，与之相适应的这方面的精神需要必然会产生，人们更加重视教育，重视科学文化知识对于自身发展的重要性，要学会上网，了解基本的计算机使用知识，慢慢尝试并享受移动支付、互联网给生活带来的便利，充分利用新媒体、自媒体的营销、宣传功能，创新创业也不再遥远。

（二）思想政治教育精神价值对物质价值具有反作用

思想政治教育作为社会上层建筑中意识形态的重要内容，不仅决定着社会文化形态的具体属性，而且为经济社会发展提供了精神动力，马克思在《〈黑格尔哲学批判〉导言》中所指出的："批判的武器当然不能代替武器的批判，物质力量只能用物质力量来摧毁；但理论一经掌握群众，也会变成物质力量。"[①] 因此，思想政治教育精神价值对物质价值具有巨大的反作用，具体体现在以下方面：

1. 提高思想素质，促进劳动者提高技能水平，提高生产效率

"人作为劳动者是社会生产力中最为重要的因素之一，思想政治教育可以通过提升人的思想政治品德以及人际关系的和谐，来保证经济社会的发展方向和社会生产力的发展效率。"[②] 思想政治教育的根本任务也是提高人的思想道德素质，促进人的全面发展，间接地影响着生产力的发展。思想政治教育精神价值的重要功能就是通过影响劳动者的思想素质来反作用于物质生产。劳动者推动社会发展，创造更多的物质财富，

---

① 《马克思恩格斯全集》第1卷，北京：人民出版社1956年版，第460页。
② 王新刚：《反思与建构：思想政治教育基础理论发展研究》，北京：知识产权出版社2013年版，第92页。

自身的技能水平是关键,而技能水平的提高不是自发自觉的,与劳动者的思想素质有很大的关系。思想政治教育精神价值通过提高劳动者思想素质反作用于物质价值主要通过以下方面:

一是引导劳动者树立正确的价值观。一个人的价值观直接影响其对职业的选择,对劳动、对工作的态度。当前有一部分人受社会不良风气的影响,不以"辛勤劳动为荣,好逸恶劳为耻",反倒将辛勤劳动视为"没本事",好逸恶劳成了"潇洒"的表现,那对待工作的态度就可想而知,一心想着怎样耍小聪明、如何投机取巧,根本没想着踏踏实实的工作,一步一步的攻克难关,这样是不会有生产效率的。相反,劳动者在正确价值观的指引下,有崇高的理想信念,有明确的目标与追求,对工作有自己的态度与要求,有自己的职业理想和职业坚守,不会在底线边缘游走,会通过不断提高自己的真才实学、专业素质、技能水平,提高生产效率,创造更多价值,从而推动经济社会的持续发展,最终实现思想政治教育的物质价值。

二是调整转变人的思想观念。一个社会的思想观念是否解放,直接关系到社会的物质生产。只有思想解放了才能以正确思想为指导,解决过去遗留的问题和伴随时代发展新出现的一系列问题,及时改革同生产力迅速发展不相适应的生产关系和上层建筑,确定正确的路线、方针和政策。思想不解放,思想僵化,各种问题就会出现。不讲党性,不讲原则,说话办事"看人下菜";不从实际出发,过分强调经验、本本,书上没有的,文件上没有的,领导人没有讲过的,就不敢多说一句话,多做一件事,生怕担责任,把对领导负责和对人民负责对立起来。这些思想观念既不利于社会的革新进步,也没有践行全心全意为人民服务的宗旨。思想政治教育精神价值通过调整转变人的思想观念来作用于社会现实需要,通过主流价值观的影响,让人们的思想观念适应社会的发展、形势的需要,一方面,社会的教育科学文化能够促进人的思想观念的转变。良好的环境氛围能够无形之中影响人的思想观念,价值主体通过科学文化知识的学习，素质的提升，会逐步意识并改变已经陈旧的和错误的思想观念，认识到其本质和危害性，不断接受、形成正确的思想，转变工作态度。另一方面，新的思想观念能够推动物质生产的发展。社会之变，思想先行。离开了思想解放、观念更新，就谈不上发展，更谈不上跨越发展。在新的思想观念面前，固有的思维定式、传统的主观偏见和行为模式才能慢慢转变，直到没有生存的空间。另外，就是要及时通过社会实践活动将人们头脑中已经转化、更新了的思想、观念、价值观等转化为行动，落实到生产实践中，通过充分调动人们生产的积极性和创造性，激发人们的主体意识、竞争意识，推动生产力的发展，创造物质财富，以满足经济社会发展的需求反作用于思想政治教育的物质价值。

2. 调动劳动者积极性，推动社会经济的发展

积极性是推动劳动者创造更高效率物质成果的重要精神动因。一是通过调动积极性，激发人的潜能来实现。社会经济发展是建立在攻克一个又一个难关，解决一个又一个新问题的基础之上，很多社会问题都是深层次的问题，牵扯很多人员、利益、矛盾，可以说"牵一发而动全身"。劳动者如果缺乏劳动积极性、缺乏韧性，就会很容易被眼前的困难吓住，安于现状，不思进取。尤其是我国当前改革已步入深水区，剩下的都是难啃的硬骨头，只有劳动者充满积极性，才能充满斗志、热情地去撬开缺口，攻克难题，而这个过程往往就是潜能激发的过程，但斗志和热情则是潜能激发的前提。人的潜能的爆发才能突破瓶颈，找到解决问题的关键，从而突破难关，创造奇迹，提升效率。比如，华为公司，华为之所以能有今天在全球的地位，与其对员工积极性的充分调动不无关系。华为坚持"以奋斗者为本"，只要你肯奋斗，就有机会、就有平台。在工作中以责任贡献来评价员工和选拔干部，为员工提供全球化发展平台和与世界对话的机会，大量年轻人得以有机会担当重任，快速成长，十几万员工通过个人的不懈努力，收获了合理的回报与值得回

味的人生经历。而在这样的理念和平台之下，众多华为人努力拼搏，才能得到充分发挥，既实现了自身价值，也创造了巨大的社会价值。二是劳动者能够自觉劳动且尽职尽责。思想政治教育是人类特有的一种精神生产活动。思想政治教育通过调动人们生产的积极性和创造性，改变人们的劳动态度，激发人们的事业心、责任感和敬业精神，形成主体意识和竞争意识，树立效益观念和科学技术观念，而这些意识、观念形成后劳动者的工作就会是积极主动的，且是自觉自愿的劳动，在劳动的过程中不会偷懒、推诿，而是会尽职尽责，一旦发现自己的不足，就会积极主动的通过学习等方式改进、提高以满足工作的需要，劳动者这个要素又会直接影响生产力各要素的作用方式，推动生产力的快速发展，创造更多的物质财富。

3. 营造促进物质文明建设的良好精神氛围

良好的环境氛围是进行物质文明建设的重要保证。毛泽东指出："提高劳动生产率，一靠物质技术，二靠文化教育，三靠政治思想工作。后两者都是精神作用。"[1] 如何体现精神氛围的精神作用主要体现在以下方面：

（1）正确的目标导向

当前我国正处于实现中华民族伟大复兴的关键时期，只有全国上下团结一心，劲往一处用，力往一处使，我们才能达成目的。当前改革进入攻坚期，经济发展处于增长速度换挡期、结构调整阵痛期和前期刺激政策消化期"三期叠加"阶段，经济下行压力较大，如何坚持以提高发展质量和效益为中心，真正让老百姓享受到改革和发展的成果，是当前经济社会面临的重大挑战。与此同时，多种社会思潮，多元价值理念，国外敌对势力有意识的破坏，对人们的思想、价值观影响很大，如果得不到及时的思想引导，思想出现偏差，方向出现问题，就会直接影响物

---

[1] 《毛泽东文集》第8卷，北京：人民出版社1999年版，第124—125页。

质生产的方向和效率。对此,在社会层面一定要积极宣传党的路线方针政策,进行正面的舆论引导,明确中华民族伟大复兴中国梦这一伟大梦想、伟大目标,明确目标导向,提供精神动力,这样才能凝心聚力,指引全国人民沿着这一目标奋力前行。

(2) 宣传物质文明建设中出现的新的精神

伴随着改革开放四十年,在中国特色社会主义建设中,伴随着经济社会发展取得的巨大成就,在不同的社会阶段很多取得突出成就的行业、群体、个体涌现,凝练出了很多新的精神。包括"红旗渠精神""两弹一星精神""航空航天精神""女排精神""载人航天精神""奥运精神""伟大抗震救灾精神"等,这些精神背后不仅创造了推动社会物质发展的巨大成就,精神的力量更是激励中华儿女不断向前的永恒力量。对此,要及时对物质文明建设中出现的新的精神进行宣传,使之成为激励下一轮物质文明建设的精神动力。

(3) 宣传英雄模范人物,营造正面舆论氛围

在社会物质文明建设中涌现出来的英雄模范人物,都是来自于各行各业的普通劳动者,但他们的努力奋斗、无私奉献是社会发展不可或缺的一部分力量,对他们进行宣传教育,不仅是对他们为社会发展做出贡献的认可,而且更有说服力,让大众有亲切感。这些英雄模范人物的先进理念、奉献精神、道德品质更值得记录、凝练和传播,这是时代发展的精神财富,更多的人受到这些先进理念、精神的感染,将之运用于物质文明建设的实践,会产生更广泛的社会作用,创造更多的物质成果。比如,"最美中国人"系统人物郭明义、沈浩、杨善洲、张丽莉、吴斌、高铁成……及时对他们的先进模范事迹进行宣传、报道,非常有利于营造良好的正面舆论氛围。

当然除了宣传英雄模范人物、弘扬正能量,良好精神氛围的形成还需要及时处理社会层面的消极负面因素、错误思想、价值观等。对于过度追求物质利益无视道德底线甚至触碰法律红线的行为一定要严厉惩

罚，比如"假疫苗"事件；对于社会层面的急功近利、金钱、享乐至上的思想则要及时抑制、清理，甚至可以采取适当的措施予以打击，而不能听之任之，这样才能给大众一个明确的目标和价值导向。

第五章 思想政治教育价值的纵向结构

从纵向结构与横向结构两个方面探讨思想政治教育价值结构是深入研究它的一个新的视角。前一章研究了思想政治教育价值的横向结构，本章将探讨思想政治教育价值的纵向结构。思想政治教育价值纵向结构包括的内容有：思想政治教育社会价值、集体价值和个体价值。

一、思想政治教育社会价值

思想政治教育社会价值在思想政治教育价值纵向结构中处于统领地位，它对思想政治教育集体价值、个体价值的生成和实现起引领和保证作用。

(一) 思想政治教育社会价值的含义、类型和特性

要厘清思想政治教育社会价值在整个纵向价值结构系统中的地位和作用，首先要对思想政治教育社会价值的含义、类型及特性等基本概念的内涵界定清楚，才能为研究后面的问题奠定基础。

1. 思想政治教育社会价值的含义及其解析

思想政治教育社会价值，是指思想政治教育以其功能满足社会和谐稳定、持续发展需要的效益关系。要准确理解该定义的内涵，必须把握

其基本要点。思想政治教育社会价值含义的要点有以下四个方面：

（1）社会是思想政治教育社会价值的价值主体

社会是不断运动变化的，在不同阶段有不同的发展主题，而发展主题则是由当时社会的主要矛盾决定的。由于社会在不同阶段要解决的主要矛盾和发展主题不同，思想政治教育社会价值主体的需要就不一样。改革开放初期，我国社会的主要矛盾是人民日益增长的物质文化生活需要与落后的社会生产之间的矛盾。社会发展的主题就是以经济建设为中心，解决温饱问题。这时，思想政治教育社会价值主体的需要就是通过改革开放，加强经济建设，创造更多的物质和精神财富，提高人民群众的物质文化生活水平。作为价值客体的思想政治教育通过自己功能的发挥，满足社会的这一需要，就形成了改革开放初期的思想政治教育社会价值。进入新时代以来，我国社会的主要矛盾发生了变化。党的十九大报告指出，我国社会的主要矛盾已经转化为人民日益增长的美好生活需要与不充分不平衡发展之间的矛盾。社会主要矛盾的变化，中国特色社会主义建设的主题是全面建成小康社会，建设富强民主文明和谐美丽的社会主义现代化强国，实现中华民族的伟大复兴。这一时期，思想政治教育社会价值主体的需要是继续深化改革，决胜全面建成小康社会，大力提升综合国力和人民群众的物质文化生活水平，实现中华民族伟大复兴的中国梦。思想政治教育社会价值客体的任务就是通过培养德智体美劳全面发展的人才来满足社会价值主体的这一需要，充分发挥新时代思想政治教育社会价值的作用。

（2）思想政治教育是思想政治教育社会价值的价值客体

价值客体的任务是以自己的功能满足价值主体的需要。前面已分析过，价值主体的需要会随着社会的发展而变化，因此，价值客体的功能也应随之而变。这样才能与价值主体需要的变化相适应，发挥其应有的功能去满足价值主体新的需要。思想政治教育功能只有做到了与时俱进，才能更好满足价值主体的需要，增强思想政治教育的社会价值，促进社会的发展。反之，如果价值主体的需要得不到满足，社会政治、经济、文化的发展速度就会降低，我国社会发展的战略目标就无法按时实现。

(3) 实践活动是连接思想政治教育价值主客体的桥梁

思想政治教育价值主客体不能直接发生联系，只有通过实践活动这个桥梁，作为价值客体的思想政治教育功能才能满足作为价值主体即社会发展的需要，从而产生和发挥出思想政治教育的社会价值。离开思想政治教育实践活动这个桥梁，思想政治教育社会价值主体与客体之间就无法沟通。这样，思想政治教育的社会价值既不能产生，更发挥不了作用。

(4) 价值主客体之间的关系是效益关系

思想政治教育价值主客体之间的关系有四类：高效益关系、一般效益关系、低效益关系和无效益关系。我们研究思想政治教育社会价值的目的，是希望价值主客体之间的关系是高效益关系，至少是一般效益关系，尽量避免低效益关系和无效益关系。要做到这一点，就要根据社会的现实状况及发展趋势，正确判断社会发展需要的程度，即社会发展确立的需要既不能过高，也不能过低，必须符合我国的国情。在过去"极左"思想盛行的时候，在建设上急于求成，人为地拔高了社会的需要，结果违背了经济发展的规律，造成了重大损失，严重阻碍了经济的发展。思想政治教育社会价值主客体之间要产生高的效益关系，必须具备三个基本条件：价值主体的需要符合社会发展的实际情况；价值客体的功能要强；实践活动效果好。因此，思想政治教育社会价值主体的需要一定要符合我国的国情与实现战略目标的要求。思想政治教育社会价值客体的功能要根据价值主体需要的提高而不断增强。由于实践活动是沟通价值主客体的桥梁，实践活动必须产生好的效果，才能为价值主客体之间产生高效益的价值关系提供有利条件。

通过以上对思想政治教育社会价值含义的界定及要点的解读，不仅使我们更深层次地理解了社会价值的内涵,而且对后面问题研究的展开作了很好的铺垫。

2. 思想政治教育社会价值的类型

思想政治教育社会价值按照不同的标准可以分为不同的类型,关于思想政治教育社会价值的类型,可以分为以下几类:

(1) 发达地区社会价值、较发达地区社会价值和落后地区社会价值

按照地区经济发展水平为划分标准,思想政治教育的社会价值,可分为发达地区思想政治教育的社会价值、较发达地区思想政治教育的社会价值和落后地区思想政治教育的社会价值。我国各地自然环境和社会环境差异较大,造成地区之间发展的不平衡。各地区之间发展的不平衡不仅影响到国家的发展速度和人民群众生活水平的提高,还造成了各地区之间思想政治教育社会价值的差异。经济发达地区,社会总体发展水平较高,社会发展需要的程度处在较高水平,开展思想政治教育活动的条件好,思想政治教育工作者和教育对象素质普遍较高,思想政治教育价值客体功能强大,该地区思想政治教育的社会价值层次自然较高。以北上广深为代表的一线城市为例,这四个城市在2018年每个市的生产总值都突破了2万亿元,其中上海市生产总值3.2679万亿元,北京市生产总值3.0320万亿元,广州市生产总值2.3万亿元,深圳市生产总值2.4万亿元。这四个城市经济发展的水平高,社会发展的需要和城市的综合实力必然处在一个较高的层次。这就给思想政治教育功能的发挥提供了良好的条件,使这四个城市思想政治教育社会价值能够达到较高的层次。较发达地区思想政治教育社会价值的层次则比发达地区社会价值的层次要低,其根本原因是因为它的经济发展水平比发达地区低,为思想政治教育提供的物质条件较差。而落后地区,由于经济发展水平与发达地区差异大。比如,2018年新疆维吾尔自治区的乌鲁木齐生产总值3099亿元,云南省昆明市生产总值5206.9亿元,贵州省贵阳市实现地区生产总值3798.45亿元。这些城市经济发展水平低,社会需要的程度

必然受到制约,给思想政治教育提供的条件有限,人的素质,特别是文化素质提升慢,社会低层次的需要和思想政治教育较弱的功能结合,只能形成低效益的价值关系和低的社会价值。要提高这些地区思想政治教育社会价值,首要的任务是利用本地的自然资源优势,大力发展经济。

研究不同地区思想政治教育的社会价值,很有现实意义。一是理论界很少有研究不同地区思想政治教育社会价值的成果问世。因此,研究不同地区思想政治教育的社会价值,对于各地根据自己的实际情况加强和改进思想政治教育具有现实意义。二是落后地区思想政治教育社会价值偏低。这种状况的存在既严重制约该地区精神文明建设的成效和当地的发展,还会影响到我国社会主要矛盾的解决。

(2) 政治价值、经济价值和文化价值

按价值构成的内容为标准,思想政治教育价值可以划分为经济价值、政治价值和文化价值。

思想政治教育政治价值,是指思想政治教育以其功能和属性满足社会政治平稳有序健康发展需要的效益关系。社会的发展在政治上存在以下需要:政治制度的巩固、政治理论的创新、政治体制的完善、政治文化的活跃等需要。作为价值客体的思想政治教育通过政治活动、科学研究、理论传播;营造政治体制改革舆论;丰富政治文化等功能的发挥来满足以上社会政治发展的需要。

思想政治教育经济价值,是指思想政治教育以其功能和属性满足社会经济建设发展需要的效益关系。经济是社会发展的基础,社会经济发展的需要主要有:社会物质财富的增加、经济结构的调整、社会经济效益的提高、人民群众物质生活水平的增长、自然生态的平衡等。思想政治教育能够通过其导向功能、激励功能、组织协调功能等满足以上社会经济发展的需要,形成思想政治教育的经济价值。

思想政治教育文化价值,是指思想政治教育以其功能和属性加强文化建设,满足社会主义文化繁荣和人民群众文化品位提高需要的效益关系。社会文化建设、文化繁荣和人民群众文化品位提高的需要主要有：科学和教育的发展、文学艺术的繁荣、文化制度建设、文化产业发展、人民群众文化生活的丰富等需要。思想政治教育通过对优秀传统文化传承功能、文化的创新功能、文化建设功能和文化传播功能的发挥来满足社会文化建设、文化繁荣和人民群众文化品位提高的需要，形成思想政治教育的文化价值。

因本部分内容在思想政治教育社会价值内容章节会详细阐述，在此就不再赘述。

（3）思想政治教育社会物质价值和精神价值

按思想政治教育价值构成要素的性质，思想政治教育社会价值可划分为思想政治教育社会物质价值和社会精神价值。

思想政治教育社会物质价值，是指思想政治教育以其功能满足社会物质文明建设需要的效益关系。物质文明主要包括自然物质文明和社会物质文明。加强自然物质文明建设，就要坚持习近平总书记在党的十九大报告中提出的，"必须树立和践行绿水青山就是金山银山的理念"，"我们要建设的现代化是人与自然和谐共生的现代化，既要创造更多物质财富和精神财富以满足人民日益增长的美好生活需要，也要提供更多优质生态产品以满足人民日益增长的优美生态环境需要"。① 自然物质文明是社会物质文明产生和发展的基础，只有重视自然物质文明建设，才能促进社会物质文明的发展。社会物质文明是加工、改造自然物质因素的产物，主要表现为物质生产方式、物质生产产品和经济生活的进步。它既为人民群众提供丰富的物质产品，又为推动人类社会本身的进步创造了优越的、必要的、先决的条件。思想政治教育通过培养建设人才、理论创新和理论宣传等功能促进物质文明建设的发展。

---

① 《中国共产党第十九次全国代表大会文件汇编》，北京：人民出版社2017年版，第40—41页。

社会精神价值,是指思想政治教育以其功能满足社会精神文明建设需要的效益关系。精神文明是指人类在改造客观世界和主观世界的过程中所取得的精神成果的总和,是人类智慧、道德的进步状态。社会主义精神文明建设包括思想道德建设和教育科学文化建设。思想建设是要解决中华民族的精神支柱和精神动力问题;教育科学文化建设是要解决中华民族的科学文化素质提高的问题。精神文明建设在社会主义建设中发挥着重要作用。当前,中国特色社会主义进入新时代,思想政治教育要提高自身功能,满足社会精神文明建设的需要,充分体现出它的精神价值。

3. 思想政治教育社会价值的特性

思想政治教育社会价值作为思想政治教育价值体系中的重要组成,有其特有的属性。其特性主要有:

(1) 时代性

思想政治教育社会价值的时代性,是指思想政治教育社会价值在其发展过程中具有一定历史时期的属性。无论是作为价值主体的社会其发展的需要,还是作为价值客体的思想政治教育,以及两者所处的社会大环境都要受所处的历史时期的制约。这样,思想政治教育社会价值就形成了它的时代特性。当前,中国特色社会主义进入新时代,习近平总书记在党的十九大报告中指出,在全面建成小康社会的基础上,分两步走在本世纪中叶建成富强民主文明和谐美丽的社会主义现代化强国。这就使得现在的思想政治教育社会价值的内涵及实现方式不同于20世纪80年代和90年代,它必须具有新时代的特性。认识思想政治教育社会价值的时代性特性,对于我们科学研究、发挥新时代思想政治教育社会价值的作用具有现实意义。

(2) 层次性

思想政治教育社会价值的层次性,是指思想政治教育社会价值体系具有等级的属性。思想政治教育社会价值的层次性主要表现在两个方面：一是从思想政治教育社会价值二级系统等级的角度看。思想政治教育社会价值作为一级系统，必然有其二级系统，其内容有：思想政治教育地区的社会价值、思想政治教育集体的社会价值和思想政治教育个体的社会价值。二是从思想政治教育社会价值的质量角度看。由于思想政治教育社会价值的价值主客体及其实现的条件有层次的差异，这就形成了思想政治教育社会价值的高价值、中等价值和低价值三个层次。

（3）变动性

思想政治教育社会价值的变动性，是指思想政治教育社会价值在其演变过程中具有动态变化的属性。思想政治教育社会价值之所以具有变动性的特性，其主要原因有：一是思想政治教育社会价值随着时代的发展而发生变化。由于时代的发展，既会影响思想政治教育社会价值价值主体需要类型的增加、需要层次的提高，还会促进思想政治教育社会价值客体功能的增强以及社会价值实现环境的变化。这些价值主客体的变化自然会使得思想政治教育社会价值发生变动。但这个变动性并不是直线式，而是波浪式的或是螺旋式发生的。二是思想政治教育社会价值系统内部的矛盾运动。思想政治教育社会价值系统内的构成要素之间会产生矛盾，比如，价值主客体之间就存在矛盾，二者间的矛盾运动会促进思想政治教育社会价值发生变动。

（4）复杂性

思想政治教育社会价值的复杂性，是指思想政治教育社会价值的构成要素、类型、所处的社会环境具有多而杂的属性。价值主客体类型众多，价值主体的需要、价值客体的功能参差不齐，思想政治教育环境因素又复杂多变。复杂性的要点有三：一是构成要素的复杂性。具体表现为价值主体发展需要的复杂性。价值主体是社会，社会发展的需要繁杂多元，有政治、经济、文化发展的需要。政治、经济、文化三个系统中又包含着众多的内容。比如政治系统中，既有政治理论发展的需要、政治体制发展的需要,还有政治路线、方针、政策等发展的需要。作为价值客体的思想政治教育也是一个复杂系统。它的构成要素众多,构成要素有思想政治教育者、受教育者、教育内容、教育方法、教育价值、教育载体等。这些要素都会影响到思想政治教育功能的强弱。价值内容也是复杂的。既有层次的区别,比如,从层次上看,有社会价值、集体价值和个体价值。从横向看,有思想政治教育的物质价值和精神价值。实践活动具有复杂性。实践活动是思想政治教育社会价值的重要构成部分,它的复杂性主要表现为:既有单位内的实践活动和单位外的实践活动,又有专业的实践活动和非专业的实践活动。每类实践活动的内容、方式及产生的效果区别较大。二是思想政治教育社会价值的类型具有复杂性。思想政治教育社会价值的类型按照划分标准的不同,可以划分为不同类型,比如,按照价值构成的层次,分为社会价值、集体价值和个体价值。按照价值的质量,分为高价值、中价值和低价值。按照价值构成要素的性质分为物质价值和精神价值。三是思想政治教育社会价值的环境具有复杂性。思想政治教育社会价值环境的构成因素既有积极因素,也有消极因素;既有政治因素,也有经济因素和文化因素。研究思想政治教育社会价值的复杂性,便于我们有针对性地采取多种措施来解决社会价值中存在的问题,增强社会价值的效果。

(二) 思想政治教育社会价值的内容

前文已经探讨过思想政治教育社会价值按照不同的划分标准可以分为不同的类型,本节我们将重点阐述思想政治教育的经济价值、政治价值和文化价值。

1. 思想政治教育经济价值

研究社会价值为什么要先讨论经济价值呢?因为它是政治价值和文化价值形成的基础。思想政治教育经济价值的含义在前面已有表述,本部分主要探讨思想政治教育如何以自己的功能来满足社会经济发展的需要。思想政治教育虽不直接参与经济建设活动，但它通过树立新的发展理念、营造良好的经济建设环境等措施推动经济建设的发展。具体体现在以下方面：

(1) 树立新的发展理念

人的行为及其产生的效果与他的理念有密切关系。在经济领域活动的劳动者，必须树立新的发展理念才能提高生产效率，取得良好的经济效益。改革开放初期，深圳特区的思想政治教育者引导人们树立了创新理念、竞争理念、时间就是金钱等理念。这些理念激励深圳特区的劳动者创造出了深圳特区经济高速发展的奇迹。在决胜全面建成小康社会，实现中国梦的新时代，思想政治教育要帮助人们树立创新创业理念、人才强国理念、科教兴国理念、参与国际竞争理念、可持续发展理念、生态文明理念等。思想政治教育只有引导劳动者树立了这些新时代经济发展必不可少的理念，才能激发劳动者的创造性和积极性，推动经济的高质量发展。

(2) 提高劳动者的思想素质和劳动技能

在不少人的心目中，思想政治教育只创造精神财富，不创造物质财富。事实并非如此，思想政治教育同样创造物质财富。思想政治教育如何促进经济发展，创造物质财富的呢？我们从经济活动的构成要素来作分析。经济活动构成的要素主要有三个：劳动者、劳动工具和劳动对象。下面我们从劳动者与生产工具的关系来分析思想政治教育如何对劳动者创造物质财富起作用的。思想政治教育如何创造物质财富，先见以下图示：

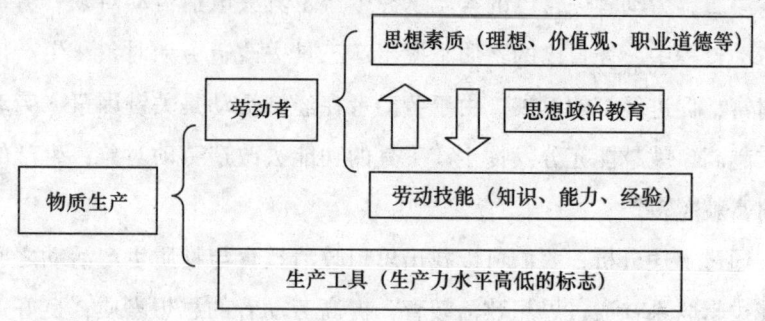

从以上可以看出思想政治教育对经济发展有作用，而且这一作用是必不可少的。其理由如下：

第一，思想政治教育能够提高劳动者的思想素质和劳动技能。在经济活动中的关键因素是劳动者，而劳动者的素质又是其中的重要因素。思想政治教育是如何提高劳动者的思想素质和劳动技能的呢？首先，思想政治教育提高劳动者的思想素质。在劳动者的素质中对创造物质财富起重要作用的素质有理想信念、价值观、职业道德和劳动积极性等。思想政治教育通过理论教育、实践锻炼、舆论鼓动等形式，指导劳动者树立科学的理想信念、价值观、职业道德和劳动积极性等思想素质。其次，劳动者的思想素质会指导他去学习和提高劳动技能。要分析思想素质如何指导劳动技能的提高，先看劳动技能内含哪些要素。劳动技能内含的要素有：专业知识、专业能力、劳动经验。劳动者在思想政治教育的影响下形成的理想信念、价值观会指导他去学习实现自身理想信念和人生价值的专业知识，培养专业能力，积累劳动经验，形成自己的劳动技能。具体来讲，在良好思想素质的支配下，劳动者为了实现自己的理想信念、价值观，就会自觉刻苦地在实践活动中积累劳动经验，掌握业务知识，培养业务能力，从而全面培养和提高自己的劳动技能。最后，劳动者的整体素质被提高。劳动者的思想素质指导其培养劳动技能，劳动技能形成后会反过来促进劳动者思想素质的提升。思想素质与劳动技能的相互促进，会促进劳动者整体素质的提高。

第二，劳动者凭自己的素质掌握生产工具去改造劳动对象。劳动者在劳动过程中，凭自己的素质掌握生产工具去改造劳动对象，生产出物质财富，促进经济的发展。由于劳动者在经济活动是关键因素，劳动者素质越高，就越能充分发挥生产工具的功能去改造劳动对象，生产的物质财富就越多。

通过上述分析，我们可以找出思想政治教育与物质生产活动之间的内在逻辑联系：通过思想政治教育，提高劳动者的思想素质；良好的思想素质指导劳动者自觉地去培养劳动技能;思想素质与劳动技能相互作用的结果是劳动者素质的提高;劳动者凭借自己的素质运用劳动工具去改造劳动对象,就能创造出物质财富。

把上述过程概括起来,用一句话就可得出结论:思想政治教育是通过提高劳动者的素质即培养人才来创造物质财富的,只不过思想政治教育对物质财富的生产发挥的是间接作用。

(3) 建设推动经济发展的社会环境

社会环境是经济活动的空间,经济要发展,需要社会环境给它提供物质条件和精神资源。思想政治教育能够通过建设社会环境,为经济发展提供精神动力。具体来讲,思想政治教育通过宣传党的路线方针政策、倡导健康的社会风气和营造良好的舆论氛围,为经济发展提供精神动力。

2. 思想政治教育政治价值

思想政治教育政治价值在思想政治教育社会价值中起主导作用,其作用主要体现在以下方面:

(1) 推进政治建设,保证政治方向

党的政治建设是党的根本性建设,决定党的建设方向和效果。政治方向是党和国家生存发展的首要问题,事关党的前途命运和国家的兴衰成败。习近平总书记在党的十九大报告中指出:"把党的政治建设摆在首位。旗帜鲜明讲政治是我们党作为马克思主义政党的根本要求。保证全党服从中央,坚持党中央权威和集中统一领导,是党的政治建设的首要任务。"① 思想政治教育对于推进政治建设具有重要作用。其作用主要表现为:一是维护党中央的权威和实行集中统一领导。维护党的领导,最根本的就是保证党的核心地位不动摇。思想政治教育要引导民众自觉

---

① 《中国共产党第十九次全国代表大会文件汇编》,北京:人民出版社2017年版,第50页。

维护党中央的权威，紧密团结在以习近平总书记为核心的党中央周围。二是坚定不移地贯彻执行党的政治路线。要通过思想政治教育，引导党员和群众坚决执行党的政治路线，严格遵守政治纪律和政治规矩，在政治立场、政治方向、政治原则、政治道路上同党中央保持高度一致。要严肃党内政治生活，自觉抵制各种错误思想对党内生活的侵蚀。三是坚持党的民主集中制。要坚持民主基础上的集中和集中指导下的民主相结合，既要充分发扬民主，听取群众意见，又要将人民群众的智慧集中统一起来。四是要加强党员尤其是党的领导干部的党性修养和政治能力。要不忘初心，坚持全心全意为人民服务的宗旨，为民造福，永葆共产党人的政治本色。

在思想政治教育活动中要针对当前政治建设存在的问题，采取得力措施，积极推进政治建设，保证我国发展的政治方向。

（2）加强思想建设，提升思想素质

党的思想建设，是指党为保持自己的先进性、创造力、凝聚力和战斗力而创立新思想的工作。"思想建设是党的基础性建设。"[①] 思想建设的主要任务：首先，坚持马克思主义的思想领导，保持全党在思想上政治上的高度一致和党的先进性。其次，树立坚定的理想信念。要用马克思主义科学理论，特别是习近平新时代中国特色社会主义思想武装全党，树立坚定的理想信念，要坚定共产主义远大理想和中国特色社会主义共同理想。再次，形成科学的世界观、人生观、价值观。在思想政治教育中，要加强理论教育，引导全党认识各种错误思想的表现形式及其危害，改造和克服党内一切非无产阶级思想。在提高思想认识的实践中，形成科学的世界观、人生观、价值观。最后，要加强学习。弘扬马克思主义学风，推进党员干部学习常态化制度化，用科学的理论、党的

---

① 《决胜全面建成小康社会 夺取新时代中国特色社会主义伟大胜利》，北京：人民出版社2017年版，第63页。

创新理论武装头脑,不断提升党员干部的思想素质。

(3) 加强组织建设

党的组织建设,是指党的组织制度、党的中央组织、党的地方组织、党的基层组织、党的干部、党的纪律、党的纪律检查机关、党组等内容。主要包括民主集中制建设、党的基层组织建设、干部队伍建设和党员队伍建设等内容。习近平总书记多次强调,党的力量来自组织。党的领导、党的路线方针政策要靠党的坚强组织体系去落实。思想政治教育要通过理论宣传、党组织的各种活动,教育群众自觉做到思想上认同组织、政治上依靠组织、工作上服从组织、感情上信赖组织,为加强组织建设做出自己的贡献。

3. 思想政治教育文化价值

文化有广义和狭义之分。本节所探讨的文化指狭义的文化,主要指教育、科学、文艺、卫生、体育等。思想政治教育文化价值,是指思想政治教育以自己的功能满足教育、科学、文艺、卫生、体育等发展需要的效益关系。思想政治教育文化价值主要体现在以下方面:

(1) 宣传党的文化建设的路线方针政策

加强文化建设,要大力宣传习近平总书记关于文化建设的重要论述,坚定不移地执行党的文化建设的路线方针政策,深化教育、科学、文艺、卫生、体育等体制的改革,不断激发文化领域的创新创造活力。促进教育、科学、文艺、卫生、体育等事业的健康发展,使其更好地为我国的现代化建设服务,不断提高全民的文化素养和文化生活水平。

(2) 提高文化工作者的素质

文化工作者的类型很多,本文主要谈对思想政治教育影响最大的两类文化工作者:教师和文艺工作者。教师既是文化的传播者,文化薪火传承人的培养者,还是德智体美劳全面发展的社会主义建设者和接班人的塑造者。要发挥教师的重要作用,应按照习近平总书记提出的"四有教师"的要求，提高教师的素质，使其成为人民满意的教师。理论工作者既是理论的创造者，也是理论的播撒者，他们在思想政治教育中起着独特的作用。他们用科学理论武装教育对象的头脑，净化他们的心灵，提高教育对象的理论素养。文艺工作者的素质如何提高，习近平总书记在2018年8月21至22日召开的全国宣传思想工作会议上的讲话中指出："引导文艺工作者树立正确的历史观、民族观、国家观、文化观，自觉讲品位、讲格调、讲责任，自觉遵守国家法律法规，加强道德品质修养，坚决抵制低俗庸俗媚俗，用健康向上的文艺作品和做人处事陶冶情操、启迪心智、引领风尚。要推出更多健康优质的网络文艺作品。"①他这里讲的是文艺工作者应该提高什么素质，但其精神实质适用于所有的文化工作者。2019年3月4日下午习近平在看望参加政协会议的文艺界社科界委员时强调，"文化文艺工作者、哲学社会科学工作者都肩负着启迪思想、陶冶情操、温润心灵的重要职责，承担着以文化人、以文育人、以文培元的使命。大家理应以高远志向、良好品德、高尚情操为社会作出表率。要有信仰、有情怀、有担当，树立高远的理想追求和深沉的家国情怀，努力做对国家、对民族、对人民有贡献的艺术家和学问家。要坚守高尚职业道德，多下苦功、多练真功，做到勤业精业。要自觉践行社会主义核心价值观，自尊自重、自珍自爱，讲品位、讲格调、讲责任。"② 文化工作者只有具备了较高的素质，才能坚持正确的价值导向，扎根现实生活、扎根群众、丰富生活积淀，在深化艺术实践、积极探索创新中提高文艺表现力，创造出更多的文化精品，推动文化繁荣发展，以高质量文化供给增强人们的文化获得感、幸福感，用高品位的文化产品为我们的时代注入强大精神力量，用明德引领风尚，用高雅健康

---

① 习近平：《举旗帜聚民心育新人兴文化展形象更好完成新形势下宣传思想工作使命任务》，载《人民日报》，2018年8月23日，第1版。
② 习近平：《坚定文化自信把握时代脉搏聆听时代声音 坚持以精品奉献人民用明德引领风尚》，载《人民日报》，2019年3月5日，第1版。

的文艺作品塑造人们高尚的道德情操。

（3）提升文化教育对象的素养

文化教育对象是文化价值的价值主体，他们素质的高低直接影响到文化价值的强弱。因此，要通过思想政治教育，提高他们的思想政治道德素质、知识素质、创新能力素质和身心素质，使之成为有素养的品行高尚的人。

（4）营造健康向上的文化氛围

健康向上的文化氛围是文化价值产生和发挥作用的外部条件。思想政治教育要运用人民群众喜闻乐见的多种形式，传递文化正能量，树立正确的文化导向、价值导向和审美导向，要营造尊重知识、尊重科学的氛围。坚决抵制、肃清文化领域的各种错误思想和腐朽没落的乱象，营造健康向上的文化氛围。

（5）积极改善文化工作的物质条件

虽然思想政治教育活动并不能直接改善物质条件，但通过宣传造势、营造舆论，让人们特别是主管物质条件的部门认识到教育、科技、文化、体育事业的发展需要必不可少的物质条件，而且物质的投入还相当大，比如，教育、理论和文艺的发展就需要靠强大的人力、财力、物力来支撑。各级领导和有关部门应积极改善文化工作的物质条件，促进社会主义文化的繁荣。

（三）思想政治教育社会价值的定位及功能

研究思想政治教育社会价值的定位，找到社会价值在思想政治教育价值系统中的准确位置，对于深入探讨思想政治教育社会价值及其功能具有重要作用。思想政治教育的社会价值、集体价值和个体价值是思想政治教育价值系统下的子系统，它们三者在价值系统中各有自己的地位和作用。

1. 思想政治教育社会价值的定位

思想政治教育社会价值的定位，是指确定思想政治教育社会价值在思想政治教育价值系统中所处的位置。思想政治教育社会价值的定位可以从两个方面去探讨。

(1) 研究思想政治教育社会价值在整个思想政治教育价值系统中的定位

在整个思想政治教育价值系统中，思想政治教育社会价值属于二级系统，与思想政治教育价值系统是局部与整体的关系。它们二者的关系表现为：思想政治教育价值系统影响、制约思想政治教育社会价值的生成和实现。思想政治教育价值系统的正常运行，能够促进思想政治教育社会价值的提高，反之，则削弱思想政治教育社会价值的效果。作为二级系统的思想政治教育社会价值能够得到实现，则会影响到思想政治教育价值系统的完善和功能的增强。

(2) 研究思想政治教育社会价值在二级系统中的定位

思想政治教育社会价值与同处于二级系统中的集体价值和个体价值之间，它的位置何在？研究思想政治教育社会价值在二级系统中的定位就是要回答这个问题。思想政治教育社会价值在与集体价值和个体价值的联系中，它处在主导的位置，引导、制约着二者的发展。集体价值和个体价值发展得好坏与社会价值的引导、制约有密切关系。集体价值和个体价值虽然受制于社会价值，但对它有反作用。由于思想政治教育个体价值是社会价值系统的基础，集体价值是中介，它们会影响到社会价值的质量和发展。

2. 思想政治教育社会价值的功能

研究思想政治教育社会价值，就是希望它的功能能够充分发挥，从而增强思想政治教育活动的实效性，为社会培养更多的全面发展的建设人才。思想政治教育社会价值的功能主要体现在以下方面：

(1) 引导功能

引导功能，是指思想政治教育社会价值引领着人们为实现某个目标的行动过程中产生的有利作用。引导功能是思想政治教育社会价值的基本功能，在新时代，它引领着人民群众朝着实现中华民族伟大复兴的目标前行。思想政治教育社会价值的引导功能主要表现为政治导向和业务导向。政治导向主要是通过理论教育、思想观念更新，树立理想信念，确立奋斗目标等，引领人民群众沿着建设中国特色社会主义现代化强国的道路前行。业务导向则是通过培养人生观、价值观，鼓励人们勤奋学习专业知识，掌握现代科学技术，培养过硬本领，在业务活动中为国家的发展创造更多的物质财富和精神财富，为实现中国梦建功立业。

(2) 促进功能

促进功能，是指思想政治教育社会价值在推动社会向前发展时产生的有利作用。促进功能主要表现为：一是促进整个社会朝着正确的方向运行。在我国，就是朝着实现中国梦的方向发展。二是推动集体、个人在整个社会导向下不断激励自身前进。思想政治教育要帮助人们认识到，无论是集体，还是个体只有树立与这个社会同心同向的理想信念，将个人的发展、得失与国家、民族的命运联系在一起，才能顺应时代发展的要求，在实现社会价值的同时，实现集体价值和个体价值。

(3) 育才功能

育才功能，是指思想政治教育社会价值在培养人才的过程中产生的有利作用。思想政治教育社会价值的实质是为国家的昌盛，民族的繁荣培养各种类型的建设人才。因此，思想政治教育社会价值的重要功能就是立德树人、培养人才。思想政治教育社会价值育才功能就是通过思想政治教育价值的发挥，教育、改造教育对象的思想，提高其素质，将他们培养成为社会发展需要的建设人才。人的思想具有极大的可塑性，既可以朝正确的方向发展，成为社会的建设者，也可能走入歧途，成为社会的危害者。思想政治教育社会价值的育才功能就是按照社会发展对人才素质的要求,通过理论教育、实践锻炼和榜样示范等形式,培养德才兼备、全面发展的人才。

(4) 制约功能

思想政治教育社会价值制约功能,是指思想政治教育社会价值在克服错误思想对人和社会发生消极影响时产生的限制性作用。思想政治教育社会价值制约功能的制约作用主要表现为:

社会规范的制约。社会规范,是指社会约定俗成或明文规定的标准。为了保证人的学习、工作和生活的正常进行,以及社会的平稳有序发展,社会一定要用有关的规范来约束社会成员的错误思想和行为。由于每个人都是成长、发展于错综复杂的社会环境之中,社会环境中的错误思想、陈旧理念会影响人形成错误思想,产生错误行为。思想政治教育社会价值的制约功能就是通过社会规范、社会舆论等形式要求教育对象自觉遵守社会规范,克服错误思想、陈旧理念的影响,自觉控制错误行为的发生。如果违背了社会规范,发生了对社会产生危害的错误行为,将会受到社会规范的强制约束,甚至是惩罚。

社会舆论的制约。社会舆论,是指相当数量的社会成员对某一问题的共同倾向性看法或意见。由于社会舆论是以拥护或反对、赞扬或谴责的方式对某一问题作公开的评价,因此,社会舆论能够对社会成员的思想产生动力和压力。思想政治教育社会价值能够运用社会舆论的力量,为教育对象提供发展的动力,对思想错误的人产生压力,迫使其放弃自己的错误思想而接受正确思想。

二、思想政治教育集体价值

集体,是指由许多有共同目标的人组合起来的整体。集体具有共同的目的,特定的活动范围,共同的经济基础、思想基础、政治目的和社会利益。由于集体是连接社会和个体的中介，因此，思想政治教育集体价值在思想政治教育价值体系中具有不可或缺的地位和作用。

（一）思想政治教育集体价值的含义

探讨思想政治教育集体价值，对其内涵的界定是基础。

1. 关于思想政治教育集体价值含义的评析

关于思想政治教育集体价值的含义，理论界一直在探讨这个问题，提出了不少有学术价值的观点。根据笔者检索到的资料，最早提到思想政治教育集体价值这一概念的，是梅雪2001年在其硕士论文中提出的。她虽然提出了思想政治教育集体价值这个概念，但并没有下定义。2002年，张丽华在论文《思想政治教育集体价值探析》中，给思想政治教育集体价值下了定义。她认为："所谓思想政治教育集体价值就是指思想政治教育活动以其特有的属性和功能来满足集体需要以及集体的需要被思想政治教育活动满足的效益关系。"① 该定义在当时具有一定的前沿性，其理论贡献为：一是指明了思想政治教育集体价值的价值客体是思想政治教育。二是强调了思想政治教育集体价值的价值主体是存在各种需要的集体。三是突出了价值主客体之间的关系是有效益的价值关系。该定义的不足之处在于：第一，思想政治教育集体价值的价值客体满足集体需要的表述不准确。集体有各种需要，既有正确的需要，也有错误的需要。价值客体满足的是作为价值主体的集体发展的合理需要。第二，定义的界定不够精练。2006年，张小川将思想政治教育集体价值界定为，"所谓思想政治教育的集体价值，是指思想政治教育活动对这种集合体的存在和发展的需要的满足。"② 这一界定的创新之处在于突出了价值主体的存在和发展需要，不妥之处在于没有凸显出价值主客体之间

---

① 张丽华：《思想政治教育集体价值探析》，载《理论与改革》，2002年第9期，第104页。

② 张小川：《论思想政治教育价值》，西南大学2006年硕士论文，第34页。

的关系是有效益的价值关系。2012年，黎海珍认为，"思想政治教育集体价值是指思想政治教育的主导意义及对集体需要的满足作用。"① 该定义强调思想政治教育能够满足集体的需要，这就抓住了思想政治教育集体价值的实质。但该定义存在的问题也明显：第一，没有指明集体价值的价值客体是谁。定义用"思想政治教育的主导意义"来代替价值客体是不妥的。第二，没有表明价值主客体之间的关系是价值关系。定义用了"对集体需要的满足作用"，满足作用不能代替满足和被满足的价值关系。汪海骁对思想政治教育集体价值的含义是这样界定的："思想政治教育集体价值，是指思想政治教育在集体的共同活动中，以自身的属性及功能推动集体健康发展的效益关系。"② 汪海骁对思想政治教育集体价值的界定已相对比较完善，不足之处在于，一是对社会实践活动强调不够。论文只讲了集体的共同活动，忽视了集体中较为分散、随机的实践活动，而这也是形成思想政治教育集体价值的重要桥梁。集体活动主要包括两个方面的内容：集体的思想政治教育活动和集体的业务活动。二是忽略了价值主客体之间的满足关系。价值客体的功能只有满足价值主体的需要，才能推动集体的发展。该定义并没有凸显价值客体对价值主体需要的满足，因此就没有突出价值主客体之间的关系是满足需要和需要被满足的效益关系。

综上所述，思想政治教育集体价值的含义伴随着思想政治教育价值理论的发展，学者们在不断地发展和完善，但仍存在不足之处，还需要深入的研究和探索。

2. 思想政治教育集体价值含义的解读

通过对理论界关于思想政治教育教育集体价值含义演变的梳理和评析，在继承上述定义的创新观点和克服存在问题的基础上，根据笔者多

---

① 黎海珍：《论我国思想政治教育的集体价值及其实现途径》，载《前沿》，2012年第2期，第24页。
② 汪海骁：《思想政治教育集体价值研究》，西南大学2015年硕士论文，第14页。

年对思想政治教育教育集体价值含义的研究，对该定义界定如下：思想政治教育集体价值，是指思想政治教育，根据新时代社会发展的要求，在实践活动中以其功能满足集体发展需要的效益关系。该定义的要点有：一是社会对作为价值客体的思想政治教育提出了新的要求。我国已进入了建设中国特色社会主义的新时代，社会对作为价值客体的思想政治教育的要求是为实现中华民族伟大复兴培养德智体美劳全面发展的社会主义建设者和接班人。这就使得价值客体必须根据社会的新要求，不断增强自身的功能，努力为集体的发展培养所需要的人才。二是实践活动是沟通价值主客体之间关系的桥梁。价值主客体只有通过包括教育活动在内的社会实践活动才能发生联系，产生价值关系。离开了社会实践活动，价值客体的功能就无法满足价值主体发展的需要，集体价值也就无法产生和实现。需要指出的是，这里讲的实践活动并不仅指思想政治教育实践活动，还包括集体的业务活动和业余活动，因为集体的业务活动和业余活动同样渗透着思想政治教育的内容。比如，在高校，除了思想政治教育主渠道和主阵地对大学生进行思想政治教育外，各学院开设的专业课程同样可以在课堂依托具体的教学内容进行思想政治教育。比如，物理学课程，在讲到创立某一理论的科学家时，就可以介绍这位科学家为了探索真理而表现出来的吃苦耐劳精神、无私奉献精神等，以此培养学生为实现自己的理想而勤奋学习的精神。如果各门专业课老师都这样做，教书育人的目的就达到了。业余活动也融入着思想政治教育的内容，比如，旅游在欣赏祖国大好河山的同时也潜移默化地进行爱国主义的教育。三是价值主体的性质和类型发生了变化。改革开放之前我国集体的性质基本上是公有制，改革开放之后，在以公有制为主体的同时，还存在部分私有制。价值主体集体性质的变化，集体的类型也发生了变化。现在集体的类型有：公有制集体、公私合作集体、私有制集体等多种类型。集体类型的多元化，使集体中的思想政治教育发生了很大的变化。集体中的思想政治教育对象、内容和方法的变化，必然引起思想政治教育集体价值的变化，这是我们研究集体价值应该注意的地方。四是集体的变化必然导致价值主体的需要和价值客体的功能也随之发生变化。由于社会的发展，集体会随之发生变化。集体的变化自然会引起价值主体的需要和价值客体的功能产生变化。比如，由于科学技术的快速发展，集体成员的素质、技术设备及活动效率都在发生变化，这些变化就会带来价值主体的需要和价值客体功能的变化。再比如，人才流动也会使集体发生变化。无论是人才的流进还是人才的流出，都会改变集体的结构。集体结构发生了变化，思想政治教育集体价值的主体需要和价值客体的功能会随之变化。在社会发展速度快，人才流动性较大的今天，研究集体价值主体需要的变化和价值客体功能的增强就显得尤为必要。五是价值主客体之间的价值关系应该是有效益的关系。在现实的思想政治教育价值关系中，既存在高效益的关系，也存在低效益和无效益的关系。在高效益价值的集体中，思想政治教育开展得有声有色，思想政治教育满足了集体发展的需要，不仅思想政治教育取得的成效显著，集体也持续大发展。但是，在部分集体，不重视思想政治教育，采取形式主义的办法来应付，表面上看思想政治教育活动开展的红红火火，其实并没有产生应有的效果。这样，作为价值客体的思想政治教育自然就无法满足集体发展的需要，价值主客体之间形成的就是无效益的价值关系。我们在研究思想政治教育集体价值时，要特别注意这种情况，克服形式主义，加强和改进思想政治教育，以其强大的功能满足集体发展的需要。

（二）思想政治教育集体价值的定位和功能

研究思想政治教育集体价值的定位，找到集体价值在思想政治教育价值系统的准确位置，对于深入探讨思想政治教育集体价值及其功能、思想政治教育价值结构具有重要作用。

1. 思想政治教育集体价值的定位

思想政治教育集体价值的定位，是指确定思想政治教育集体价值在思想政治教育价值系统中所处的位置。思想政治教育集体价值的定位可以从两个方面去探讨。

(1) 思想政治教育集体价值在整个思想政治教育价值系统中的定位

涂尔干说过,"如果在政府与个人之间没有一系列次级群体的存在,那么国家也就不可能存在下去,如果这些次级群体与个人的联系非常紧密,那么它们就会强劲地把个人吸收到群体活动里,并以此把个人纳入到社会生活的主流之中"。① 在整个思想政治教育价值系统中,思想政治教育集体价值属于二级系统,与思想政治教育价值系统是局部与整体的关系。它们二者的关系表现为:一是思想政治教育价值系统影响、制约思想政治教育集体价值的生成和实现。思想政治教育价值系统运行正常,就能给思想政治教育集体价值的生成创造一个良好的环境。在这样的环境下,不仅能够促进集体价值的有效生成,而且还能保证该价值的实现。如果思想政治教育价值系统不能正常运行,甚至受到破坏,那么,集体价值就会被干扰,它的生成和实现也将受到影响。二是思想政治教育集体价值对思想政治教育价值具有反作用。当集体价值在思想政治教育价值的积极作用下得到了实现与提高,它反过来会影响到思想政治教育价值系统结构的完善和功能的增强。二者由此形成良性循环,同时都得到提高。

(2) 思想政治教育集体价值在思想政治教育价值二级系统中的定位

在思想政治教育价值二级系统中,思想政治教育集体价值处于社会价值和个体价值之间的位置,它是连接社会价值和个体价值的中介和桥梁。思想政治教育集体价值所处的位置决定了它既要受社会价值的影响,它还会影响个体价值。第一,思想政治教育集体价值要受社会价值的影响。由于思想政治教育集体价值包含于社会价值之中,它会受到社会价值两个方面的影响。一是社会价值的目标、内容直接影响集体价值

---

① 涂尔干:《社会分工论》,北京:生活·读书·新知三联书店2000年版,第40页。

的目标和内容。社会价值的目标规定了集体价值运行的大方向，集体价值在确定自己的目标时必须考虑社会价值目标的要求。在实现目标的过程中，集体价值如果偏离了社会价值目标的要求，就会受到社会价值目标的调控，使其不偏离运行的方向。社会价值的内容影响集体价值的内容。集体价值的内容是根据社会价值内容的要求，结合集体的具体情况而确定的，这就必然使得集体价值的内容要打上社会价值的烙印。二是社会价值的运行状况影响集体价值的实现。如果社会价值运行正常，就会对集体价值的实现起推动作用。情况如果相反，集体价值的实现则会受到阻碍。第二，思想政治教育集体价值会影响个体价值。由于集体价值是由众多的个体价值组合而成，它会影响个体价值产生以下影响：一是影响个体价值发展的速度。由于个体价值是在集体价值之中运行的，集体价值发展速度的快慢直接影响到个体价值发展速度的快慢。二是影响个体价值实现的程度。集体价值实现的程度高，就会为个体价值的实现创造好的条件，使其实现的程度也高。反之，则会干扰个体价值的实现，使其实现的程度低。

综上所述，可以看出集体价值在思想政治教育价值二级系统中处于承上启下的位置，它既要受社会价值的影响，又会影响个体价值。因此，研究思想政治教育集体价值的定位对于深入探讨集体价值具有重要的学术价值。

2. 思想政治教育集体价值的功能

研究思想政治教育集体价值的功能，是为了使其能够得到更好的发挥，从而有效满足集体健康发展的需要。

（1）凝聚功能

凝聚功能，是指思想政治教育集体价值在聚集集体成员的积极性和集体力量过程中产生的有利作用。思想政治教育集体价值的凝聚功能主要体现在以下方面：第一，通过集体的奋斗目标凝聚成员的能量。由于集体的奋斗目标蕴含着每个成员的利益，集体的目标就能将所有成员分散的个体能量凝聚起来形成集体的高能量，为集体目标的实现而奋斗。要通过集体的奋斗目标凝聚成员的力量，应具备以下条件：首先，集体的目标要科学。集体的目标要科学，必须做到三点：集体目标要符合社会目标的要求；确立目标要考虑集体成员的素质；要具备集体目标实现的基本条件。其次，集体目标要符合集体成员的利益并得到认可。集体目标需要集体成员的共同努力才能实现，只有集体成员认同这一目标，才能够激发集体成员的创造性和潜力，使他们在目标的引领下，有效发挥集体合力，将个体的优势变为集体的优势，积极主动地为目标的实现而坚持不懈地奋斗。第二，凝聚集体人心，增强集体战斗力。通过凝聚功能的发挥，将集体成员的心凝聚在一起，就能增强集体战斗力，大家共同为目标的实现而拼搏。要凝聚人心，一个重要前提是集体成员要有归宿感和主人翁意识。有了这个前提，集体成员的责任感就会油然而生，他们才会自觉自愿、积极主动地参与集体活动，为了集体的目标而勤奋工作。集体强大了，作为集体成员更有安全感和自豪感，从而激发出更大的为集体发展而勤奋工作的动力。这样，集体就进入了持续、健康发展的良性循环。因此，在思想政治教育活动中，集体要有更多的人文关怀，切实解决集体成员的思想问题、现实困难，为集体成员充分发挥作用创造条件。

（2）塑造功能

塑造功能，是指通过思想政治教育集体价值在培养集体成员素质和树立集体良好形象的过程中发挥的有利作用。上面的定义可以看出集体价值塑造功能的作用：第一，培养集体成员的素质。集体要得到发展，关键是包括领导干部在内的集体成员要有较高的素质。塑造功能通过集体的思想政治教育、党团活动及其他活动，培养集体成员的理想信念、营造良好的集体文化，以此去熏陶、感染、激励集体成员，使他们思想政治道德素质得到提高，领导水平和业务能力得到提升。有了这些较高的素质，并使之传承，不仅会使集体能够持续健康地发展，还能为国家的现代化建设源源不断地培养大批的优秀人才。就像中国航空航天这个优秀的集体。到 2018 年，中国人民解放军航天员大队已成立 20 周年。20 年间，中国航天员群体以"问鼎苍穹心向党"的坚定信念、"敢教日月换新天"的创业豪情、"比肩强敌谋超越"的进取精神、"计利当计天下利"的崇高境界，为我国航天事业的发展做出了突出贡献。在航天精神的奖励下，塑造出了一代代优秀的航天人。中国航天员群体展现出来的航天精神和气质，不仅使中国航天事业走在世界前列，还激励着其他群体效仿他们，塑造自己集体的优秀人才。第二，塑造集体的良好形象。集体的良好形象不仅能够对集体成员产生凝聚力和自豪感，还能提高集体的知名度，为集体的发展开拓广阔的空间。集体的良好形象是不需要打广告的品牌，有了这个品牌，集体就能吸引人才，获得发展所需要的各种资源。比如华为能够誉满天下，就在于这个集体既有具有战略眼光和开拓创新精神，还有高素质的员工和良好的集体形象。

(3) 沟通功能

沟通功能，是指思想政治教育集体价值使集体成员之间、成员与集体之间进行思想与感情的交流，以求思想达成一致和感情融洽过程中产生的有利作用。沟通功能的作用表现在两个方面：一是集体成员之间的沟通。在集体活动中难免会出现各种思想问题和矛盾，这些思想问题和矛盾既会影响成员之间的团结，更会影响集体目标的实现。思想政治教育集体价值沟通功能就能通过沟通、调解、说服，解决集体成员的思想问题，化解各种矛盾。大家团结起来，形成强大的凝聚力，用创造性的劳动，完成集体的任务和实现集体的目标。二是集体与成员之间的沟通。由于每个集体成员在素质和看问题的角度与集体的要求都有一定差异，成员与集体之间发生矛盾的情况会经常出现。矛盾的出现势必导致成员对集体产生离心力，形成一盘散沙，使集体缺乏活力，形成集体内耗，无法完成集体的任务和实现集体的目标。这样，最终伤害的是集体和成员的利益。因此，集体与成员之间的沟通非常必要，要采取各种措施，进行集体与成员之间的有效沟通、及时解决问题，化解矛盾，增强集体的凝聚力。

(4) 协调功能

协调功能，是指思想政治教育集体价值在使集体各成员之间相互配合正确处理各种关系，为集体正常运转创造良好的条件时表现出来的有利作用。思想政治教育集体价值协调功能主要体现在以下方面：一是成员之间的协调。集体是由众多的成员构成的，他们之间的关系必须协调好，建立起和谐的人际关系，而和谐的人际关系是有效协调集体内部矛盾的润滑剂。这里和谐的人际关系主要包括干群关系和员工之间的关系，将这两方面的关系协调好了，彼此之间才能心往一处想，劲往一处使，相互密切配合，共同完成集体的任务。二是协调好人与工作岗位的关系。集体中的每一个人各有所长，能否发挥作用，关键的问题是能否根据人的才能将其安排到合适的工作岗位去办适合于他做的事。人与工作岗位的关系协调好了，就能责任到位、责任到人，做到人尽其才，才尽其用，避免人才的浪费和工作岗位的空置。三是利益的协调。集体也是一个利益共同体。在这个共同体除了共同的目标责任、集体的共同利益，还有集体成员个体的利益。马克思说过，"思想"一旦离开"利益"，就一定会使自己出丑。因此，在思想政治教育集体价值实现的过程中，在保证集体利益的前提下，一定要保证集体成员应有的正当利益。集体成员的利益分为物质和精神两个方面，包括集体成员应得的尊重、荣誉，集体成员个体的发展平台等。当然集体成员的个体利益必须具有一定的规范性，集体要有相应的利益制约程序的安排、制度与实施。

三、思想政治教育个体价值

思想政治教育个体价值在思想政治教育纵向价值结构中处于底层的

位置，是思想政治教育社会价值和集体价值形成和实现的基础。

（一）思想政治教育个体价值的含义

研究思想政治教育个体价值，必须先了解其含义。

1. 关于思想政治教育个体价值含义评析

关于思想政治教育个体价值概念的提出及含义的界定，根据笔者检索到的资料，最早提出思想政治教育个体价值概念的是梁俐。她在1996年发表的《思想政治教育的价值及其实现》一文中提出了"个体价值"这一概念，该文讲"思想政治教育的社会价值是通过发展了的众多个体的社会集合体而形成的，是以个人所受教育为基础，在教育以外的活动过程中实现的。只有具备了一定的个体价值，才可能具备相应的社会价值"[①]。文中虽然没有给个体价值下定义，但她首次提出个体价值这一概念，并指出个体价值是社会价值的基础。论文具有一定的创新性，为理论界后续的研究奠定了一定的基础。根据检索到的资料，首次给思想政治教育个体价值下定义的是张耀灿、郑永廷、刘书林、吴潜涛等著，2001年6月人民出版社出版的《现代思想政治教育学》。书中将思想政治教育个体价值定义为："个体价值是指思想政治教育对个体的内在价值。"[②] 强调了思想政治教育对个体内在精神发展需要的满足，该书从引导政治方向、激发精神动力、塑造个体人格、规范调控行为四个方面进行了详细阐述。虽然对个体价值内涵的解释较为含糊，但其理论贡献却是不可低估的，它为研究思想政治教育个体价值的定义开创了先河。罗洪铁主编，四川人民出版社2002年2月出版的《思想政治教育研究》设专章论述了思想政治教育价值。该书对思想政治教育个体价值的解

[①] 梁俐：《思想政治教育的价值及其实现》，载《郑州工学院学报（社科版）》，1996年第1期，第36页。

[②] 张耀灿、郑永廷、刘书林、吴潜涛：《现代思想政治教育学》，北京：人民出版社2001年版，第115页。

释:"思想政治教育的个体价值,是指思想政治教育以其属性和功能对个体主体需要的满足。"① 该定义的创新之处在于对价值主客体关系的凸显,并强调了客体要满足主体的需要。不足之处在于客体对主体需要的满足并不都是一样的,有的价值客体满足价值主体需要的程度高,自然就形成高价值,反之满足的程度低,形成的就是低价值。该定义没有强调个体价值中价值主客体之间的关系是有效益的价值关系。2018年,冯毅、孙宝云在《从主体间性的视角探析思想政治教育的个体价值研究》一文中认为,思想政治教育个体价值既要强调实现受教育者的个体价值,也要重视教育者的成长和发展。② 论文虽然没有给个体价值下定义,但却提出了一个有价值的观点。即研究思想政治教育个体价值,既要重视受教育者的个体价值,还要关注教育者的个体价值。因为二者都有自己成长和发展的需要并希望得到思想政治教育功能的满足。该观点还启发我们思考和研究另外一个理论问题,即价值主客体的二重性问题。在一般的价值关系中,受教育者是价值主体,他的需要由思想政治教育功能来满足。但当他在帮助教育者提高素质时,他就由价值主体变成了价值客体。同样,教育者也具有二重性,他既是思想政治教育活动的组织者、策划者,实施对受教育者的教育,通过提高理论水平来满足受教育者成长和发展的需要。同时,他自己的成长和发展也需要受教育者来帮助满足。这种情况在理论水平较高的高等院校、党政机关和科研单位比较常见。比如,在高校,党委书记是思想政治教育活动的组织者和策划者,承担着对师生员工进行思想政治教育的任务,他要通过马克思主义教育来满足师生员工提高理论水平的需要。但是,在他的教育对象中就有专门研究马克思主义理论的专家,作为党委书记有什么理论不懂的地方同样需要向这些专家请教。这时,他的身份就由教育他人的价值客体

---

① 罗洪铁主编:《思想政治教育研究》,成都:四川人民出版社2002年版,第359页。
② 冯毅、孙宝云:《从主体间性的视角探析思想政治教育的个体价值研究》,载《现代交际》,2018年第13期,第222页。

转变为接受教育的价值主体。

综上所述,学术界对思想政治教育个体价值的探索一直都在继续,对定义的解读也在从模糊逐步走向清晰。但对思想政治教育个体价值的研究仍存在一些不足,甚至还存在空白点,需要我们坚持不懈地研究来完善思想政治教育个体价值的内涵。

2. 思想政治教育个体价值含义的解读

在继承和借鉴理论界对思想政治教育个体价值内涵界定的创新之处的基础上,笔者认为,思想政治教育个体价值,是指思想政治教育根据社会发展需要和对人才素质的要求,在教育活动中以自己的功能去满足单个人发展需要的效益关系。该定义的要点有六个:第一,社会发展需要和对人才素质的要求对个体价值的产生与实现起引导作用。思想政治教育个体价值的产生与实现都必须根据社会发展的需要和对人才素质的要求作指导,只有如此,才能将个体培养成为实现中国梦的德智体美劳全面发展的社会主义建设者和接班人。第二,价值主客体关系的明晰。在思想政治教育个体价值系统中,价值主体是接受教育的单个的对象,价值客体是思想政治教育。但是,价值主体和价值客体都具有二重性。关于价值主客体二重性的观点在前面已作了阐述,在此就不再赘述。第三,个体的需要是个体价值产生和实现的前提。作为个体必须有自己的合理需要,思想政治教育的功能才能发挥作用,价值关系才能形成。在讨论个体的需要是个体价值产生和实现前提的同时,还应该看到个体的需要会随着时代的发展而变化。比如,中国特色社会主义进入新时代,个体的需要就发生了很大的变化。因此,在思想政治教育活动中,价值客体只有准确把握价值主体的需要及其变化,才能有针对性满足价值主体的需要,使个体价值得以有效地实现。第四,思想政治教育的功能是个体价值产生和实现的根本。思想政治教育的功能是个体价值产生和实现的根本,可以从以下两个方面去看:一是没有思想政治教育功能思想政治教育的个体价值就不能实现。在思想政治教育活动中,个体的需要是靠思想政治教育的功能去满足的。如果没有思想政治教育功能，个体需要得不到满足，个体价值就无法实现。二是思想政治教育功能的强弱会影响个体价值产生和实现。思想政治教育的功能强，就能充分满足价值主体的需要。就好比教师的素质高就能充分满足学生学习知识的需要。反之，功能弱，价值实现的程度就低。因此，要根据社会发展和个体成长成才不断增长的需要，加强和改进思想政治教育，不断增强其功能。只有如此，思想政治教育个体价值才能在培养社会主义建设者和接班人中发挥更大的作用。第五，思想政治教育实践活动是个体价值产生和实现的关键。思想政治教育实践活动是沟通价值主客体的桥梁。有了这个桥梁，价值客体的功能才能与价值主体的需要发生联系，教育的内容才能有效地传递给价值主体，达到教育的效果。离开了实践活动，价值主客体之间就形不成价值关系。第六，价值客体对价值主体需要的满足具有层次性。价值主体和价值客体分为不同的层次，比如，价值客体功能强弱分为三个层次：高中低。我们希望思想政治教育个体价值都是高价值，但在现实的价值主客体的关系中，并不会只产生良好的效果，形成高价值。可能相当一部分效果一般，形成的是中等价值，还有效果差的，会形成低价值，甚至是负价值。比如，有的单位只重视经济效益，不重视思想政治教育，思想政治教育活动只是流于形式；或是为了完成教育任务只有形式没有内容，这些都不利于较高个体价值的实现。如果部分单位没有有效解决员工的实际问题，甚至让矛盾激化，产生的可能就是负价值。研究思想政治教育个体价值的目的，是希望在现实的思想政治教育中通过价值主客体的努力，更多地生成和实现高价值。

（二）思想政治教育个体价值的定位和功能

研究思想政治教育个体价值的定位，找准其在思想政治教育价值系统中的位置，思想政治教育个体价值的功能才能有效发挥。

1. 思想政治教育个体价值的定位

思想政治教育个体价值的定位，是指确定思想政治教育个体价值在思想政治教育价值系统中所处的位置。思想政治教育个体价值的定位可以从以下两个方面分析：

(1) 思想政治教育个体价值在整个思想政治教育价值系统的定位

在整个思想政治教育价值系统中，思想政治教育个体价值作为子系统，必然要受价值系统的制约与影响。作为总系统的思想政治教育价值系统会引导思想政治教育个体价值的发展，包括发展的方向、发展的速度、发展的质量。个体价值会沿着思想政治教育价值系统运行的大方向前行，思想政治教育价值系统运行的好，发展的快，为思想政治教育个体价值创造的生成和实现环境就越好，比如，较高素质的教育者、充分的思想政治教育场所、不断更新的教育方式方法、充足的经费保障等，那思想政治教育个体价值发展的速度就快，实现的程度就高；反之，如果思想政治教育价值系统运行的不好，处在价值系统的个体价值必然会受到影响，个体价值也会因为缺少条件、环境，生成和实现都受到影响。当然，在思想政治教育价值系统大的方向保障下，个体自身的认识、选择也很重要，在社会发展的大趋势下，个体要正确认识和把握发展大势，才能顺应时代的发展潮流，只有做出正确的选择，与历史同向，与祖国同行，与人民同在才能在时代发展的大舞台上，充分施展本领，让自己的人生绽放光彩。当然，思想政治教育个体价值对思想政治教育价值系统同样具有反作用。个体价值是基础，是最基本的元素，个体的素质，个体价值发展速度与实现程度，个体价值的质量都会间接或直接影响整个思想政治教育价值系统的发展速度与实现程度。

(2) 思想政治教育个体价值与同级系统中社会价值与集体价值的关系

思想政治教育个体价值与社会价值和集体价值都同属于思想政治教育价值的二级系统，思想政治教育个体价值与思想政治教育集体价值和社会价值三者的关系是：思想政治教育个体价值是基础，集体价值是中介，社会价值是归宿。若干单个的个体组成集体，众多的集体再构成社会。因此，个体价值与社会价值和集体价值相比，它处在基础的位置，正因为如此，它得到了实现，个体成员素质得到了提升，就为集体的发展奠定了基础，集体才能持续健康发展，集体价值才能得以实现。思想政治教育个体价值和集体价值的实现又为思想政治教育社会价值的实现创造了条件。同时，要素的质量必然会影响系统的质量。作为基本要素的个体价值质量高，由其组成的集体价值、社会价值的质量就高。同样，个体道德素养高，不仅会严格用道德规范要求自己，而且在集体生活中也会体现出良好的道德素养，对集体、对社会有强烈的道德责任感。众多的个体都能如此，社会的文明程度就会越高。而思想政治教育集体价值、社会价值对个体价值生成和实现具有引领和助推作用，掌控着个体价值运行的方向，势必也会影响思想政治教育个体价值的变化及其实现。如果个体的素质差，既会使他自己的价值无法实现，还会影响到集体价值和社会价值的实现。

2. 思想政治教育个体价值的功能

习近平总书记在党的十九大报告中，指出，"人民有信仰，国家有力量，民族有希望。"① 研究思想政治教育个体价值的最终目的，是期望其价值功能有效发挥，培养德智体美劳全面发展的人才。

（1）思想政治教育个体价值的提升功能

思想政治教育个体价值提升功能，是指通过思想政治教育个体价值的实现使个体综合素质得以提高时表现出来的积极作用。思想政治教育个体价值提升功能主要体现在以下两个方面：一是提升个体思想政治道德素质。如何才能提升个体的思想政治道德素质呢？主要措施有：首先，不断加强个体的理论学习。学习的内容主要包括马克思主义基本理论、党的路线、方针、政策以及国际、国内形势的学习等。在不断的学

---

① 《中国共产党第十九次全国代表大会文件汇编》，北京：人民出版社2017年版，第34页。

习过程中，让个体思想解放，世界观、人生观、价值观端正；坚定理想信念、坚定政治立场、树立正确的政治观念和政治态度；引导个体明大德、守公德、严私德。其次，要开展行之有效的实践活动。实践活动不仅能起到教育和引导的作用，更能够对价值主体的思想起到强化、巩固的作用。实践活动要行之有效，除了坚持不懈外，不能流于形式，要注重实践活动的内容和效果。思想政治道德素质与业务能力也是相辅相成的，思想道德素质高的人，大都具备较强的业务能力，使德才相互促进，产生出良好的效果。在现实生活中，凡是取得突出成就的人，都是德才兼备、全面发展的优秀人才。二是提升个体业务素质。个体要有大的作为，必须要有过硬的业务素质。2017年5月3日，习近平总书记在中国政法大学考察时的讲话中指出，"当代青年要树立与这个时代主题同心同向的理想信念，勇于担当这个时代赋予的历史责任。"[①] 个体要承担起时代的历史责任，个体应该下大功夫提高业务能力。其措施有：首先，明确业务能力提升和发展的方向。我们培养的社会主义现代化建设人才，应该使个体清楚，自己是党和国家培养的，学到的本领应该为国家的繁荣昌盛和人民获得更大的利益服务。只有如此，他才能绽放出人生的光彩。其次，激发个体的创新精神和进取心。当前国际国内的竞争更多是高科技、高端领域的竞争，对高层次人才的需求更甚于以往。如果个体缺乏创新精神和进取心、责任感，他就无法迎接各种挑战，只有自觉主动地在工作中攻克难关，不断创造出新的业绩，才能为现代化建设作出自己的贡献。

(2) 思想政治教育个体价值的创造功能

思想政治教育个体价值的创造功能，是指通过思想政治教育个体价值的实现培养个体的创新意识、创新能力、取得创新成果过程中产生的

---

① 《习近平在中国政法大学考察时强调：立德树人德法兼修抓好法治人才培养 励志勤学刻苦磨炼促进青年成长进步》，载《人民日报》，2017年5月4日，第1版。

积极作用。习近平总书记在中国科学院第十九次院士大会、中国工程院第十四次院士大会上的讲话，指出，"实现坚持社会主义现代化强国的伟大目标，实现中华民族伟大复兴的中国梦，我们必须具有强大的科技实力和创新能力。"① 思想政治教育个体价值的创造功能主要体现在以下方面：一是培养个体的创新意识。个体的创新意识是思想政治教育个体价值的创造功能形成和发挥的基础，只有鼓励、引导个体敢于破旧出新，树立创新意识，才能为创造功能的发挥提供保证。二是增强个体的创造能力。习近平总书记提出，要"充分认识创新是第一动力，提供高质量科技供给，着力支撑现代化经济体系建设"②。在竞争越来越激烈的今天，个体要得到很好的发展，必须具备创造能力。思想政治教育个体价值的功能之一，就是有针对性地帮助个体培养和增强创造能力。比如，在高校，针对大学生正是培养创造能力的最佳时期，向他们传授创新理念和知识，提供创新实践的就会，营造创新的氛围，引导他们形成创造性的思维，逐步提高创造能力。在工作单位则主要提供从事创造活动的条件，在实践中培养创造能力。三是将创造能力转化为创新成果。创造能力还只是存储个人大脑中的能力，必须经过实践活动，将其转化为创新性的劳动成果才有价值。社会和单位要为个体将创造能力转化为创新成果提供物质支持、精神鼓励，帮助他们将创造能力转化为创新成果，为社会造福。

(3) 思想政治教育个体价值协调功能

思想政治教育个体价值的协调功能，是指通过思想政治教育个体价值的实现使个体与个体之间在和谐配合过程中表现出来的积极作用。思想政治教育个体价值协调功能主要体现在以下方面：一是将分散的个体有效地组织起来，将众多个体分散的力量凝聚为集体的力量。个体分散

---

① 《习近平在中国科学院第十九次院士大会、中国工程院第十四次院士大会上的讲话》，载《人民日报》，2017年5月29日，第2版。
② 《习近平在中国科学院第十九次院士大会、中国工程院第十四次院士大会上的讲话》，载《人民日报》，2017年5月29日，第2版。

的力量不仅有限，而且在发挥作用时还要受到其他个体的干扰。通过协调功能，将分散的个体力量集中起来，不仅能够使个体之间相互配合，取长补短，而且产生的力量大于个体力量相加的总和，将个体的力量放大。思想政治教育要动员、组织个体归属于一定的集体，处理好个体之间的关系，将个体的力量放在集体的结构中去发挥作用，使个体价值得到增强。二是协调个体自身内在的素质结构，提高个体综合素质。习近平总书记在全国教育大会上指出，"要坚持中国特色社会主义教育发展道路，培养德智体美劳全面发展的社会主义建设者和接班人。"① 要完成培养德智体美劳全面发展的社会主义建设者和接班人的重任，提高个体的综合素质就是一项基础性的工作。个体的综合素质是由德智体美劳单个的素质组合而成，它们如果能够有机地组合，形成合理的结构，个体就能最大限度地发挥作用。反之，如果单个的素质不能有序地组合，就无法形成合理的结构，素质作用的发挥势必受到影响，降低个体的价值。因此，要努力协调好个体单个素质之间的关系，将它们组合起来形成整体的力量，从而提高个体的综合素质，成为德智体美劳全面发展的人才。三是协调个体之间的人际关系。思想政治教育个体价值是基础，关系到集体价值、社会价值的实现。因此，协调个体之间的人际关系，通过和谐友善人际关系的建立，不仅能够提高个体的价值，还将对集体价值和社会价值的提高奠定坚实的基础。我国很多优秀的集体就是因为协调好了个体之间的人际关系，让个体的力量在集体中大放异彩，使集体创造出辉煌的成绩。

四、思想政治教育社会价值、集体价值和个体价值之间的关系分析

思想政治教育社会价值、集体价值和个体价值作为思想政治教育纵

---

① 《习近平在全国教育大会上强调：坚持中国特色社会主义教育发展道路 培养德智体美劳全面发展的社会主义建设者和接班人》，载《人民日报》，2018年9月11日，第1版。

向价值结构中的三个构成要素,厘清了三者之间的关系,对于深入研究思想政治教育的纵向价值结构,发挥其功能具有重要的意义。

(一) 思想政治教育社会价值和集体价值的关系分析

在思想政治教育的纵向价值结构中,思想政治教育社会价值是主导,集体价值是中介,两者的关系如下:

1. 思想政治教育社会价值对集体价值的影响

思想政治教育社会价值对集体价值的影响主要体现在以下方面:

(1) 思想政治教育社会价值决定集体价值的发展方向

任何社会的发展都带有鲜明的时代特色,只有顺应时代的潮流才能取得发展的成功。集体作为社会的重要构成部分,社会的发展目标,现行路线、方针、政策,都直接影响着集体发展的方向和目标。当前,中国特色社会主义已进入新时代,思想政治教育社会价值体现为思想政治教育要不断增强自身功能,更好地满足我国社会新的发展需要,为实现中国梦作出贡献。思想政治教育社会价值目标的新变化,就要求思想政治教育集体价值的目标也要随之发生变化,集体价值的发展方向就是为中国梦的实现发挥好自己的作用。如果思想政治教育集体价值的发展方向背离了社会价值的目标,产生出来的就是负价值。

(2) 思想政治教育社会价值决定集体价值的质量

社会价值影响制约着集体价值,它质量的高低决定了集体价值实现的质量。社会价值实现的程度高,社会发展的需要得到了满足,整个社会就会安定团结,政治环境清明、国民思想道德素质提高,经济快速发展、文化繁荣、人民幸福指数上升。在这样良好环境的熏陶和影响下,集体对道路、制度、理论、文化的认同度高,大部分集体成员都会积极向上、充满活力,集体的发展与社会的要求同心同向,阻力较少,有利于集体价值的实现。与此同时,在良好大环境的支持下,集体发展所需要的软硬件设施自然也会得到有效保障,比如,我国坚持教育优先发展,财政性教育经费占国内生产总值比例持续超过4%。根据教育部发布的2018年全国教育经费统计快报显示,2018年全国教育经费总投入为46135亿元,比上年增长8.39%。2018年政府工作报告指出,全社会研发投入年均增长11%,规模跃居世界第二位。科技进步贡献率由52.2%提高到57.5%。"互联网+"广泛融入各行各业。大众创业、万众创新蓬勃发展,日均新设企业由5000多户增加到16000多户。[①] 蓬勃发展的新时代,给很多企事业单位的业务发展和思想政治教育活动的开展创造了良好的机遇和环境,集体价值生成和实现的速度和质量就必然高。反之,如果思想政治教育社会价值实现的程度低,会造成政治生态被破坏,经济下行,文化缺失,集体成员缺乏活力和动力,集体思想政治教育活动所需设施、场所无法有效保障,受教育者对教育内容不感兴趣甚至排斥教育内容,集体价值也会因为缺乏生成的良好土壤而慢慢弱化。

2. 思想政治教育集体价值对社会价值的影响

思想政治教育社会价值与集体价值是相辅相成的互动关系,思想政治教育社会价值影响集体价值,思想政治教育集体价值对社会价值也有反作用。思想政治教育集体价值对社会价值的影响表现为:

(1) 思想政治教育集体价值结构的变化会引起社会价值结构的变化

在思想政治教育社会价值的影响下,思想政治教育集体价值会发生变化。比如,思想政治教育集体价值的构成要素、结构形式会发生变化。集体价值的这些变化发生后,会影响到思想政治教育社会价值,引起它的构成要素和结构形式发生变化。

---

① 参见《政府工作报告》,http://www.gov.cn/guowuyuan/2018-03/05/content_5271083.htm(访问时间:2018年3月5日)。

(2) 思想政治教育集体价值的实现为社会价值的实现提供保证

思想政治教育社会价值由若干的集体价值构成，集体价值得到了实现就为社会价值的实现提供保证。集体价值实现的程度高，就能助推社会价值实现的程度高。反之，思想政治教育集体价值实现受阻，造成价值下降，社会价值也会随之降低。

（二）思想政治教育集体价值与个体价值的关系分析

思想政治教育集体价值与个体价值之间的关系主要体现在以下方面：

1. 思想政治教育集体价值对个体价值影响

思想政治教育集体价值与思想政治教育个体价值的关系，如同思想政治教育社会价值与集体价值的关系一样，也是互动关系。其相互影响表现为：

(1) 集体价值是个体价值生成和发展的保障

人是社会的人，他不能孤立存在，必须依靠集体和他人给他提供条件才能生存和发展。同样，思想政治教育集体价值包含个体价值，思想政治教育个体价值需要集体价值的运行给它提供条件，才能生成和发展。离开了集体价值，个体价值就无从谈起。没有哪一个个体能够脱离集体而抽象的存在和发展。集体给个体提供学习、成长、发展的环境和平台，在集体提供的学习环境中，个体能够通过在学校接受的系统教育掌握扎实的基础知识，在集体提供的工作环境中，通过具体的工作实践和工作中提供的各种进修、培训、继续教育的机会，不断提升自身能力，完成从一个初入职者到业务骨干、业务带头人、再到行业领军人物的成长和蜕变，在这一过程中个体不仅能获取保证自身和家庭生存和发展的物质资料，还会实现个体的人生价值，成为对社会发展的有用人才。

(2) 个体价值的生成和实现都是在一定的集体中进行的

思想政治教育个体价值要生成,必然要进行思想政治教育活动,而思想政治教育活动是在一定的集体中进行的。思想政治教育活动所需要的教育者、设备、场所和条件等因素都是集体提供的。离开了集体的支持,思想政治教育活动就无法进行,也难以存在。比如,思想政治教育个体价值实现需要一定的方法,而方法的运用就离不开集体。如个别谈话法的运用,看似只涉及教育者与受教育者,但个别谈话法所涉及的谈话的内容、谈话所用的场地等都是集体提供的。离开了集体,个别谈话法得不到它所需要的条件,谈话就进行不下去。

2. 思想政治教育个体价值对集体价值的影响

思想政治教育个体价值对集体价值的影响表现为:

(1) 思想政治教育个体价值是集体价值生成和实现的前提和基础

集体价值是由个体价值组合而成,只有当思想政治教育个体价值存在时,思想政治教育集体价值才具备了形成和实现的前提,才能够形成和实现价值。个体价值是集体价值生成和实现的前提和基础表现为:首先,个体的素质是集体价值形成和实现的基础。个体的素质会直接影响到集体价值主客体的素质。由高素质的个体组成的集体,其价值主客体的素质就高。如果个体素质低下,会导致集体价值主客体的素质低。集体价值主客体素质低,对集体价值的形成和实现将带来消极影响。其次,个体的需要影响集体价值的形成和实现。前者影响后者的逻辑关系是:个体的需要影响集体的需要。如果个体的需要正确,由个体组成的集体的需要就正确。集体正确的需要是集体价值形成和实现的重要保证。如果个体的需要是错误的,会使集体的需要也是错误的,在这样的情况下,集体价值就会成为负价值。

(2) 思想政治教育个体价值的质量直接影响集体价值的质量

按照系统论的观点,一个系统由若干要素构成,要素的变化会引起系统的变化。个体作为集体中的基本要素，它的变化自然会引起思想政治教育集体价值的变化。比如，一所学校的师资队伍，随着高学历、海外留学等背景教师的加入，师资队伍无论是学历结构，还是在教学中呈现出来的效果，都会发生变化。个体价值还会影响集体价值的质量。其影响可从两个方面来分析：第一，个体价值的质量影响集体价值质量。如果个体价值质量高，由它组合起来的集体价值质量就高，会优于同类型的其他集体，反之则低。第二，个体价值之间的结构影响集体价值质量。任何系统都是有其结构的，构成集体价值的个体价值之间也是有排列组合的，作为系统元素的个体之间相互协调、排列组合合理，结构稳定平衡自然会生成较高质量的集体价值。反之，作为系统各要素的个体排列无序，各个个体之间没有进行有效整合，甚至出现内耗，系统经常处于失衡的状态，集体价值的功能自然就无法涌现。就如一个科研单位，个体成员都有较强的研究能力，也能创造科研成果，但单个的力量毕竟是有限的，如果个体之间能够团结协作，有效配合，是可以取得更大的研究成果的，不仅之于集体有利，也会成就个体价值的实现。反之，如果个体之间缺乏团结协作，甚至出现集体成员之间的斗争、内耗，集体价值的质量也不会高。此外，个体之间的分工也很重要，一个人只有在适合他的岗位上，才会充分激发他的主动性与潜能，所有的个体在自己合适的岗位上发光发热，集体的合力才能够充分展现。

第六章 思想政治教育价值结构的失衡及其原因分析

思想政治教育价值结构要发挥作用,其前提是结构要合理。在现实的思想政治教育活动中,各种负面因素的影响,使得思想政治教育价值结构被破坏,导致思想政治教育价值功能不能正常发挥。因此,研究思想政治教育价值结构失衡,不仅关系到价值结构的优化,还关系到思想政治教育价值功能的发挥及其立德树人效果的产生。

一、思想政治教育价值结构失衡的含义及现实表现

目前,思想政治教育价值结构发挥不理想,其中一个重要原因是价值结构失衡。在这样的背景下,研究思想政治教育价值结构失衡就具有重要的理论价值和现实意义。

(一)研究思想政治教育价值结构失衡的意义

研究思想政治教育价值结构失衡的意义主要体现在以下方面:

1. 正常发挥思想政治教育价值的功能

根据系统论的观点,系统的结构决定功能。思想政治教育价值的功能要正常乃至高效发挥,合理的思想政治教育价值结构是关键。只有思

第六章 思想政治教育价值结构的失衡及其原因分析

想政治教育价值结构处于合理状态，思想政治教育价值的功能才能正常发挥。由于受思想政治教育价值结构构成要素的变化和思想政治教育环境负面因素的影响，思想政治教育价值结构会受到破坏而导致失衡。思想政治教育价值结构一旦失衡，思想政治教育价值的功能就会被削弱，思想政治教育效果将受到影响。研究思想政治教育价值结构失衡，不仅能够找到价值结构失衡的现实表现，还能找到影响其失衡的原因。找到了思想政治教育价值结构失衡的表现及造成价值结构失衡的原因，就找到了解决价值结构失衡的办法。在此基础上，就能有针对性地采取措施，排除导致价值结构失衡的影响因素，调整和优化思想政治教育价值结构，使思想政治教育价值结构恢复到合理状况，进而保证功能的正常发挥。

2. 提升思想政治教育价值

加强和改进思想政治教育的一个重要目的就是提升思想政治教育价值，增强思想政治教育的效果。提升思想政治教育价值有各种措施，但根本的措施是解决好思想政治教育价值结构与功能的关系，即合理的结构保证功能的正常发挥。研究思想政治教育价值结构失衡，就能发现结构出现的问题。价值结构出问题，主要表现在两个方面：一是构成价值结构的要素出了问题。前面讲过，思想政治教育价值结构，是指思想政治教育系统的构成要素的搭配与组合方式。价值结构要合理，取决于结构构成要素的质量和它们之间的搭配与组合方式。价值结构构成要素中的某一要素质量降低，不仅会引起其他要素的变化，还会影响到要素之间的搭配组合。比如，价值主体的需要由正确需要转变为错误需要。价值主体需要的性质发生了变化，就必然影响到价值客体，使价值客体的功能失去了发挥的对象。反之，价值客体的功能由强变弱，价值客体的功能由强变弱的质变，使价值主体的需要得不到满足，从而影响到价值功能的发挥。二是价值结构各构成要素的搭配与组合出现问题。思想政治教育系统的构成要素之间的搭配与组合也影响价值结构。比如，需要程度高的价值主体与功能弱的价值客体搭配，功能强的价值客体与需要程度低的价值主体搭配，都会影响到思想政治教育价值的生成与实现。

3. 深化对思想政治教育价值结构的研究

理论界虽然研究思想政治教育价值的成果较多，但探讨思想政治教育价值结构的成果却少，而对思想政治教育价值结构失衡研究的成果更是少之又少。研究思想政治教育价值结构失衡，及时发现导致价值结构出现的问题，分析其失衡的原因，在此基础上，就能有针对性地提出调整结构的措施，达到解决价值结构失衡的问题，增强思想政治教育价值功能的目的。这一过程实则也是不断深化对思想政治教育价值结构研究的过程。当然，本文对这一问题的研究也尚处于探索阶段，希望起到抛砖引玉的作用，有更多的学者来研究思想政治教育价值结构及其失衡问题，促进该理论的发展。

（二）思想政治教育价值结构失衡的含义解析

研究思想政治教育价值结构失衡，对其含义的界定是基础。本文先评述理论界有代表性的观点，然后就思想政治教育价值结构内涵的界定提出自己的见解。

1. 对理论界关于思想政治教育价值结构失衡相关研究的评析

根据目前检索到的资料，还没有人直接就思想政治教育价值结构失衡这一概念下过定义。但有学者在研究思想政治教育系统结构、思想政治教育价值结构、思想政治教育价值实现问题、提升思想政治教育质量等问题时涉及这一问题。他们提出的观点，对于本文研究思想政治教育价值结构失衡有重要的启发和现实意义。2002年，马毅松、王雄杰在《论思想政治教育的价值结构》一文中从目的价值与工具价值、理想价值与实践价值、个体价值与社会价值三个层面进行了论述[①]，文中虽是

[①] 马毅松、王雄杰：《论思想政治教育的价值结构》，载《思想教育研究》，2002年第2期，第11页。

第六章　思想政治教育价值结构的失衡及其原因分析

从正面论述并强调了三者之间应该保持平衡。对该文如果换一个角度理解就是一旦三者之间的关系出现失衡，必然会导致价值结构被破坏，影响思想政治教育价值的实现。遗憾的是论文没有提出思想政治教育价值结构失衡这一概念，也没有下定义。王贤卿、赵盛润 2009 年在《论思想政治教育价值实现的障碍及其克服路径》一文中认为，"当前我国思想政治教育价值实现存在的主客体两方面的基础性障碍，主要包括价值客体属性的缺失、客体对象性偏差以及主客体沟通途径不畅通、主体意思表达不真实四个方面。"[①] 思想政治教育价值主客体是思想政治教育价值结构系统的重要构成要素，两者存在的基础性障碍就是思想政治教育价值结构失衡的重要表现。价值客体属性的缺失、客体对象性偏差，必然导致价值结构失衡。论文中的阐述实则就是思想政治教育价值结构失衡的一种表现，只是没有从价值结构失衡的角度来论述问题。尽管论文存在不足之处，但作者的观点对我们研究思想政治教育价值结构失衡有重要的参考作用。张卫在探讨当前高校思想政治教育效果存在的结构性矛盾中提出的管理体制机制的条块矛盾、教育目标、教育内容、教育过程、评价体系中与大学生思想道德、学习功利性、求知等方面的矛盾。[②] 作者论述的内容，也涉及了思想政治教育价值结构失衡的问题。郑杰、孙其昂、刘小卫在《论思想政治教育价值的关系结构》一文中认为，"思想政治教育活动是一个动态发展着的系统，思想政治教育价值的实现就是系统整体功能的显现，而系统的整体功能能否实现及其大小，与系统内诸实体的构成关系和效能关系相关联。"[③] 论文主要也是从正面分析了思想政治教育价值的关系结构，包括内容价值、过程价值和结果价

---

① 王贤卿、赵盛润：《论思想政治教育价值实现的障碍及其克服路径》，载《毛泽东邓小平理论研究》，2009 年第 8 期，第 72 页。
② 参见张卫：《社会转型期影响高校思想政治教育效果因素研究》，载《学校党建与思想教育》，2011 年第 2 期，第 90 页。
③ 郑杰、孙其昂、刘小卫：《论思想政治教育价值的关系结构》，载《北京青年政治学院学报》，2004 年第 9 期，第 66 页。

值，更侧重于各个价值自身的稳定和平衡以及三者之间的逻辑关系。遗憾的是文中没有从系统整体或是系统内各要素构成关系出现的问题来探讨价值结构失衡。理论界对思想政治教育价值结构及其失衡相关问题的研究虽没有提出直接的概念，也没有下定义，但这些研究成果对我们界定思想政治教育价值结构失衡的含义有重要的启发和借鉴意义。

2. 思想政治教育价值结构失衡的含义及解析

思想政治教育价值结构失衡，是指思想政治教育价值系统内各构成要素之间的搭配与配合失去平衡。即思想政治教育价值系统内各构成要素之间搭配不合理，配合不协调。各构成要素之间的搭配不合理，配合不协调就会使思想政治教育价值结构失去平衡。各构成要素之间搭配的不协调主要表现在两个方面：一是思想政治教育价值系统内各构成要素搭配不合理。思想政治教育价值系统内各构成要素虽然相互独立，但并不是处于无序的状态。必须有机地搭配，相互协调，在各自的位置充分发挥作用，才能既发挥各要素的作用，又能保持结构的协调性和稳定性。由于主客观原因，价值系统内各构成要素组合、搭配不合理的情况时有发生。比如，教育者和教育对象之间在以下的情况下就会搭配不合理。教育者的素质高，教育对象素质低，或者教育者素质低，教育对象素质高。二者的素质不匹配，他们之间的搭配就会不协调，使得思想政治教育价值结构失衡。二是系统内各构成要素不能相互配合而形成合力。系统各构成要素形成合力，价值功能才能有效发挥，教育效果才能显现出来。如果相互不配合无法形成合力，思想政治教育价值功能就无法有效发挥。比如，教育者素质高、积极性高，教育对象缺乏积极性，后者就不会主动去配合前者，二者关系不协调，无法形成合力，甚至还可能造成内耗，价值实现的效果必然差。再有，外部环境也会造成各构成要素不能相互配合而形成合力。有的单位不重视思想政治教育，不为思想政治教育价值实现提供必要条件，不支持教育者的工作，这就会影响教育者的积极性，使其因为缺乏条件和得不到支持而不愿主动协调好与教育对象的关系。这样，教育的合力就无法形成。

（三）思想政治教育价值结构失衡的现实表现

思想政治教育价值结构失衡有多种表现，本文主要分析思想政治教育价值整体结构失衡和各要素之间组合失衡的现实表现。

1. 思想政治教育价值整体结构失衡的现状分析

关于思想政治教育价值整体结构失衡问题，笔者将从横向价值结构和纵向价值结构两个方面进行分析：

（1）思想政治教育价值横向结构失衡的现状分析

关于思想政治教育价值横向结构类型的划分，在第四章已作过说明，按照不同的划分标准，思想政治教育价值横向结构有不同的类型。在第四章，是从物质价值结构和精神价值结构两个类型来探讨思想政治教育价值横向结构的。本章则依据思想政治教育价值构成要素的内容为标准，将思想政治教育价值横向结构分为三种类型：政治价值、经济价值和文化价值。下面，就从三种类型来分析思想政治教育价值横向结构失衡的现状。思想政治教育价值横向结构失衡主要表现在两个方面：

第一，思想政治教育价值横向结构一级系统中构成要素的失衡。思想政治教育价值横向结构一级系统中构成要素是指政治价值、经济价值和文化价值，它们之间如果搭配不协调，就会出现结构失衡。在思想政治教育价值的横向结构中，政治价值是指导，经济价值是基础，文化价值是根本。结构中任何一个构成要素发生变化将会影响其他要素，导致结构整体失去平衡。结构一旦失衡，政治价值、经济价值和文化价值三者的功能都无法正常发挥出来。构成要素出现问题导致结构失衡的具体表现为以下几个方面：

首先，政治价值被削弱。思想政治教育价值的横向结构由政治价值、经济价值、文化价值构成，三者之间密切联系，相互影响，共同配合发挥作用。如果政治价值被削弱，不仅影响到政治价值功能的发挥，还会影响到经济价值和文化价值，最后使得思想政治教育价值横向结构整个失去平衡。在现实生活中，政治价值受到外界消极因素的影响就会被削弱。影响政治价值被削弱的因素主要有两个方面：一是受"极左"思想的影响。"极左"思想，是指在政治思想上超越时代，超越客观，违背规律，脱离社会现实条件，陷入空想、盲动和冒险的思想倾向。在"极左"思想的影响下，价值主体的政治需要超越时代，脱离客观现实。由于超越了现实，违背了社会发展规律，政治价值必然被削弱。政治价值被削弱后，就直接影响到经济价值和文化价值，最终导致思想政治教育价值横向结构失去平衡，思想政治教育价值功能的发挥受到制约。二是受"极右"思想影响。"极右"思想，是指思想认识和方针政策落后于社会发展客观阶段的思想倾向。"极右"思想在中国的突出表现就是否定中国共产党的领导、否定我国的社会主义制度，主张走回头路，推行资本主义制度。受"极右"思想影响，政治价值会将价值主体引向走回头路，自然会削弱政治价值。通过以上分析，无论是"极左"思想，还是"极右"思想不仅会削弱思想政治教育的政治价值，还会严重干扰我国发展的政治方向，影响中国梦的实现。所以，习近平总书记指出，"要始终保持清醒坚定，保持强大前进定力，既不走封闭僵化的老路，也不走改旗易帜的邪路。"① 但是，在我国"极左"思想和"极右"思想的影响不能小看，要引起高度重视。思想政治教育既要防止"极左"思想的干扰，还要防止"极右"思想的影响，因为两种错误思想都会造成思想政治教育价值结构失衡，降低思想政治教育的效果。

其次，经济价值受到影响。思想政治教育满足社会经济发展需要的主要形式是：宣传党的加强经济建设的路线方针政策；培养经济发展的人才；为经济发展提供精神动力；营造促进经济体制改革和推动经济发展的社会舆论。改革开放以来，思想政治教育对促进我国社会经济快速

---

① 《习近平总书记系列重要讲话读本（2016年版）》，北京：学习出版社、人民出版社2016年版，第30页。

发展作出了它独特的贡献，使我国的经济建设取得了举世瞩目的辉煌成就，2018年GDP突破了90万亿元大关，达到了90.03万亿元，成为世界第二大经济体。在看到思想政治教育经济价值产生重大作用的同时，还应看到存在的问题：一是一些单位忽视思想政治教育在经济工作中的生命线作用。由于这些单位不重视通过思想政治教育去提高劳动者的思想政治道德素质，导致部分劳动者理想信念丧失，职业道德滑坡，精神动力衰竭，对自己的工作缺乏责任、热情减少，从而导致经济体制改革和社会经济的发展缺乏生机与活力。二是对劳动者创新意识和创新能力的培养引导不够。培养劳动者的创新意识和创造能力是思想政治教育的一项重要任务。有的单位，有的教育者不愿下功夫去抓这项工作，没有积极引导、帮助劳动者培养创新意识和创造能力，使得他们的劳动效率低，生产的产品质量差，降低了经济价值。三是没有抵制社会负面因素对经济建设的影响。社会存在的金钱至上、急功近利、弄虚作假等负面因素对经济发展影响甚大。这些错误行为，不仅严重影响到经济的健康发展，而且还伤害了人民的根本利益，造成社会的不稳定。对社会存在的这些负面因素，有的教育者却视而不见，没有针对性地采取措施进行教育和纠正，造成这些消极因素影响劳动者的思想，不积极投入生产劳动，阻碍了经济的发展。四是部分单位领导只看重眼前利益。有的单位的领导只重视出政绩，不考虑长远发展，不愿在思想政治教育方面多投入，不重视对员工的思想教育和职业道德的培养，使得部分员工目光短浅，影响到经济的可持续发展。

最后，文化价值出现问题。改革开放以来，通过思想政治教育者和文化产业劳动者的努力，我国的文化事业得到了大发展，人民群众的文化生活需要得到了满足。但是，在社会负面因素的影响下，思想政治教育功能的发挥受到干扰。在文化领域，出现的问题不少，其主要问题有：一是缺乏文化自信。文化自信缺乏表现在两个方面：文化自负和文化自卑。文化自负就是片面夸大我国传统文化的价值，甚至将传统文化中的糟粕当成精华来大肆宣传。在文化的自我陶醉中排斥外来的先进文化和社会主义新文化。文化自卑就是瞧不起传统文化，没有看到在我国的传统文化中有不少的优秀成分，值得继承和发扬，盲目崇拜西方文化，甚至将腐朽的文化当成先进文化。对中华传统优秀文化不去弘扬，而让西方的低级庸俗文化产品泛滥。其结果，不仅严重败坏了社会风气，还毒害人们尤其是青少年的思想。文化自负和文化自卑都会严重削弱文化价值，破坏思想政治教育价值的横向结构，造成思想政治教育价值横向结构的失衡。

第二，思想政治教育价值横向结构二级系统构成要素的失衡。横向结构二级系统构成要素的失衡，就是指政治价值、经济价值和文化价值构成要素的结构失去平衡。具体内容阐述如下：

首先，政治价值构成要素的结构失衡。前文已经分析过社会的发展在政治上主要存在以下需要：政治理论的创新与发展、政治体制的改革与完善、政治文化的活跃等。政治价值构成要素结构要平衡，即政治理论、政治体制、政治文化三者之间要进行合理的搭配和组合。如果政治理论、政治体制、政治文化三者中任何一个要素出现问题，就会导致政治价值结构失衡，政治价值降低。当前政治价值结构失衡问题主要表现为政治体制出现弊端。由于几千年来封建社会"以官为尊"思想的影响，再加上缺乏科学有效的权力制约和协调机制，导致当前在权力运行和行使方面存在不少问题。关于我国政治体制存在的问题，习近平总书记讲得很准确："有的领导干部权力观扭曲，搞特殊化，享受做官当老爷的'尊荣'；有的把权力变成牟取个人或少数人私利的工具，搞权钱交易；有的权力过分集中，随意性很大。"[①] 这些问题的存在，造成腐败问题严重，使得政治权力的运行出现弊端，党在人民群众中的形象和威信受到破坏。政治体制出现的弊端还影响到政治理论、政治文化，导致

---

① 《习近平总书记系列重要讲话读本（2016年版）》，北京：学习出版社、人民出版社2016年版，第85页。

第六章　思想政治教育价值结构的失衡及其原因分析

要素之间的结构被破坏。

其次，经济价值结构失衡。经济价值结构失衡主要表现在：经济价值主体的需要与经济价值客体功能的组合出现问题。经济价值主体的需要与经济价值客体功能的组合要合理，才能形成经济价值。二者任何一方出现问题都将影响到另一方。比如，经济价值主体的需要是错误的或者需要的层次低，必然影响到经济价值客体功能的发挥。经济价值主体的需要是错误的，经济价值客体的功能就失去了发挥的对象。如果经济价值主体的需要层次低，经济价值客体功能的发挥就会受限，得不到充分的发挥。此外，经济价值客体功能弱，会使经济价值主体的需要得不到满足。以上情况的出现，都会造成经济价值结构失去平衡。

最后，文化价值结构失衡。文化价值结构失衡，是指文化价值构成要素之间的组合失去平衡。文化价值结构失衡可以从文化的性质和文化的层次两个角度来进行研究。文化按照性质来分，可分为先进文化和落后文化。先进文化既符合人类社会发展的规律，体现先进的生产力发展要求，又代表和维护社会最广大成员的利益和反映时代的潮流。先进文化能够振奋人们的精神，激励开拓进取的斗志。落后文化主要包括传统文化中的糟粕部分和外来的落后文化。落后文化会使人理想信念淡漠，精神萎靡，道德沦丧，意志脆弱。落后文化会使文化价值主体在文化需求上追求安逸、享乐，不思进取，甚至堕落。如果落后文化在价值主体的文化需要中占主导地位，价值主体追求的是腐朽没落的文化，就会导致文化价值结构失衡。二是文化层次之间的失衡。文化按照层次划分，分为高层次、中等层次和低层次。在文化价值主体的文化需要体系中，对高层次文化需要的比例极低，而对中低层次文化的需要占的比例又极高。这样的文化需要比例，就会造成文化层次之间的失衡，使价值主体对文化需要的品位低。这样不仅难以提高价值主体的文化层次，还会将他们的文化观念引向邪路，使他们的文化需要长期停留在中低层次而无法提高。价值主体文化层次低产生的失衡，就会导致文化价值应有的功能无法发挥。

(2) 思想政治教育价值纵向结构失衡的现状分析

思想政治教育价值纵向结构失衡,是指思想政治教育社会价值、集体价值和个体价值三者之间的搭配失去平衡。由于三者在思想政治教育价值系统中处于不同的层次,它们在思想政治教育价值纵向结构中各自的地位是:个体价值是基础,集体价值是中介,社会价值是归宿。三者之间只有相互配合,各自发挥其作用,价值的纵向结构才能协调发展。如果其中任何一个层次的价值出现问题,价值纵向结构整个就会失去平衡。当前,纵向价值结构失衡的主要表现是:

第一,不重视个体价值。对个体价值不重视表现在:一是对个体价值的基础性地位没有认识清楚。首先,对单个个体的价值重视不够。个体是组成社会的细胞,是构成集体、社会的基本元素。个体的成长、发展不仅关系到一个个家庭,更关系到集体、社会的稳定与发展。对于整个社会而言,单个个体似乎比较渺小,单个个体的力量也很薄弱,但是一个人一旦思想出现问题、性格出现扭曲,走到了反社会的一面,单个人对他人,对社会的伤害会很大。比如,2018年10月28日,重庆市万州区,因一乘客辱骂驾驶员发生激烈争执互殴导致公交车失控坠江,车上的15人全部死亡。其次,重集体价值轻个体价值。一些单位只注重思想政治教育的集体价值而忽视个体价值。集体是个体成长、发展的重要平台,应该重视集体价值。但是,作为集体价值中的个体价值同样应该重视。集体价值由个体价值构成,如果忽视个体价值,不仅个体价值难以实现,集体价值也会受到削弱,其结果是二者的实现都会受到影响。二是对个体价值自身结构重视不够。个体价值自身结构就是个体的内在素质构成,具体包括德智体美劳五个要素。内在素质结构合理,个体价值才会高,反之则低。但当前存在的问题是个体内在素质结构经常处于失衡状态,但无论社会、集体还是个体对这一问题重视不够。一个现象是重视智能素质提高,德育素质则处于弱化状态。尽管强调的是德

第六章 思想政治教育价值结构的失衡及其原因分析

才兼备,德智体美劳全面发展,但在具体评价一个人时,往往是看其智能素质,忽视道德素质。比如,个别单位在评职称时,看重的是科研成果,尤其是高级别刊物的学术论文。由于对道德素质不太重视,使得一些职业道德差而科研成果多的人评上了职称。这样的做法,给人们一个错误的导向,评职称只要智能素质优异,科研成果多就行。还有的是重视德和智能的培养,而忽视身体素质的提高。在中学,特别是毕业年级,为了在高考中获得好成绩,学生大量的时间都花到了高考科目知识的学习上,不仅每天很少有锻炼的时间,连节假日的时间都被挤占。一些父母"望子成龙、望女成凤",只要孩子心思在学习上、学习成绩好,家务劳动可以"豁免",体育活动,只要身体不生病,身体素质不是太差就可以不参加。

第二,不重视集体价值。对集体价值不重视主要表现在两个方面:一是部分个体只顾个人需要的满足,不关心集体价值的实现。首先,没有正确认识个人与集体的关系。集体提供个体发展的直接环境与活动空间,个体发展所需要的物质和精神条件主要来自集体。只有集体发展得好,集体强大了,集体才能给个体提供更广阔的平台、更好的工作环境、更充足的物质和精神条件。这样,个体价值实现的速度就会加快,价值的质量才能提高。但部分个体并没有认识到集体对于个体发展的重要性,只是一味地想着个人利益的实现,其结果是集体价值受损,个体价值也无法实现。其次,集体观念淡漠。部分个体对个人与集体的关系认识不够,缺乏集体观念,有时为了自己的私利不惜损害集体的利益。这种行为就会影响良好集体氛围的形成,使集体的发展需要得不到有效满足,集体价值不仅形成的速度慢,质量也不高。由于集体价值实现的程度低,个体价值也会因失去集体的支持而受到损害。二是部分集体不重视思想政治教育对集体价值实现所起的重要作用。首先,思想认识不到位。部分集体的领导思想理念落后,忽视思想政治教育对集体发展的重要作用,对思想政治教育活动的开展不热心、不支持。由于没有发挥好思想政治教育的作用，集体价值的实现就受到了影响。其次，急功近利思想严重。有的集体只关心经济效益的取得，片面追求物质利益，对于需要长期投入且一时看不到明显效果的思想政治教育不重视，不愿投入，其结果是集体成员思想混乱，责任感差，集体凝聚力弱，甚至出现集体内讧。这样，集体的健康发展自然受到了影响。有的曾经实力很强的单位就因为是放松了思想政治教育而一蹶不起，走向衰落。

第三，忽视社会价值。现在部分个体和集体，只考虑自己的发展，忽视社会需要的满足。这些个体和集体只看到自身在社会中应该享有的权利，而忽视了作为生活在这个社会中的个体、集体应尽的义务，没有处理好与社会的关系。问题具体体现在两个方面：一是一味享受社会发展带来的利益，缺乏社会责任感。部分个体认为，作为社会成员社会应该为自己提供满足需要的条件，如果某些利益没有得到就不满意，甚至抱怨社会，还有的个体甚至聚集起来到政府部门，要求解决自己的私人问题。二是对社会价值的破坏。社会的发展需要集体、个人的共同努力。部分个体思想素质差，部分集体只顾自身利益，既缺乏社会责任感，又不愿为社会的发展作贡献。由于社会价值的实现受到影响，个体价值和集体价值的实现就得不到社会的保证。社会价值、集体价值和个体价值相互依存，互为存在的条件，失去其中任何一个，思想政治教育纵向价值结构就会失去平衡。

综上所述，可以看到：无论是思想政治教育横向价值结构，还是纵向价值结构失衡，都会破坏思想政治教育价值结构的整体平衡，进而影响思想政治教育价值功能的发挥。

2. 各构成要素之间组合失衡的现状分析

各构成要素组合的失衡，是指思想政治教育价值结构各构成要素之间的搭配失去平衡。各构成要素组合的失衡主要表现为：

（1）价值主客体之间的失衡

价值主客体是思想政治教育价值结构系统中的核心构成要素，作为

第六章 思想政治教育价值结构的失衡及其原因分析

系统中的关键构成要素,两者的质量以及两者之间的搭配,是价值结构能否优化、平衡的关键所在。价值主客体之间的失衡主要有以下两个方面:

第一,价值主体需要的层次高,价值客体的功能弱。这种失衡就是典型的价值主客体的搭配错位。价值客体的功能弱,无法满足价值主体高层次的需要而形成低价值。造成这种失衡的原因主要有两个:一是教育者的素质差。教育者作为思想政治教育功能的实施者和具体体现者,其素质高低直接关系到价值主体需要的满足。在思想政治教育领域,有相当一部分教育者的素质参差不齐。他们中有思想素质过硬、综合素质全面的优秀教育者,但也有部分教育者理论水平低、职业道德差;还有的专业知识贫乏、工作能力弱。这部分教育者的素质状况,无法有效主导、组织、实施思想政治教育活动,教书育人的功能不能有效发挥,或是发挥出来的效果差,面对有着较高需要的价值主体,自然无法满足他们高层次的需要。二是教育者缺乏创新精神和奉献精神。有的教育者尽管理论水平较高,但因为长期从事思想政治教育工作,已经陷入了一种固定的思维模式,观念僵化,思维呆板,在工作中缺乏创造性,思想政治教育的方式方法没有及时的更新,没有贴近受教育者的思想实际。还有的缺乏奉献精神,只把开展教育活动作为谋生的手段,不愿对受教育者多做引导、激励工作。这些教育者的教育效果自然不会好。还有部分教育者急功近利思想严重,工作的目的不是解决价值主体的学习、工作、思想和现实生活问题,而是如何通过一场吸人眼球、声势浩大的活动来为自己赚取"政绩"。他们开展的活动虽轰轰烈烈,但价值主体的需要并没有得到有效满足,这都必然导致思想政治教育功能的弱化,无法满足价值主体的需要,更别说是高层次的需要。

第二,价值主体需要的层次低,价值客体的功能强。这是价值主客体失衡的另外一种表现,但同样会导致糟糕的结果。在现实生活中,作为价值主体的思想政治教育对象的素质也是高低不一的。有的思想道德素质低，有的理论水平不高，有的眼光短浅。受以上因素的影响，必然使得这些价值主体需要的层次低。在价值主体需要的层次低、价值客体的功能强的情况下，价值客体搭配失衡主要有两种情况：一是与价值主体搭配的价值客体的类型失衡。所谓类型失衡是指价值主体的需要与价值客体的功能不匹配。比如，有的价值主体的需要是提高理论素养，但价值客体的功能则是管理功能。二者之间因不匹配，价值结构必然失衡。在思想政治教育活动中，要根据价值主体不同类型的需要，配备的价值客体的功能一定要与价值主体需要的类型相适应，否则就容易导致两者的失衡。二是与价值主体搭配的价值客体的功能层次失衡。如果价值主体的需要层次普遍偏弱，但与他们搭配的价值客体功能强大，两者之间就会因为差距太大，出现层次搭配的失衡。教育者的知识水平高，受教育者对知识需要的层次却低，教育者传授的内容受教育者就无法接受。比如，一个专业性很强的企业在思想政治教育过程中，如果请一个思想政治教育领域的专家去进行理论教育，未必会取得很好的教育效果。对于企业的很多员工来讲，专业技能很强，思想道德素质也不错，但思想政治教育理论则相对薄弱，请一个思想政治教育专业的知名专家去讲理论，初衷没错，但两者的知识体系完全不在一个层次，效果必然不好。价值客体功能再强大，也发挥不出应有的作用。这样的搭配，同样是失衡，价值客体的强功能同样难以取得良好的教育效果。

作为价值结构系统核心要素的价值主客体之间失衡的这两种情况，都会破坏思想政治教育价值结构，影响思想政治教育价值功能的有效发挥。

（2）理论教育与价值主体需要组合失衡的现状分析

理论教育是思想政治教育的重要内容和形式，它是将一定社会的思想观念、政治观点、道德规范传递给作为价值主体的受教育者的重要形式。理论教育与价值主体需要组合两者的失衡，是思想政治教育价值结构失衡的重要表现，这种组合失衡主要表现在以下两个方面：

第一，理论教育的内容与价值主体需要之间的组合失衡。一是理论教育内容的层次低，价值主体的需要高。在理论教育中，有的教育者因为自身的理论功底差，无法传授高质量的理论，只能讲授低层次的理论。这些教育者的理论教育，自然满足不了价值主体的高层次需要。在高校思想政治教育活动中就存在这种情况，有的思想政治理论课教师理论功底差，在课堂教学中没有展现理论的魅力，学生感受到的只是理论的枯燥，既没有激发学生学习理论的需要，也无法用高质量的科学理论去满足学生渴望提高理论水平的需要。有的辅导员没有马克思主义理论专业学科背景，没有系统学习过马克思主义理论和思想政治教育专业的知识，理论知识非常薄弱。这部分教育者教育背景的缺陷，自然就难以用科学理论去引导大学生提高理论水平，达到立德树人的目的。二是理论教育内容的层次高，价值主体的需要层次低。这种情况主要存在于公司、企业等专业性很强的单位。员工因为自身专业背景的不同，虽然都具备坚定的政治立场和思想素养，但理论知识明显薄弱，理论教育不是不需要，但理论教育内容的层次不应太高，内容也应与其专业紧密联系，才能贴近员工的需要，更易于被接受。如果如前文一样想通过高水平的专家来提高员工的理论水平反而是不可取的，员工反而会因为听不懂、离自己的现实生活太远、与自己的工作内容相关度不高等原因排斥、甚至拒绝理论教育的内容。

第二，理论教育的方法与价值主体接受形式的组合失衡。理论教育要产生好的教育效果，教育方法很重要。思想政治教育对象人数众多，他们在理论水平、理解能力、思维方式、接受形式等方面存在较大差异。面对不同类型的教育对象，教育者如果采用单一的教育方法，就会与价值主体接受理论教育的形式产生冲突，造成失衡。比如，年龄偏大一些的教育对象，接受的方式则可能比较传统一些，更相信权威报刊等传统媒体；而当代大学生年纪轻、思维活跃，作为网络时代的"原住民"，智能手机、网络、新媒体、自媒体，更是他们容易接受的方式，理论教育的内容应多通过新媒体等形式，才更易于为大学生群体所接受。此外，就是理论教育的方法与价值主体业务内容的脱节。不同行业的价值主体，因专业背景、业务工作的差异，思维方式、对教育内容接受的程度、接受的方式都是有差异的。因此，理论教育的方法应更有针对性和特殊性，采用不同的教育方法，才能激发教育对象接受教育内容的积极性和主动性，取得良好的教育效果。反之，教育对象对理论教育的方法没有兴趣，两者搭配失衡，就会造成结构的失衡，影响价值的实现。

（3）实践活动与理论教育内容组合失衡的现状分析

实践活动与理论教育内容的组合，直接关系到教育内容能否有效传递给价值主体，满足价值主体的需要，从而推动思想政治教育价值的实现。实践活动与理论教育内容的组合失衡，主要表现在以下两个方面：

第一，实践活动的类型与理论教育内容的搭配失衡。实践活动是检验和强化理论教育内容的重要手段，而实践活动的类型很多，只有实践活动类型与理论教育内容合理搭配才能产生好的效果。比如，进行红色文化教育，实践活动的类型就应该选择红色文化教育基地，这样才能产生好的教育效果。实践活动类型与理论教育内容搭配的失衡主要有以下情况：一是实践活动的类型与接受理论教育内容主体的类型失衡。对于教育内容并不是只要开展实践活动就可以传递下去，因为作为价值主体的受教育者来自不同的单位，在教育背景、理论基础、思维方式等方面千差万别，实践活动的类型与理论教育内容如何才能搭配合理，必须要考虑价值主体的类型，考虑不同类型价值主体的不同特点以及产生的不同需要。比如，进行爱国主义教育，到红色景点、爱国主义教育基地参观考察、实景教学、现场教学等方式对于所有的教育对象基本都适用；但通过网络思想政治教育开展的实践活动，尤其是通过自媒体、公众号等形式开展的实践活动，则更适合于懂网络知识，经常上网的青年群体，年纪比较大的群体则接受度不太高，主要因为对新事物敏感度、接

第六章 思想政治教育价值结构的失衡及其原因分析

受度不够。二是思想政治教育实践活动的类型与理论教育内容属性的失衡。思想政治教育价值的实现要产生好的效果，实践活动的类型要与教育内容的属性相匹配。比如，政治教育的内容，实践活动的类型就要严格遵守政治教育的属性，政治教育的内容都是事关党和国家路线、方针、政策的，事关对教育对象政治立场、政治态度、政治观念等的教育、引导，是极其严肃认真的问题。对此，传递政治教育内容的实践活动必须严格遵循这一属性，不能运用庸俗化的或是调侃之类的形式，更不能为了迎合部分低层次受众的需要而让实践活动的形式低俗。再比如道德教育，道德教育中的很多内容与普通老百姓的日常生活、家庭生活息息相关，实践活动的类型就要贴近大众的现实生活，既可以有周围榜样人物的示范作用，还应该采用老百姓喜闻乐见的娱乐形式。这样，才使价值主体乐于接受教育内容。反之，两者不匹配，价值系统内构成要素搭配不合理，就达不到教育应有的效果。构成要素之间搭配的错位，必然导致价值结构失衡。

第二，实践活动层次与理论教育内容层次之间组合的失衡。这种组合失衡主要是指两者之间层次搭配错位或是不合理。实践活动和理论教育内容众多，自然都有层次之分，有的层次高、有的层次低。实践活动层次与理论教育内容层次之间组合应该大体相当才能形成合理的结构。比如，低层次的理论教育内容与低层次的实践活动搭配就比较合理；理论教育内容的层次高，自然需要较高层次的实践活动来与之匹配。同是马克思主义理论的教育内容，由于教育对象的文化程度、理论水平有差异，对不同的教育对象，马克思主义理论教育内容的层次就应不同。对文化程度和理论水平高的教育对象，教育内容的层次就应该高。反之，对文化程度和理论水平都低的教育对象，要求他们能够掌握马克思主义理论的基本常识，能用马克思主义的基本立场、观点去指导自己的工作就可以了。但对于领导干部而言，则需要学习较高层次的马克思主义基本理论内容，用马克思主义的立场、观点、方法分析问题、解决问题，履行好自己的领导职责,更好地为人民服务。这就需要高层次的实践活动与之搭配,比如,开展对马列经典著作研讨活动,研究成果交流活动等。习近平总书记在中央政治局集体学习时曾多次强调,党的各级领导干部特别是高级干部,要原原本本学习和研读经典著作,努力把马克思主义哲学作为自己的看家本领。有了马克思主义的理论思维,就有保持政治定力的思想基础,面对复杂的国际国内局面,领导干部才能增强抵御风险的能力。面对领导干部这种高层次的理论需要,理论教育的实践活动层次就必须得高,对于低难度的教育内容,只需要层次较低的活动相匹配就行。搭配不合理,结构失衡,初衷再好,也起不到应有的效果。

二、思想政治教育价值结构失衡的原因分析

不同于老学科,结构要素都相对稳定,思想政治教育学是新兴学科,理论体系正在完善之中,在系统内各要素变化较大,导致思想政治教育价值结构失衡的原因较多。但主要的原因有:价值结构自身存在的问题以及思想政治教育价值活动实现条件的限制等,本书将从以下方面进行分析。

(一)思想政治教育价值结构自身问题的影响

除了外部环境负面因素的影响,思想政治教育价值结构自身存在的问题也是导致价值结构失衡的重要原因。

1. 思想政治教育价值结构不合理

思想政治教育价值结构不合理主要体现在硬结构和软结构两个方面。思想政治教育价值的硬结构是指,思想政治教育价值结构物质构成要素之间的排列和组合。思想政治教育价值的软结构,是指思想政治教育价值结构精神构成要素之间的排列和组合。思想政治教育价值硬结构

是由物质要素构成的，可以看得见，也好评估。比如，价值主客体中的人，人就是可以看得见的，他的行为活动效果也好评估。思想政治教育价值软结构构成要素是精神，就看不见，也不好评估。比如，教育者和受教育者的思想、道德、责任心就是精神因素，既看不见，其价值评估也困难。

2. 思想政治教育价值结构调整不及时

思想政治教育价值结构系统作为一个开放的系统，结构系统的稳定运行是相对的，因为在与外界环境进行物质、能量、信息交换的过程中，价值结构必然会受到影响而失衡，这就需要系统及时地调整。思想政治教育价值结构调整不及时主要体现在以下方面：

(1) 思想政治教育价值结构系统的反应具有滞后性

其滞后性表现为：

第一，思想政治教育价值结构对社会的快速变化难以及时反映。思想政治教育价值结构涉及社会的各种复杂因素。比如，由于当今社会已步入大数据时代，信息传播速度快，渠道多，信息量大。面对这样的局面，思想政治教育价值结构系统，对迅速传播的海量般的信息，它就难以作出及时的反映和应对的策略。

第二，思想政治教育价值结构的调整不及时。人的思想形成和发展是一个过程。价值主客体思想的认识、提升同样有一个过程，在这个过程中会出现思想的多变性、反复性等特点。尤其是在面对外在信息、事件的冲击下，人的思想、观念的接受，对新技术的掌握运用都需要一个过程，这样就会延迟系统结构的"自愈"。在高新技术、自媒体发达的今天，思想政治教育工作者如何有效地开展工作，及时地改进方式方法也是个重要挑战，毕竟教育者不是万能的，思想政治教育者的专业是做思想政治工作，信息技术不是强项，要掌握新技术，他需要学习。对信息快速传递的形势，他还需要适应。这些因素决定思想政治教育价值结构的调整会不及时。

(2) 主观层面的调整不及时

除了客观方面的原因,主观层面的原因也很多:

第一,思想上没有意识到价值结构需要调整。有的单位的领导思想上不重视思想政治教育,造成思想政治教育价值系统本就封闭、落后,面对迅速变化的社会,在思想上根本没有意识到价值结构出现的问题需要及时调整。

第二,不愿意及时调整。单位领导思想上既然不重视思想政治教育,对已经不适应社会发展要求的思想政治教育价值结构就认为没有调整的必要。比如,有的单位注意力都在如何追求更高的经济效益方面,只要能创造更多的经济效益,别的都不是问题,哪怕是部分员工思想层面已经出现问题,但只要不爆发大的问题,就可以被忽略或是压后再解决,总之经济效益优先,实质上还是忽略了人的思想道德素质与创造物质财富之间的关系,认为只要思想政治工作过得去,各要素完整,就没有必要投入时间、精力去完善、调整。

(3) 缺乏思想政治教育价值结构及时调整的物质和精神条件

思想政治教育价值结构的调整不是动动嘴就可以的,在很大程度上需要理念和物质的保障。有的领导在口头上认为思想政治教育很重要,单位也有充足的资金,但就是不愿给思想政治教育投入经费,改善物质条件来保证思想政治教育价值结构的调整,认为只要能勉强运转就行。还有的单位物质条件的保障不到位。由于领导没有认识到思想政治教育的重要性,没有认识到思想政治教育价值结构只有及时调整,才能适应社会的变化,不愿意在物质条件上多投入。所给予的投入无法保证思想政治教育的正常运转,使得应该调整的结构不能及时调整,进而影响到思想政治教育价值结构的优化和思想政治教育的效果。

3. 思想政治教育价值结构被破坏

思想政治教育价值结构被破坏,主要体现在思想政治教育价值结构运行的稳定性和规则性被破坏。

(1) 思想政治教育价值结构运行的稳定性被破坏

结构要稳定运行，有赖于结构内部要素的稳定发展，或是结构内各要素立足于自身的位置，坚守自己地位，充分发挥自身的作用。但系统在与外界环境因素进行物质、能量交换时，整个结构都处在动态的变化之中，尤其是网络社交媒体平台的兴起，自媒体的发达，个体一方面能够获得海量的资源、信息，但个体的思想、行为轨迹等也以数据的形式被各类软件、工具广泛记录，所以就会出现稳定性被破坏的情况。

第一，价值主客体之间的稳定性被一定程度的破坏。价值主客体作为价值结构系统中的灵魂，在结构系统中价值客体处于主导地位，价值主体也具有主体性和能动性。在过去相当长的时期价值客体的权威，作为价值主体的教育对象是毋庸置疑的。但随着现代社会的发展，网络信息的发达，价值客体的这种绝对的权威在慢慢被改变。在这种背景下，教育者如何有效地开展思想政治教育就遇到了挑战，价值主客体之间的稳定性就会受到一定程度的破坏。如果不及时解决这一问题，思想政治教育价值结构的稳定性也将受到影响。因此，无论是价值主体，还是价值客体，都有责任共同努力来调整被破坏了的价值结构，保持其稳定性，使其正常发挥作用。

第二，理论教育和实践活动与价值主体之间的稳定性被破坏。保持理论教育和实践活动与价值主体之间的稳定性，是价值主体接受理论教育和参加实践活动的保证。但在现实社会中，各种负面因素都会成为破坏理论教育和实践活动与价值主体之间稳定性的原因。比如，社会政治环境中的错误思想，会冲击价值主体接受理论教育的积极性，社会经济环境中的因素会制约价值主体参加实践活动的物质条件。这些消极因素的存在就会成为破坏理论教育和实践活动与价值主体之间的稳定性的因素。还有，思想政治教育价值主体如果不与时俱进，不断提高自己的素质也会破坏理论教育和实践活动与价值主体之间的稳定性。由此可见，只有从社会和价值主体两个方面共同努力，消除破坏稳定性的原因，就能解决稳定性被破坏的问题，使理论教育和实践活动与价值主体之间的稳定性能够得到保持。

(2) 思想政治教育价值结构运行的规律被破坏

这里讲的规则性是指规律。思想政治教育价值整体结构要产生应有的功能，必须遵循自身存在和变化的规律，如果违背了规律其功能就产生不出来。虽然价值整体结构是动态变化的，但这种变化是稳定的、可控的，有其存在和变化的内在规律可循，一旦思想政治教育发展方向出现问题脱离正常运行方向，那就会变成不可控的，违背价值结构自身存在和发展的规律。对思想政治教育价值结构运行规则性的破坏，主要表现在两个方面：

第一，对思想政治教育价值结构运行方向的冲击。"思想政治教育的基本功能包括保证正确的政治方向"①。在当前这个信息发达的时代，置身这个大背景下，面对多元价值影响，社会层面的浮躁和急功近利思想的影响，思想政治教育价值结构运行的方向就需更加的明确，但当前环境中的一些负面因素，无形之中对思想政治教育的发展方向就形成了障碍。讲政治、讲道德的在一定程度上好像格格不入，甚至"傻"，实在的利益才更重要，哪怕是通过不诚信的方式获得。这在社会层面是个错误的导向，但却能与当前的正面教育在一定程度上"相抗衡"。同时，面对海量信息，教育者也有一个接受、辨析和认识的过程，比如在"普世价值"刚出现时，面对铺天盖地的理论轰炸、舆论宣传，部分教育者刚开始甚至觉得好像还挺有道理，但随着深入的认识、理解才发现这不过是西方国家妄图将它们的价值观传递给我们的幌子。这种对思想政治教育发展方向的影响，思想政治教育价值结构固有的基本功能就发挥不

---

① 郑永廷、刘书林、沈壮海：《思想政治教育学原理》，北京：高等教育出版社2016年版，第129页。

出来，实则是违背了规律，对价值整体结构的规则性产生了冲击。

第二，对思想形成发展规律的违背。人的思想形成发展有规律，所以，人的思想政治道德素质的形成和发展也是有规律的。违背了思想形成和发展的规律，人的思想政治道德素质就难以形成。人的思想形成和发展，是一个涉及情感、意识、认知外加逐步提升的过程，思想政治教育价值结构的运行也必须遵循这一规律。当前慕课、在线教育、远程共享、网络学习等方式的兴起，一些不懂思想政治教育规律或是不了解思想政治工作的人就认为这些方式完全可以取代课堂教学，这实则是对思想形成发展规律的不尊重，也是造成思想政治教育价值结构中价值主客体之间失衡的重要原因。在线教育、网络学习有其优势，比如可以享受其他学校、单位优秀的教育资源，但是思想及思想的形成有其独有的特点与规律，尤其是思想的形成有反复性的特点。价值主体通过接受今天的思想政治教育，热血沸腾，接受了这一观点，但还没有完全内化于心，更还没有外化于行，但在内化于心的过程中，现实中的一些现象、事件可能就会轻易改变他的观点，这就需要及时的巩固教育，仅依靠网络教学，这个问题可能就会被忽略。所以仅仅依靠网络教学是不可取的，教育者与教育对象之间面对面的交流、解惑，教育者的亲和力、在交流中教育者对教育对象某些思想问题的敏感察觉，都是远程教学等方式替代不了的，在这种面对面的交流之中教育者自身的人格魅力、感染力、对教育对象的仁爱之心本身就是一种教育资源。另外，当前社会层面浮躁、急功近利思想的存在，导致部分人的思想浮躁了，对于思想政治教育活动开展的重要性和必要性产生了质疑。缺乏耐心、敷衍了事，形式主义严重，成为少数单位的常态。缺乏思想政治教育活动这一环节的巩固，思想可能仅停留在"入耳"阶段，而没有"入脑""入心"，因此，这种面对面的教学、交流过程中能及时发现教育对象的思想问题，及时解决问题，从而巩固教育对象接受的思想观点。反之，如果一味的依赖新技术、新媒体而忽略人与人之间最基本的情感交流就违背了思想形成、发展的特点和规律，也是不尊重思想政治道德素质形成和发展的规律，实则也是对规则的一种破坏。

（二）思想政治教育活动条件的限制

思想政治教育活动是连接价值主客体的桥梁和纽带，但思想政治教育活动的开展需要必要的条件，这也是思想政治教育价值结构稳定运行的基础，当前因思想政治教育活动条件的限制造成思想政治教育价值结构失衡的状况也不在少数。

1. 思想政治教育物质条件不足限制价值结构的组合

思想政治教育物质条件不足对思想政治教育价值结构组合的限制主要体现在两个方面：

（1）对思想政治教育价值纵向结构组合的限制

思想政治教育价值纵向结构中的个体价值、集体价值和社会价值彼此之间相互联系。其中个体价值是基础，集体价值是中介，社会价值是归宿。任何个体都不是孤立存在的，任何个体都是生活在一定的集体之中的，在现实社会中，个体都是依托集体的平台实现自身的发展，而在个体发展的基础上又推动集体的壮大，集体的壮大，社会才能发展。纵向价值结构三个要素之间的关系要能有机统一，除了协调好三者的关系，还有一个重要条件，就是物质条件的保证，缺了这一条件，思想政治教育价值纵向结构的组合会受到限制，价值结构的功能都不能体现。当前存在的主要问题有两个方面：

第一，社会提供物质条件的不足对纵向价值结构组合的限制。物质生产条件决定人们的思想基础。社会的物质条件在整体上决定了大众的思想素质，社会物质条件不足，个体、集体的思想素质就不会高，纵向价值结构要素的质量不会高。因为社会条件的局限，个体、集体想要发展的物质、精神条件也难以保证，个体价值、集体价值的实现也会受到局限和阻碍，会出现个体价值非常弱甚至无法实现的状况，所以很多时代都有郁郁不得志,才能抱负无法展现的人。

第二,有的单位物质条件保证不够。如果一个单位的思想政治教育物质条件不足,缺乏思想政治教育活动开展的人员、场所、设备、经费、工具、基地等。因物质条件的不足,经费的限制,集体活动开展受到限制,个体出去参观、学习、考察的机会少,个体思想道德素质的提升就会直接受到影响,从而直接影响到个体工作的主动性和积极性,反过来又影响集体工作的效率。这样纵向价值结构就处在一种不健康的状态,价值结构的功能就不能有效发挥。

(2) 对思想政治教育价值结构各要素组合的限制

对思想政治教育价值结构各构成要素组合的限制,主要体现在价值主客体之间的组合和价值主体与理论教育、实践活动之间的组合。

第一,思想政治教育物质条件不足对价值客体与价值主体之间组合的限制。价值客体要通过自身功能的发挥满足价值主体的需要必须要有一定的物质条件作保证,如果没有物质条件的保证,价值主客体的组合就无法有效地"连接"而影响价值实现的效果。首先,物质条件不足会直接影响价值客体的有效工作。作为价值客体的思想政治教育工作者要安心稳定的工作,自身的生存、发展要得到保障。这样在教育的过程中,思想政治教育工作者才能全身心投入工作,而没有后顾之忧。反之,如果思想政治教育者自身待遇、发展都是问题,工作的开展得不到支持,工作的成果得不到认可认同,在这种情况下就算思想政治工作者能够正常工作,也缺乏足够的热情和激情,正能量不足,更有严重者可能牢骚满腹,传播负能量,形成思想政治教育的负价值。安心的投入工作之后,良好的物质条件有助于思想政治教育工作者工作的开展,否则,思想政治工作者再有热情,也无济于事。比如,思想政治教育开展活动所需要的场所、邀请相关的专家,到红色教育基地参观、考察,到模范示范村镇、企业、学校交流、学习等,没有一定的物质保障是无法进行的,尤其是到外地的交流、学习、考察,交通工具怎么解决,路上的食宿、安全如何保障，这不是教育者自身能够解决的，而需要所在单位有一套完整的保障制度。其次，物质条件不足会影响价值主体接受教育和进行自我教育。思想政治教育活动的开展需要物质条件，价值主客体的自我教育同样需要物质条件。良好的物质条件下，自我思想政治教育的设备好、环境好，自然会提升自我思想政治教育的效果，有助于价值主体思想道德素质的提升，增强获得感。同时，良好的物质条件也能够给个体更多的自我学习的机会和条件，比如，随着社会的发展，地方图书馆、各单位资料室的建设和发展，不仅环境好，有的还提供网络、电脑，个体自身学习的意识、装备也较以前有了完善，部分有条件的还主动到别的地方、单位去参观学习、考察，这对于个体思想认识的提高、思想道德素质的提升都是重要基础。但如果缺乏必要的物质条件，价值主体这些方面的需要无法得到满足和保障，不利于个体进行自我教育。

第二，思想政治教育物质条件不足限制价值主体与实践活动的组合。物质条件越发达，大众对精神层面的需求越高；物质条件不足，大众的精神需求也在一个较低的层面。对此，首先，思想政治教育物质条件不足，作为价值主体的教育对象自身思想道德素质提升的需要就低，实践活动的内容、形式也只会在低层次徘徊，要素的质量不高，要素之间组合的质量也不会高。其次，因物质条件的不足，限制实践活动的更新，价值主体需要的满足也会受到限制。随着社会的发展，作为价值主体的教育对象在不断发生新变化，实践活动的内容、形式也必须与时俱进，贴近价值主体的实际需要，两者的组合才能产生应有的效果。思想政治教育实践活动的进行要运用到很多载体，包括文字载体、媒介载体和活动载体等。比如，教育者的语言文字载体，如果价值主体是青年群体，那首先对青年人当前的语言体系要有一定的了解，在实践活动中如果能够适当地运用就会拉近与教育对象的距离，当前，如何综合运用文字、图标和图像等载体是个重要发展趋势，因为这种方式贴合目前青年群体

第六章 思想政治教育价值结构的失衡及其原因分析

的接受度。当今社会，媒介发展快速，尤其是自媒体的发达，实践活动如何有效地运用适合不同教育对象易于接受的媒介也非常重要。思想政治教育的活动载体有很多，包括单位的本职工作、竞赛活动、文化活动、社会活动、休闲娱乐活动等。但上述所有载体的运用，如果没有一定的物质条件保证，或是随着社会的发展不能够适当、及时地更新，对于教育对象是缺乏吸引力的。比如，媒介载体的运用，这就需要在硬件方面进行投入，有技术支撑，有相关的技术工作人员，思想政治教育者要会运用、操作等。物质条件不足，就会限制价值主体与实践活动在高层面的组合。

2. 思想政治教育活动氛围淡漠限制价值结构的变化

思想政治教育活动的氛围，是指思想政治教育价值结构运行时的环境气氛。思想政治教育活动的氛围对思想政治教育价值结构的影响虽是无形的，但却是强有力的，因为这种影响直击心灵，对教育对象的影响更深刻。当前社会的精神风气，总体层面是好的，但其中消极负面的因素对思想政治教育价值结构的影响也是很大的。其中对价值结构变化的影响主要体现在以下两个方面：

（1）导致思想政治教育价值结构从高层次向低层次转化

思想政治教育价值结构不断优化，思想政治教育价值功能才能得以有效发挥。当前导致价值结构从高层次向低层次转化主要体现在以下方面：第一，价值主体需要层次降低。价值主体对思想政治道德素质提升的需要高，价值客体以不断提升的功能满足这些需要，价值结构的层次才会提升。当前的状况，一个核心问题是，社会风气中的负面因素，比如道德失范问题、触及全民底线的极端恶劣事件等都在影响思想政治教育的效果，影响价值主体需要的层次。一些单位不好的风气，一些人品存在严重问题的人的行为，都在降低价值主体思想道德素质提升的需要。还有一种情况是价值主体受负面因素的影响提升需要层次的积极性差了，导致需要停留在较低的层次。比如，有的大学生在进校之初也是踌躇满志，目标远大，但在实践的过程中，受周围环境的影响，对目标的坚定性就发生了动摇，或是在遭遇打击、挫折后，积极性就差了，没有达到预期目标。价值主体的需要是价值生成的前提，如果这个前提出现了问题，价值主体需要的层次在降低，价值结构也必然受到影响，向低层次跌落。所以价值结构的变化经常处在这样一种拉锯战中，在偏离正常甚至低于正常再到回归正常，而很难有一种质的层面的飞跃。第二，价值客体功能弱化、边缘化。这个问题主要体现在以下方面：教育者在教育的过程中没有尽职尽责，没有针对教育对象的实际问题，进行充分的有准备的教育；有的教育者自身素质差，缺乏学习的积极性，不能够充分满足价值主体的需要；还有的教育者责任意识差，首要的任务并不是教书育人，而是挣钱，所以一味地追求课时，而不注重课堂的教学质量，对教学内容不进行及时的更新、完善等。

(2) 造成思想政治教育价值从正价值向负价值转变

社会各种社会思潮、价值观的涌入本就让部分人思想有些混乱，再加上国外一些别有用心势力的"煽风点火"，国内一些无知人士的跟风，更是冲击着部分大众对主流价值观的认同，价值结构在这种背景下受到冲击后，会造成部分思想政治教育价值从正价值向负价值转变。

3. 思想政治教育实践活动效果差限制价值结构作用的发挥

思想政治教育实践活动主要包括理论实践活动和立足于自身岗位的创造物质财富的实践活动，也可称之为专业实践活动。要想实现思想政治教育价值目标，思想政治教育实践活动是价值客体作用于价值主体的重要载体，而价值客体作用于价值主体的过程的效果关系到价值结构作用的发挥。对此，思想政治教育实践活动效果差对思想政治教育价值结构作用发挥的影响主要体现在两个方面：

(1) 理论教育实践活动的效果差

理论教育实践活动的效果差主要表现为：首先，部分教育对象理论

第六章　思想政治教育价值结构的失衡及其原因分析

基础薄弱，对理论教育实践活动提不起兴趣，认为与自己的工作没有必然的联系，缺乏学习的动力和热情。其次，理论教育实践活动的方法欠缺，比如马克思列宁主义、毛泽东思想和中国特色社会主义理论体系教育、党的基本路线、基本纲领和基本经验教育等这种比较宏大的理论教育内容如何在实践中"落地"，让价值主体易于接受、乐于接受，可以说对教育者是一种考验和挑战，对此，需要下大功夫准备、提前了解教育对象的知识基础，但当前相当一部分的理论实践活动缺乏创新，最常见的就是请个专家、老师进行一场讲座，实践活动的形式、方法都存在明显的不足。最后，如何立足不同行业进行有针对性的实践活动效果不足。思想政治教育促进社会与经济发展的一项重要功能就是为经济发展提供精神动力。中国梦的实现，是立足于不同行业劳动者的个人梦的实现。只有充分调动广大人民群众的智慧、力量、潜能，在大家的共同努力下才能实现。如何通过有针对性的理论实践活动，将传递的理论教育内容与行业的发展联系起来，激发教育对象的工作热情、动力很关键。但现在的状况是一项理论教育的任务下来，各个行业进行的理论教育实践活动的形式、内容基本没多大差异，如何立足不同行业，将理论与实践有效地联系，让大众感受到理论的魅力是个很大的挑战。上述种种不足，必然会影响价值结构作用的发挥。

（2）创造物质财富实践活动的效果差

人们往往有个误区，将创造物质财富与精神、道德割裂开来，这是错误的。越是拥有良好企业文化的企业，越是能不断攻坚克难、创造奇迹；越是团队成员思想素质过硬，团队协作能力强，越是能够创造巨大的物质财富。创造物质财富实践活动的效果差，首先是很多单位对此认识不足。当前，部分地区、企业、单位受急功近利思想的影响，缺乏对地区、单位文化底蕴构建、核心价值观树立的投入。因为这是一个长期的过程，甚至需要几代人的共同努力，所以在短期内，很多单位不愿在这方面投入太多。认识不到位、领导层不重视，实践活动的效果自然不会好，从而影响价值结构作用的发挥。其次，创造物质财富这个过程思想政治教育的作用发挥不够。创造物质财富实质也是劳动，关系到为谁劳动、如何劳动，如何增强劳动效果，只有首先解决了这些问题，一个企业、单位才能更好地创造物质财富。但是在这个过程中，思想政治教育处在一个弱化的位置，很多单位没能够在创造财富的实践活动中，通过有效的教育引导群众处理好劳动与报酬、奉献与获取的关系，处理好国家、集体和个人三者之间的利益关系以及如何增强个体的主人翁精神，在创造物质财富的劳动过程中发挥积极性、主动性和创造性，提高劳动生产率，创造更多的物质财富。其实这是一个很好的价值客体作用于价值主体的过程，因为思想与利益相结合才能更彰显现实的力量，但很多单位因为意识不够，或是缺乏创造物质财富实践活动的条件，抑或条件很差，实践活动的效果没有充分发挥，也直接影响了价值结构作用的发挥，从而造成价值结构的失衡。

第七章 思想政治教育价值结构的优化

研究思想政治教育价值结构是为了产生出应有的功能，增强思想政治教育效果，达到立德树人的目的。但是，由于前面已经分析过的各种原因，思想政治教育价值结构常被破坏而影响到功能的发挥。因此，优化思想政治教育价值结构，对于发挥思想政治教育价值功能就具有重要意义。

一、提高思想政治教育价值结构构成要素的质量

思想政治教育价值结构由价值的要素组合而成，要素是形成结构的基础，要优化思想政治教育价值结构，必须先研究如何提高思想政治教育价值结构构成要素的质量。

（一）指导价值主体树立科学的需要观

价值主体需要观，既直接影响价值结构的合理构成，还会影响到价值功能的发挥。

1. 纠正价值主体错误的需要观

纠正价值主体错误的需要观，首先要识别和抵制错误的需要观，这是树立科学需要观的前提，原因在于：在现实生活中，存在着各种各样

错误的需要观,它们直接阻碍科学需要观的形成。

(1) 引导价值主体识别和抵制错误的需要观

错误的需要观主要包括两个方面:

第一,社会存在的错误需要观。社会存在的错误需要观既会直接影响科学需要观的树立,还会影响个体的需要观。对此,要高度重视对错误需要观的研究。当前社会存在的错误需要观主要有以下三个类型:金钱至上、享乐为先、极端利己。

持金钱至上的需要观的人,将金钱看得高于一切,比什么都重要。有钱就快乐、就幸福,没钱就不快乐、不幸福。为了得到钱,这些人完全无视道德、法律。于是,生产假冒伪劣产品、偷盗、抢劫,甚至杀人、贩毒,离了金钱绝对不行。但一个只有钱没有其他追求和寄托的人,是不会过得幸福的。金钱至上,利欲熏心,只会让人心变得越来越冷漠,感受不到人情的温暖。持享乐为先的需要观的人,就是将个人的感官快乐和实际利益放在第一位。这些人在思想上,追名逐利、贪图享受,讲排场、比阔气,信奉及时行乐的人生哲学。行动上,安于现状,得过且过,怕吃苦,追求物质享受,情趣低俗,热衷吃喝玩乐,沉湎于花天酒地、声色犬马,纵情享乐。持享乐为先需要观的人,会丧失斗志,迷失人生发展的方向而走入歧途。持极端利己的需要观的人,只顾自己利益而不顾别人利益和集体利益。把个人利益看作高于一切的生活态度和行为准则。他们从极端自私的个人目的出发,不择手段地追逐名利、地位和享受。

第二,个体存在的错误需要观。社会是由个体组合而成,社会存在的错误需要观必然会在个体身上发应出来。但是,个体是作为单个的人独立存在的,他的需要有自己的特有个性。个体存在的错误需要观与社会存在的错误需要观既有联系,又有区别。个体错误的需要观有:拜金主义、急功近利、重物质轻精神等。

拜金主义的需要观。持拜金主义需要观的人,盲目崇拜金钱,把金钱价值看作最高的需要。这种错误的需要观把人降低为金钱的奴隶，把金钱、别墅、豪车当成成功的标志和身份的象征。拜金主义的需要观会造成人情冷漠、道德沦丧、信仰缺失。急功近利的需要观。持急功近利需要观的人，急于求成，贪图眼前的成效和利益。他们急于追求短期利益而不顾长期需要，追求个人需要而不顾全局利益。重物质轻精神的需要观。持重物质轻精神需要观的人，过分重视物质的需要而轻视精神需要。个体的成长和发展，既要有物质需要，更要有精神需要。物质是社会和人发展的基础，如果没有物质需要，个体不仅难以发展，就连生存都成问题。个体如果仅有物质需要，没有精神需要，他就会缺乏理想信念，缺乏精神动力。这样，他就很难向高层次发展，他的人生会毫无意义。

(2) 纠正错误需要观

如何才能纠正错误的需要观，主要从以下几个方面着手。

第一，加强马克思主义的需要理论教育。要纠正错误的需要观，必须帮助价值主体学习马克思主义的需要理论，用它来武装自己的头脑，提高抵御和纠正错误需要观的能力。从现在需要观出现的问题来看，其根本原因就出在理论学习上。当前，在浮躁、功利等负面社会因素的影响下，相当数量的人没有认识到科学理论的价值，不愿甚至不想学习理论。由于头脑中缺乏马克思主义理论的指导，就不可避免地受到各种错误需要观的影响。要纠正错误需要观，当务之急就是要加强马克思主义理论，特别是需要理论的教育，提高价值主体的理论水平，增强其识别和纠正错误需要观的能力。在传授科学理论时，要注意三点：一是要将马克思主义理论与当前个体的思想实际相结合。学习科学理论是为了提高理论水平和思想素质，解决思想上存在的问题，克服错误的需要观。理论教育，要联系价值主体在需要观上存在的问题，有的放矢地传授理论，引导他们学习理论并用来解决自己在需要观上存在的问题。由于价值主体生活的环境，成长的经历不同，他们之间在需要观上存在的问题是有差异的。因此，价值主体存在的问题不同，教育的内容和方法也就不同。比如，对存在急功近利错误需要观与重物质轻精神错误需要观的价值主体，教育的重点就不同。对存在急功近利错误需要观的价值主体，在进行理论教育时就要帮助他在注重眼前利益的时候，必须注重长远利益，这样才有远大的目标，才能持之以恒地奋斗，不断获得更多更大的利益。对重物质轻精神错误需要观的价值主体，则要帮助他认清物质需要与精神需要二者的不可或缺性，它们都是人发展不能缺少的需要，偏向任何一方，都会制约人的发展。二是要注重对不同程度错误需要观的价值主体的教育。错误需要观也是分层次的，有的错误程度大，有的错误程度小。对错误程度大的价值主体，纠正的难度大，思想的变化还容易反复。对他们就需要耐心的长时间地进行教育，指导他们认识错误，逐步改正错误的需要观。对错误程度低的价值主体，纠正的难度就小。对他们的教育就要快，帮助他们尽快掌握理论，认清错误需要观的危害，早点纠正错误。三是要注重对不同年龄段的错误需要观价值主体的教育。不同年龄段的错误需要观价值主体的教育也存在区别。比如，价值主体从年龄上划分，分为老年、中年和青少年。不同年龄段的人，在进行纠正错误需要观的教育时，对青少年的教育是重点。其原因是，首先，他们正处在科学需要观形成的重要时期，在这个阶段帮助他们纠正错误的需要观，树立科学的需要观将影响他们终身。其次，他们社会阅历浅，识别能力弱，接收网络信息多，这就很容易受错误需要观的影响。最后，逆反心理较重。青少年是人生逆反心理较重的时期，要帮助他们接受科学理论教育，纠正自己的错误需要观，难度也较大。鉴于以上原因，青少年是科学理论教育的重点。

第二，引导价值主体认识到错误价值观的实质和危害。要纠正错误的需要观，在进行理论教育的同时，还要帮助价值主体认识到错误价值观的实质和危害。价值主体只有认识到错误价值观的实质和危害，才能自觉主动地纠正自己错误的需要观。如何引导价值主体认识到错误价值

第七章 思想政治教育价值结构的优化

观的实质和危害？要在科学理论的指导下，引导价值主体认识到：物质财富至上、把金钱作为衡量人生价值的唯一标准，终将会造成"人的异化"，忽视情感、忽视他人，更谈不上服务、奉献，银行"数字"的增长才会让他们开心，长此以往，为了追逐金钱就会迷失方向，甚至不择手段走上犯罪的道路，这也是当前部分官员行贿受贿、贪赃枉法问题的根源所在。我们社会的物质财富是人民群众经过自己的艰苦劳动创造出来的，这些财富归人民群众享受，人民群众是财富的创造者和享受者，任何侵占社会财富的人都是犯罪的。价值主体还要认识到：在人与金钱的关系中，人处于主导地位，不能被金钱左右。人有正常的物质需要，这既是人生存、发展的需要，也是推动社会发展进步的动力。但如果这个度没有把握好，把物质需要看得高于一切，沉醉于享乐，就会陷入两个极端，一是贪图享乐。为了享乐，有的人靠"啃老"，有的人偷盗抢劫，有的人贪污受贿，还有的甚至贩毒、卖毒。他们通过这些形式获得财富来满足自己的享乐。沉浸于享乐的人，不仅一生毫无价值，还会对社会造成不稳定，带来破坏。此外，如果拼命的赚钱只是为了自身的享乐，而没有为他人、社会服务的意识和责任。整天过着纸醉金迷的生活，看似潇洒，实则心灵极度空虚。二是对社会缺乏责任感。极端利己或精致利己强调个人利益至上，社会和他人只是达到个人目的的手段，他们缺少社会责任感。这些人只知道向社会索取，不愿意为社会的发展作贡献。长此以往，他们会误入歧途，不仅断送自己的前途，还会阻碍社会的发展。

上述情况告诉我们，在思想政治教育活动中，必须以科学理论作指导，引导价值主体认识到错误价值观的实质和危害，这样才能培养价值主体正确的需要观。

第三，加强实践教育。实践教育是指指导价值主体有意识有目的地参与改造世界的教育活动。价值主体只有参加实践活动，才能在实践中认识到错误价值观的实质和危害，逐步形成正确的需要观。参加改造世界的实践活动对价值主体纠正错误的需要观有以下作用：一是价值主体正确需要观来源于在科学理论指导下的社会实践活动。通过组织价值主体参加社会实践活动，在近距离接触世界的过程中，用自己的思维去感知世界和了解世界，在鲜活的事实面前受到教育，辨别形形色色的错误需要观产生的根源及其带来的危害，提高抵制错误需要观的能力。二是在实践中检验自身需要观是否正确。如何判断价值主体需要观的正确与否，实践是检验的唯一标准。只有通过参与实践活动，将需要观运用于实践，亲自去体验、感悟，才能辨别需要观是否正确。三是在实践中纠正错误需要观。由于个体认识的局限性和外界各种错误世界观的影响，价值主体头脑中都不同程度地存在着形形色色的错误需要观。要纠正这些错误的需要观，除了用科学理论去辨别、纠正错误的需要观念，更重要的是在实践中纠正错误的需要观。组织、鼓励价值主体积极参加社会实践活动，让他们在与社会、与他人的接触中，在看到正确需要观给人和社会发展带来推动作用的同时，认识错误需要观造成的危害。正反两个方面的对比，就能自觉地纠正错误需要观，形成正确的需要观。

2. 丰富价值主体需要观的内容

价值主体因所处的地区、出生的背景、生活的环境、所受教育的不同，个体需要的类型、内容、层次是有很大差异的，而这直接影响了价值主体接受教育内容时的动力、能力和效果，是影响价值结构运行效果的重要因素，对此，丰富价值主体需要观的内容，对于稳定价值结构，促进价值功能的发挥很有必要。丰富价值主体的需要观主要包括以下两个方面：

（1）丰富价值主体的物质需要

正当的、合理的物质需要是价值主体生存、发展的前提和基础。丰富价值主体的物质需要可以从以下方面着手：

第一，要满足部分价值主体未被满足的正当的、合理的物质需要。正当的、合理的物质需要是价值主体发展的要求，满足这些需要，也是价值客体的职责。但是,由于我国地区经济发展的不平衡性,贫困问题依然存在。据统计,2017年末农村贫困发生率为3.1%,贫困人口规模为3046万人。① 贫困地区的问题和现状主要体现在以下方面:贫困地区的基本社会保障严重不足;贫困地区的基础设施极其匮乏,尤其是游乐设施、健身设备、文化场馆等;基础教育落后,教学设备和师资力量较为薄弱;部分地区物质匮乏、水资源有有限,民众体质差;因受教育程度低贫困地区犯罪率较高。物质条件差、生产力落后,受教育程度不高,导致这些地区人口素质差,思想认识落后,需要层次低,生产效率低下,这样的恶性循环在贫困地区不断上演。对此,首先,要保证贫困地区正当的物质需要。响应国家精准扶贫政策,依据地区优势,通过特色农业、旅游经济等形式发展经济,一方面让文化层次较低的人有就业的机会,减少社会不稳定因素;另一方面还可以帮助农民脱贫致富。其次,经济发展了,就要保证教育、科学、文化的基本设施。要改善贫困地区的教学环境、教学设备,配备足够的任课教师,让孩子们有一个较好的学习环境。村里、乡镇应配备图书室、运动场馆等设施,通过志愿服务的形式申请志愿服务人员过来进行讲解、辅导,不断提高村民的文化知识和思想认识。

对经济发达地区,要满足他们较高层次的需要,让他们既有富裕的物质生活,更要有高品位的精神生活。需要是思想政治教育价值形成的前提,当价值主体的需要层次提高了,才能形成思想政治教育的高价值。

第二,有针对性地丰富部分价值主体的物质需要。除了贫困地区带有普遍性的物质条件缺乏,不同群体中也存在物质条件差的情况。对这部分价值主体需要的满足就更要有针对性。首先,大学生群体中的贫困学生。贫困大学生也是国家的未来,民族的希望,他们同样承担着实现

---

① 《我国农村贫困人口减少7.4亿人》,载《光明日报》,2018年9月4日,第12版。

中国梦的历史重任。对他们要通过多种渠道提供物质支持，帮助他们顺利完成学业，成为国家的建设人才。其次，其他经济贫困者。由于种种原因，在我国，无论是在从事劳动的人，或者暂时还未就业的人，都要采取各种措施满足他们基本生活所需要的物质条件。与此同时，还要鼓励他们提高劳动技能，积极参加劳动，通过提高劳动效率来不断改善自己的生活条件，提高物质需要的层次。

以上两种情况物质需要在丰富的同时，必须要进行感恩、独立和自立的思想教育。通过教育，在激发这部分价值主体的进取意识的同时，还要避免部分贫困者坐等政府扶贫专项基金、专款情况的发生。对于青年大学生更应该进行感恩教育，让他们对政府、国家或是资助的社会人士、校友常怀感恩之心，在校勤奋学习，提高素质，走上工作岗位后积极劳动，多为国家创造财富，以此来感谢曾经帮助过自己的组织和人。

第三，提高价值主体需要的层次。价值主体需要层次的提高是思想政治教育价值实现的需要。思想政治教育不仅要实现中低层次的价值，更重要的是要实现高层次的价值，只有如此，才能加快社会发展的速度。如何提高价值主体需要的层次呢？一是进行科学需要观的教育。通过教育，使价值主体认识到，科学需要观既包含正确的需要，还包括高层次的需要。只有当他们将自己的需要提高到高层次，才能实现思想政治教育的高价值，将自己培养成为高层次的人才。二是创造条件帮助他们提高需要的层次。这些条件分为物质条件和精神条件。物质条件又分为生活物质条件和工作物质条件。只有当这些物质条件具备了，才能推动价值主体需要层次的提高。因此，我们要大力发展经济，创造更多的物质财富，不断改进人民群众的物质生活，为他们提高需要的层次创造条件。

（2）丰富价值主体的精神需要

精神需要的不断丰富，也是提高价值层次的一个重要措施。

第一，要丰富价值主体的思想需要。思想支配行为，丰富思想需要是提高思想素养，指导人们用正确行为去改造世界的要求。价值主体只有在科学理论的指引下才能更好地从事业务工作与其他活动，为社会创造更多的劳动成果。习近平新时代中国特色社会主义思想是马克思主义中国化最新的理论成果，是对马克思列宁主义、毛泽东思想、邓小平理论、"三个代表"重要思想、科学发展观的继承和发展，是党和人民实践经验和集体智慧的结晶，是我党的指导思想。因此，在思想政治教育活动中，应及时引导价值主体学习、领悟习近平新时代中国特色社会主义思想的精神，并用于武装自己的头脑，指导自己的工作和学习。只有这样，价值主体才能明确方向，树立科学的需要观，丰富正确的思想需要。习近平总书记在党的十九大报告中指出，"我国经济已由高速增长阶段转向高质量发展阶段，正处在转变发展方式、优化经济结构、转换增长动力的攻关期，建设现代化经济体系是跨越关口的迫切要求和我国发展的战略目标。"[1] 报告对当前我国经济社会发展提出了新的要求，在这样的背景下，价值主体必须及时更新自己的思想、理念，丰富思想的内容，才能适应新时代发展的要求。由此可见，价值主体只有根据社会发展的变化，不断丰富自己的思想需要，才能为思想政治教育价值的提高创造前提条件。

第二，丰富价值主体的政治需要。政治需要既是培养政治信仰的要求，也是实现思想政治教育政治价值的前提。如何才能丰富价值主体的政治需要呢？首先，要及时了解党的最新的路线、政策、制度等。为了适应社会发展的需要，党的路线、政策、制度也在不断的调整、完善。比如，法律的修订、新的税务制度、延迟退休的规定、新的部门的成立等，要及时了解党的最新的政策、制度。其次，要增强价值主体的政治安全意识。中国特色社会主义道路、中国共产党的领导、中国的政治制度，这些都是经过实践检验最适合我国国情的，但因为意识形态领域的

---

[1] 《中国共产党第十九次全国代表大会文件汇编》，北京：人民出版社2017年版，第24页。

斗争，一些别有用心势力的误导，社会层面出现的诸如丑化英雄人物、歪曲领导人物的事件，不得不引起警惕和深思，在当前这个信息传播速度快、媒介形式多的时代，价值主体的政治安全意识、政治敏锐性必须及时跟上。比如，国家安全问题，并不只是传统意义层面的领土安全，在网络社会、大数据时代，互联网安全、信息泄露，都会导致国家政治、经济的不安全。如何防范新时代的间谍、识别他们的一些常规手段是价值主体伴随时代发展应及时了解和掌握的内容。

第三，丰富价值主体的文化需要。丰富文化需要，是提高人们的文化品位，形成和实现思想政治教育文化价值的前提。如何丰富价值主体的文化需要呢？首先，要关注和丰富落后地区价值主体的文化需要。我国地大物博、幅员辽阔、地区之间发展不平衡，农村地区的文化需要类型、层次都处在一个比较低的层面。部分文化需要的丰富是一个从无到有的过程，比如群众文化活动，一些落后地区群众的休闲娱乐还停留在打麻将，导致赌博成风，这与文化素养低有很大的关系。在边远山村，民众文化素质普遍不高，村民居住又较为分散，缺乏文化体育场馆，没有图书室、运动设施，对此，落后地区价值主体文化需要的丰富和发展任重道远，要开辟新的文化娱乐活动，比如引入广场舞，晚饭之后让一部分群众有新的活动形式；推广象棋、乒乓球、篮球、拔河等休闲运动活动，使之成为村民精神生活的重要形式。其次，要及时丰富价值主体新的科学文化知识的需要。对于社会发展出现的新的科学文化知识，要及时传递给价值主体。可以通过较为系统的集中传授，也可以通过提供最新的书籍、资料，创造条件让价值主体到不同的地区、国家感受不同的理念、知识、文化形式等。最后，要营造新的良好的文化氛围。在良好的文化氛围下，国民思想道德素质高，人际氛围和谐，尊重知识、崇尚科学，道德失范现象自然会少。在正确价值导向下，青少年的价值观才不会被"明星""网红"所影响，陷入一种泛娱乐化的状态。在良好的文化氛围下，才能催生高层次文化作品的出现，庸俗、低层次的文化作品才没有市场，价值主体在高层次文化作品的熏陶感染之下，精神文化需要也会不断地丰富。

3. 提高价值主体需要观的层次

价值主体需要的质量具有层次性，需要的层次越高，实现的价值就越大。提高思想政治教育价值主体需要层次主要措施有：

（1）将低层次的需要提高到中等层次

需要层次的提高总是从低层次开始，逐级上升的。在思想政治教育活动中，要花大量的时间和精力去提高价值主体低层次的需要。这是一项基础性的工作，其原因有二：一是低层次需要的人数多。二是低层次需要是中层次需要和高层次需要的基础。没有低层次，何来中层次和高层次。根据循序渐进的原则，提高价值主体的需要先是将低层次需要提高到中层次。将低层次的需要提高到中等层次的具体措施有：

第一，增强低层次个体提高需要层次的信心和动力。需要层次的提升是一个循序渐进的过程，但部分个体觉得自己与他人差距太大，缺乏提高需要的信心和动力，有的甚至觉得没有提升的必要，自己的现状很好。对此，在思想政治教育过程中要找到价值主体处于低层次的原因，然后对症下药。对于没有目标、方向的，首先要帮助他们明确发展的方向。对于信心不足的，要通过帮助价值主体确立一个个科学的阶段性目标，通过阶段性目标的实现不断增强信心。对于安于现状缺乏动力的，则要加强正确人生观的教育、引导，可以通过到偏远地区的志愿服务活动、通过与同龄人的对比教育等形式激发、刺激价值主体，让他们自己感受到自身认识的不足及危害，从而自觉提高自身需要的层次。

第二，要在全社会营造追求高层次需要的氛围。当前部分人之所以忽略提升个体思想素质，任需要在低层次徘徊，与当前社会上急功近利，片面追求物质需要的风气有很大关系。个体有了高层次的需要，才会生成高层次的思想政治教育价值。要在全社会营造追求高层次需要的氛围，社会层面就要体现出对高层次人才充分的尊重和认可。一方面要体现在物质层面。在物质层面，对于实现了高层次思想政治教育价值的人，无论是思想道德层面的，如国家层面的"感动中国人物""最美"系列人物，还是各个地方的"道德模范"，都应给予一定的物质鼓励。对于社会层面涌现的好人好事、见义勇为等美好的道德行为可以通过设立相关专项基金的形式予以奖励。对于在自己行业做出突出贡献的人员同样要在物质层面给予一定的物质奖励，总之要在社会层面树立这样一种导向，营造这样一种氛围，国家是重视的、鼓励的，从而激励更多的人积极向善。另一方面是精神层面的，主要通过社会地位的提高、政治认可、社会尊重等形式彰显社会导向，在这种氛围下激励个体不断提高自己的需要层次。

(2) 将中等层次需要提高到高层次

低层次和中层次需要是高层次需要的基础，基础虽然重要，但必须把它们提高到高层次才能形成高价值，将中等层次需要提高到高层次是思想政治教育的重点。如何提高呢？

第一，引导价值主体认识到提高需要层次对自身发展的重要性。高层次需要驱动下的高价值会成就个体的人生发展，让个体的人生更加的绚丽，与此同时也会实现自己高的社会价值，赢得地位和尊重。价值主体只有将中等层次的需要提高到高层次，才能为获得思想政治教育高价值提供前提条件。对此，在思想政治教育过程中，要通过榜样示范、目标激励、感染教育等方法让价值主体意识到提高需要层次的重要性和必要性。

第二，要引导个体树立远大的目标。个体的目标层次如果只在中低层次，那他的思想政治教育价值也只会在中低层次，因为目标一旦实现，个体就缺乏进一步提升的动力。远大的目标能够提升个体的思想境界，开阔他们的视野，增强其提升需要层次的动力，个体树立远大的目标，中级目标只是其中的一个阶段，实现了中级目标反而会成为个体继续前行、攻克下一个难关的动力。

第三，培养个体的顽强意志。在通往高层次需要的道路上会遇到各种困难、干扰和打击，要忍受奋斗的孤独和寂寞，吃常人不能吃得苦。由此可见，要将中等层次需要提高到高层次，个体必须要有坚强的意志。这样，他就能克服困难，承受挫折，攻克难关，将需要提高到高层次。要培养顽强的意志，个体必须要有坚定奋斗目标、要有自律意识、掌握科学的方法、增强抗挫能力。

(3) 将高层次需要再提升

高层次需要尽管是高级别的需要，但它内部存在不同的等级。比如，教授理论学习的需要是高层次的需要，在这高层次需要中同样存在等级。其等级表现为：既有本专业新知识学习的需要，还有本专业最前沿知识学习的需要。将高层次需要再提升，其实质是尽最大努力，将更多的价值主体提高到"宝塔"的顶端，使他们成为领军人物。将高层次的需要再提升的措施：

第一，增强价值主体的使命意识。使命决定担当。当个体到达一定的层次，个体就不再是自己的或是一个家庭的，而是与行业、社会、国家的发展紧密联系的。要激励个体成为金字塔塔尖的人，成为对社会、对国家贡献最大的人。在思想政治教育活动中就要加强个体的使命教育，包括专业使命、行业使命以及所处时代的社会使命。能与时代同行，在社会发展中留下自己的痕迹，应该是很多人梦寐以求的。在思想政治教育的过程中，还要从精神层面激励价值主体，用个人与社会之间的辩证关系引导价值主体，因为继续向前还可能意味着更大的奉献与牺牲，但是一个社会的发展需要有人担当起这一使命，在使命的感召下推动价值主体向更高层次需要迈进。

第二，社会要为高层次价值主体需要的提升创造良好的条件。高层次价值主体需要的进一步提升，对于国家、社会的发展具有重要的意义，对此，对于价值主体进一步提升的物质和精神条件要保证到位。首先，价值主体要能毫无后顾之忧的投入研究、工作。其次，是进行研究、实验的设备、仪器、场所、人员要能够保证。这就需要各单位的保证。如果有的单位不重视长远利益，忽视创新技术，缺乏研发资金与投入，高层次人才成长、发展同样缺乏平台，不能够脱颖而出。最后，高层次人才的成长也需要保护。高层次人才的成长同样需要关爱和保护，包括与之配套的政策、制度，宽松的评价体系，如何对待研发、创新过程中的失败和瓶颈等。

第三，引导价值主体加强身体和意志力的锻炼。由于竞争的激烈，社会节奏较快，工作压力大，相当一部分人的身体处在"亚健康"状态，"过劳死"已成为目前社会的一个"潜在杀手"。对于高层次人才，个体的身体健康不仅关系到自己和家庭，对于国家与社会也有很大影响。著名科学家黄大年，既有爱国报国的情怀与热情，更有突出的创造性贡献。可惜在58岁因病去世，无论之于他的家庭还是国家、社会都是重大的损失。对此，价值主体要有科学的作息时间和良好的运动习惯。健康的身体是个体发挥聪明才智的基础，有了强壮的身体，才能从事艰难的高价值的活动。在增强体质的同时，还要培养个体的意志力。处在金字塔顶尖的人，无论是工作的难度还是强度都远远高于常人。只有那些具有奉献精神和坚强意志的人才能在高端充分施展自己的才华，为国家，甚至是为人类创造更大的成就。

（二）增强思想政治教育价值客体的功能

思想政治教育价值客体作为思想政治教育价值结构中的重要因素，价值客体的功能是思想政治教育价值实现的保证。如果只有价值主体的需要，没有价值客体的功能去满足其需要，思想政治教育价值就无法形成。如何增强思想政治教育价值客体的功能是思想政治教育价值理论需要研究的一个重要问题。如何增强思想政治教育价值客体的功能呢？

1. 协调好思想政治教育价值客体结构与功能的关系

思想政治教育价值客体的功能能够有效发挥，首先与思想政治教育

第七章　思想政治教育价值结构的优化

价值客体自身的结构是否科学、合理有很大的关系。价值客体结构合理，价值客体的功能自然强，反之则弱。当前思想政治教育价值客体的结构和功能存在的问题主要有两种情况：

（1）思想政治教育价值客体的结构和功能都弱

造成二者都弱的主要原因有二：一是思想政治教育价值客体的构成要素差；二是要素之间搭配不合理。这两个方面的原因都会造成结构不合理。结构不合理便会导致功能弱。如何使二者都变强呢？首先，提高各要素的质量。结构的构成要素是形成合理结构的基础，也是影响价值结构不合理的重要原因。如何提高各要素的质量？其对策是在普遍提高的同时重点提高最差的构成要素。普遍提高构成要素的质量是为了保证结构不仅合理，还要质量较高。重点提高最差的构成要素是为了补短板，使得构成要素的整体水平提高。其次，调整价值客体的结构。由于思想政治教育活动和思想政治教育价值客体结构处在运动变化之中，价值客体结构出现不合理是正常现象，但价值客体结构不合理会影响到价值客体功能，因此，对价值客体结构进行动态调节非常必要的。价值客体结构不合理的情况主要有：一是其中某一要素发生变化会引起其他要素的变化。比如，教育对象的需要由正确的需要转变为错误需要，就会使教育者的作用发挥不出来。二是构成要素之间搭配出现了问题。构成要素之间不能和谐地进行搭配，价值客体结构也会不合理。比如，教育对象不配合教育者的工作，甚至抵触，二者的搭配出现问题。这也会引起价值客体结构失衡。上述两种情况都会造成价值客体结构失衡，由于情况的表现方式不同，解决问题的措施也不一样。对第一种情况，主要是对教育对象进行科学需要观的教育，将其错误需要转变为正确需要。对第二种情况，则要增强教育对象对教育内容的接受和认同，激发教育对象接受教育的积极性和主动性。最后，就是各要素之间的搭配要合理。结构的完整、合理，不是价值客体结构构成要素的机械凑合或者随意搭配，而是要根据构成要素的性质及其作用，将它放在最能发挥作用的结构点上。比如价值客体目标，它在价值客体结构系统起着导向作用，引导其他要素的发展方向。因此，价值客体目标在结构系统中应该放在首位。如果将它放在其他位置，就会造成价值客体结构不合理。

（2）思想政治教育价值客体结构合理而功能弱

结构决定功能，在一般情况下，结构合理，功能就强。但在特殊情况下，结构合理，功能还可能弱。造成这种特殊情况的原因有：第一，实践活动效果差。思想政治教育价值客体结构要产生功能是在实践活动中完成的，实践活动如果效果差，就会影响到功能不能正常发挥。第二，受环境因素影响。思想政治教育价值客体结构决定功能是在一定环境之中进行的，环境因素对结构决定功能有直接影响。如果环境因素恶化，无法为结构决定功能提供外部条件，合理的结构就产生不出强的功能。解决的办法就是增强实践活动的效果和优化环境，以确保价值客体结构能够正常地决定功能。

2. 创造思想政治教育功能发挥的必要条件

思想政治教育功能的发挥是需要一定的必要条件支撑的，这些必要的条件能够推动价值客体功能更好的发挥，这里将从物质和精神条件两个方面来探讨如何创造有利于思想政治教育功能发挥的条件。

（1）创造思想政治教育功能发挥的物质条件

物质条件是思想政治教育功能发挥作用的基础性条件，它既直接影响功能的发挥，还对精神条件产生决定性的影响。创造思想政治教育功能发挥的物质条件的措施：

第一，提高社会物质条件。社会物质条件是人生存和发展的基础，既是人们思想形成和发展的外部因素，也会影响思想政治教育功能的发挥。在我国，由于各地经济发展不平衡，为思想政治教育提供的社会物质条件就存在差异。所以，各地提高社会物质条件要因地制宜。首先，要改造落后地区的物质条件。对于落后地区首先要解决的问题提高经济发展的速度，增强经济实力，有的地方主要还是解决脱贫的问题。只有经济搞上去了，才能增加思想政治教育经费的投入。其次，经济发达地区要提高经济发展的质量。我国不少地区自然条件好，又是改革开放最早的地方。这些地区现在的主要任务是发展高科技产业，提高经济发展的质量，做全国的排头兵。这些地区由于经济实力雄厚，能够为思想政治教育提供最先进的物质设备和充裕的活动经费。有了这些物质因素，思想政治教育就有了发挥最佳功能的条件。再次，治理、美化物质环境。社会物质大环境也是思想政治教育价值结构运行的大环境，美好的物质环境能够让人心旷神怡，精神愉悦，更容易接受思想政治教育的内容。反之，则会让人烦躁，甚至莫名的对教育内容产生排斥。因此，采取各种措施，治理、美化物质环境，为思想政治教育提供一个使人精神焕发的空间，让它产生更大的价值。最后，提高社会物质生活水平。物质决定精神，物质条件决定和影响人们的思想。提高人们的物质生活水平，既能改善生活条件，提升幸福指数，还能调动人们参加思想政治教育活动积极性，让思想政治教育功能更好地发挥作用，增强思想政治教育效果。

第二，创造思想政治教育活动开展所需的物质条件。要开展思想政治教育活动必须具备一定的物质条件。这里讲的物质条件专指与思想政治教育活动相关的物质条件，主要包括思想政治教育活动开展所需的场所、教育设备和教育工具，以及思想政治教育活动开展所需的经费等。创造思想政治教育活动开展所需物质条件的措施有：首先，及时更新思想政治教育活动开展的物质条件。随着思想政治教育活动的开展，思想政治教育的设备会陈旧，教育工具的功能会降低。为了保证思想政治教育价值结构的有效运行，不断提高思想政治教育的效果，应及时更新已陈旧的教育设备和教育工具。其次，要采用先进的科学技术设备。现代科学技术的发展，为思想政治教育活动开展提供了先进的物质条件。思想政治教育要尽量采用现代的技术设备，比如，计算机、网络传播技术、用于教育活动的软件等，通过采用这些先进设备，增强思想政治教育功能。

（2）创造思想政治教育功能发挥的精神条件

精神条件同物质条件一样对思想政治教育功能发挥有重要的作用。因此，创造思想政治教育功能发挥的精神条件能够促进功能的发挥。其措施有：

第一，营造良好的社会道德氛围。良好的社会道德风尚能通过潜移默化的影响对生活在其中的人们起到正面的导向作用，有利于理论教育和实践活动的推进，更有利于价值主体对教育内容的接受，能够为思想政治教育价值结构朝着正确的方向运行起推动作用。营造良好的道德氛围，首先要鼓励向善。要通过宣传良好的道德规范与行为，充分发挥道德楷模的示范作用，向社会大众提供现实、生动的道德行为实例来激励人们自觉遵守道德规范，鼓励更多的人行善。其次要谴责不良的道德行为。对严重的道德失范行为要批评谴责，应建立诚信档案或是个人品德档案，对于道德失范行为应该记录在案，与其社会信用、工作等系统联网。通过外在的制约作用影响价值主体的思想和行为，促进思想政治教育目标的实现。

第二，占领宣传思想主阵地，充分发挥正面社会舆论的引导和监督作用。要充分发挥大数据时代网络信息量大、传播速度快和范围广的优势，形成强大的社会舆论，发挥好它的引导和监督作用。首先，通过正面舆论强化主流价值观的地位。当前多元价值观和多种社会思潮对人们的思想冲击很大，再加上境外敌对势力采用各种手段挑战马克思主义的主导地位，造成人们思想和价值观的混乱。习近平总书记指出，"宣传思想阵地，我们不去占领，人家就会去占领。"[①] 对此，思想政治教育要

---

① 《习近平总书记系列重要讲话读本（2016年版）》，北京：人民出版社2016年版，第196页。

在源头上做工作，占领宣传思想主阵地，新闻舆论要高举旗帜、引导方向、明辨是非、服务大局、团结人民、鼓舞士气、弘扬正能量，充分发挥正面社会舆论的导向作用，通过良好社会风气的形成，强化主流价值观对社会大众尤其是价值主体的影响。其次，通过正面舆论抵制错误思想的影响。占领宣传阵地，强化正面舆论，错误思想生存的空间自然就少了，同时，正面舆论占据上风和主导地位所形成的气势与压力，也能够限制或抵制错误思想的影响范围，持有错误思想的人或是与正面舆论不一致言论的人也会感到压力、紧张，迫使其改变自己的思想观念。

第三，提供强大的精神动力。强大的精神动力能够推动价值主体不断提升自己的需要层次，实现高质量的思想政治教育价值。对此，首先要通过确立远大的奋斗目标激发强大的精神动力。党的十九大报告明确指出从二〇二〇年到本世纪中叶分两个阶段把我国建成富强民主文明和谐美丽的社会主义现代化强国。伟大的中国梦实则就是全体中国人民"个人梦"的实现，这样就能激发人们的精神动力。其次，要充分发挥时代精神的精神动力。改革开放四十年，中国特色社会主义建设取得了举世瞩目的成绩，而这其中涌现出来的先锋模范人物、英雄群体以及凝练出来的精神力量已成为时代精神的重要内容，对此，要在全社会积极倡导航空航天精神、"两弹一星精神"、抗震救灾精神、大国工匠精神等，通过这些催人奋进的精神力量，使之成为激励社会成员为实现中国梦敢于拼搏精神动力的同时，也为思想政治教育价值客体功能发挥营造一个良好的精神动力氛围。

3. 增强思想政治教育的效果

思想政治教育价值结构决定功能，功能的发挥产生思想政治教育效果。思想政治教育效果对价值结构和功能具有反作用，思想政治教育的效果好，会促进价值结构的完善，增强思想政治教育价值客体的功能。思想政治教育活动构成要素尽管很多，但居于核心地位和起主导作用的还是价值主客体。对此，要增强思想政治教育效果，抓住思想政治教育价值结构中教育者和受教育者这两个核心要素就很关键，除了提高两者的素质，两者之间沟通、交流的效果也很重要。

（1）教育者效能的提升

教育者是思想政治教育活动的主导者、组织者和实施者，教育者工作的效能对思想政治教育价值结构和功能有重要影响。而教育者的效能与他的素质、创造性和职业道德又有密切关系。

第一，提高教育者的素质。面对社会的不断发展，教育者的素质只有不断提升才能满足教育对象发展的需要。首先，政治素质要过硬。作为思想政治教育工作者，过硬的政治素质是核心，尤其是当前意识形态领域斗争如此激烈的时期，教育者更要加强理论学习，不断坚定自己的政治立场、增强政治敏锐性和政治意识，绝不能在政治方向上出问题。其次，要不断精进专业技能。除了政治素质要过硬，专业技能的提高同样重要。所以，教育者不能因为工作已经驾轻就熟而放松对自己专业技能的提升，教育的效果要好，质量要提高，不是一般要求就能达到的，必须精益求精。专业技能的提高，掌握专业知识是必须的，要掌握一定的思想政治教育专业知识、思想政治工作方法、基本的教育学和心理学知识，要熟悉日常思想政治教育管理中的基本事务、程序，包括大学生资助、日常管理、主题班会、奖助学金评审、社会实践活动等；伴随社会的发展，及时掌握运用现代设备、信息技术的能力等。此外，实践运用的能力，与教育对象的沟通、交流能力都需要提高。这就需要教育者加强理论学习，在实践运用中不断摸索，及时总结经验教训，增长才干。

第二，培养教育者的创新精神。习近平总书记在党的十九大报告中指出："创新是引领发展的第一动力，是建设现代化经济体系的战略支撑。"[1]创新既是引领我国发展的第一动力，也是教育者发展和增强思想

---

[1] 《中国共产党第十九次全国代表大会文件汇编》，北京：人民出版社2017年版，第25页。

政治教育效果的第一动力。现在部分教育者做思想政治工作缺乏生机和活力，教育效果差，其中一个重要原因就是缺乏创新性。教育者要有创新性，首先是思维方式要转变。思维方式决定人的行为方式，思想政治教育是做人的工作，思维方式如果太过保守僵化，工作就无法创新，也满足不了具有独特个性的价值主体的需要，对此，教育者在工作中要根据社会的发展，将旧的思维方式转化为创新思维方式，学会用动态思维、发散思维和辩证思维来开展思想政治教育活动，提高思想政治教育价值。其次，教育的方式方法要创新。思想政治教育方法很多，有一般方法、具体方法、特色方法，还可以借鉴、采用其他学科的方法，方法的创新既可以是全新的方法创新，也可以是基于原有方法的创新，教育者可以依据自身的优势、教育对象的特点灵活处理。最后，教育的时间空间要创新。随着科技的发展、资本的扩张，现代社会时空在一定程度上是不断被压缩了，公共生活呈现出广泛性、开放性、多样性、交往对象复杂性等特点。教育者在进行思想政治教育活动中就不能再局限于传统的时间、空间，要充分利用现在便利的交通、发达的网络，创新时间、空间。

第三，提升教育者的职业道德。良好的职业道德是教育者必备的专业素质，有了良好的职业道德，他才能刻苦钻研理论，创新工作方法，提高教育的效果。提升教育者职业道德的措施有：首先，加强对教育者的职业道德教育。包括职业理论教育，职业规范教育，榜样示范教育，还可以通过案例教学法让教育者认识、感受职业道德出现问题产生的严重危害，给教育者形成压力从而产生提高职业道德的主动性。其次，进行各种职业道德实践。在实践中将理论运用于现实，及时发现问题，进行调整、完善，同时，在实践中还能面对很多书本上无法遇到的问题，提高自身的应变能力，在职业实践中不断提升自身的职业道德。最后，完善思想政治教育领域职业道德规范。通过完善的职业道德规范，约束教育者的行为，使教育者能够自觉遵守职业道德，不断提高道德素质。

(2) 教育对象接受教育的需要和能力要提升

思想政治教育效果要好，仅仅依靠教育者是不够的，教育是一个双向互动的过程，教育对象是否有接受教育的需要和能力，对于增强教育活动的效果具有重要作用。

第一，激发教育对象接受教育的需要。价值主体的需要是价值生成的前提，在教育活动中，教育者再用心、再有激情，如果教育对象没有接受教育的需要，不参与教育活动，思想政治教育价值功能就无法发挥。如何激发教育对象接受教育的需要呢？首先，培养教育对象科学的需要观。教育对象是否有接受教育的需要，与他的需要观直接相关。如果教育对象的需要观是科学的，他就会自觉主动地参与教育活动，接受教育者传授的理论并用以指导自己的行为，出色地做好本职工作。因此，教育者要用马克思主义的需要理论教育受教育者，帮助他们树立科学的需要观。其次，调动教育对象培养科学需要观的积极性、主动性。教育对象只有树立了科学的需要观后，他才能产生接受教育的积极性和主动性，自觉配合教育者的工作，主动参与教育活动，提高学习效率，满足自己提高理论水平的需要。

第二，提高教育对象接受教育的能力。思想问题解决了，有了接受的需要，接受教育的能力就是关键。教育对象如果不具备接受教育的能力，就难以接受教育者传授的理论，思想政治教育效果同样会很差。只有提高了教育对象接受教育的能力，他才能主动融入到教育活动中去，将教育者讲的理论内化于心，外化于行。

4. 营造好思想政治教育功能发挥的微观环境氛围

思想政治教育社会大环境的良好氛围能够促进思想政治教育功能的发挥，思想政治教育的微观环境也不可小觑。家庭、学校和单位的微观环境是开展思想政治教育活动具体的空间，营造好这个空间的氛围，对于促进思想政治教育功能有直接影响。对此，可以从以下方面入手：

第一，注重家庭、家教、家风建设。家庭是一个社会最基础的细胞。虽然小，但一个家庭的问题往往是社会问题的根源所在。对此，首先，要注重家庭建设。父母是孩子人生的第一任老师，良好的家庭氛围、家庭和睦、父母相亲相爱，孩子自然会阳光积极向上；反之，则像一枚定时炸弹，随时可能爆炸。在当前这个竞争激烈的社会，人们应该拿出时间用心经营家庭，关注孩子成长。其次，要讲求教育方法，注重家教。"爱之不以道，适所以害之也"。父母对孩子的爱要讲求方法，既要学会放手，让孩子自立自强，更要通过自己的以身作则、言传身教将良好的道德观念无形之中传递给孩子。最后，就是注重家风建设。这是一种无形的资产，但应该通过一定的仪式、活动将其记录、传递下去，既能促进家庭和谐，还能为增强思想政治教育功能奠定基础。

第二，营造良好的学校氛围。良好的学校氛围主要是加强教风和学风建设。首先，要加强教风建设。要全面贯彻落实《新时代高校教师职业行为十项准则》《关于全面深化新时代教师队伍建设改革的意见》等相关文件要求，各高校要出台配套文件，完善规章制度，加强教师教育。各高校要加强对教师的职业道德教育，强化师德师风建设；重视教师技能提升，多开展听课评课的教研活动以及教师技能比武等活动提高教师教学技能；老师的一言一行可能影响学生的一生一世，广大教师要关爱学生，言传身教，注重自己的言行举止，对于教师的迟到、着装不得体、上课不认真、课堂管理不到位、上课敷衍等问题要通过严格的规章制度进行管理、制约。要通过引导广大教师成为有理想信念、有道德情操、有扎实学识、有仁爱之心的"四有"好老师来营造良好的教风。其次，要加强学风建设。当前加强学风建设，一是要引导学生立志为实现中国梦而发奋读书。要引导学生追踪前沿的科学知识，学习先进的科学技术知识，掌握科学的学习方法，用敢于攀登学术高峰的顽强精神去学习，为实现中国梦打下坚实的基础。二是要培养创新精神。用创新意识读书，用创新思维思考，用创新能力运用知识进行实践。三是营造刻苦学习的良好氛围。针对当前学生学习动力不足，学习氛围弱的现状，大力宣传勤奋学习的重要性，宣传刻苦读书榜样人物的精神，在学习上形成百舸争流的竞争局面。

第三，营造良好的工作环境。一个单位的工作环境，对于工作效率的推动，对于人的思想道德素质的提升都是非常重要的。良好的企业文化、和谐的人际氛围，本就是一种无形的资源。在这种氛围下，思想政治教育活动的开展事半功倍。对此，营造良好的工作环境，首先要加强单位文化建设。单位领导要注重文化建设，注重对员工精神的激励。要善于总结概括体现单位性质、拼搏奋斗的核心理念，将其凝练为精神，成为激励单位发展的重要精神力量。要关心员工生活，提供员工发展的平台，多组织员工培训、学习，增强员工的归宿感；组织、动员员工多参与集体活动，引导员工热爱集体，关心集体发展的价值取向；鼓励员工积极发表意见，开展讨论、明辨是非，达成共识，形成开放、民主、包容的氛围。其次注重领导形象的建立。领导者自身的模范行为、言谈举止对一个单位的影响是很大的。领导者思想觉悟高、作风正派、廉洁奉公，对于一个单位就是无形的资产，时时发挥模范带头作用，为其他员工树立了标杆和前行的榜样。最后注重单位人际氛围建设。良好的人际氛围，不仅让员工心情愉快，工作有热情，成员之间的团结协作也是推动单位工作效率提高的重要保障。对此，要及时调节单位中人员矛盾，通过公平公正公开的政策避免一些恶性竞争的出现而造成人与人之间关系的紧张。

（三）提高社会实践活动的效果

社会实践活动是沟通思想政治教育价值主客体的桥梁，增强社会实践活动的效果，就是提高该活动的质量。社会实践活动主要有：日常思想政治教育活动、业务实践活动和思想政治教育社会实践活动三个方面。提高社会实践活动效果的主要措施有：

1. 提高日常思想政治教育活动的效果

日常思想政治教育活动是最为直接的思想政治教育实践活动。日常思想政治教育活动主要包括日常的理论教育活动和谈心活动。

(1) 提高日常理论教育活动的实效性

要提高日常理论教育活动的实效性，其措施有：首先要增强价值主体学习科学理论的积极性和主动性。部分价值主体觉得自己不是党员或是认为自己是学理工科的，马克思主义理论、党的路线、方针、政策跟自己没有关系，对日常的理论学习或政治学习持排斥态度或是当成一种"政治任务"。这样，学习就是一种被动地学习，学习的效果就可想而知。如何提高日常理论教育活动的实效性？首先，要在思想认识上转变，认识到理论、政策与自身专业的联系，认识到个体的发展需要理论的指导，只有在科学理论的指导下，人的行为才不会偏离方向，单位、企业的发展才会一直沿着正确的方向前行。其次，就是日常思想理论教育活动要有"活力"。在部分价值主体的眼里，一提起理论学习、政治学习就是念文件、开会，没有什么收获。要提高日常理论教育活动的实效性，活动的形式要新、要变。要改变在部分价值主体头脑中形成的刻板印象，理论教育的形式要适合当代人的需要。对此，可以充分利用价值主体感兴趣的媒介、形式。比如，对于青年群体，可以用他们目前感兴趣的自媒体进行推送，在推送的文章中可以适当运用图片、图像等形式。此外，就是活动的内容要"新"。这个"新"主要体现在活动的内涵和外延上，同样的内容，通过精心准备呈现出来的效果肯定不一样，理论教育的内容不能只是停留在知识传达的表面，如只是单纯地宣传党的路线、方针、政策，在一定程度上背后的深意、背景，与价值主体生活、工作的关系，对下一代的影响等对价值主体的吸引力更大。

(2) 增强谈心活动的实效性

谈心活动是典型的个体教育方法，是思想政治教育者与一个或几个受教育者进行面对面的交谈，以传递一定的思想观点、政治观念、道德规范，或是帮助受教育者解决某种或特定的思想、认识或心理问题的一种教育实践活动。当前谈心活动存在的问题是广泛、深入不足，主要可以从以下方面入手：

第一，增强谈心活动的广泛性。谈心活动可能在青少年群体中进行的相对较多，一般的企事业单位则较少。而在一定程度上，成年人的思想、现实问题更多，对此，各单位应加大谈心的力度，增强广泛性，让更多的人通过谈心活动受益，实则也是从细节入手进行思想政治教育活动。

第二，增强谈心活动的实效性。谈心的最终目的是解决思想问题，提高思想政治教育实践活动的效果。但人的思想的转变或形成不是一蹴而就的，是反复的，所以走形式的谈一次就希望有效果，不可行。对此，既要跟踪关注，更要通过反馈，及时跟进不断巩固谈心的效果。如果谈心活动仅就思想谈思想，不涉及具体的思想问题、实际问题，同样不会有效果，有的价值主体的问题可能是自身发展问题，有的可能是目标问题，还有的可能是家庭问题，只有找到问题的根源，从根本上解决问题，谈心的效果才能达到。

2. 提高业务实践活动的效果

业务活动是实践活动的重要组成部分，它对思想政治教育价值的实现有重要影响。业务活动能否有效地开展，并取得良好的效果，与是否有正确的思想、理论为指导有很大的关系。当前业务实践活动要取得良好的效果，必须以思想政治教育传授的马克思主义理论，特别是习近平新时代中国特色社会主义思想为指导。具体提高业务实践活动效果的途径有：

（1）提高劳动者的业务能力

提高劳动者的业务能力是提高业务实践活动效果的基础，没有业务能力，就谈不上取得业务实践活动的效果。劳动者业务实践活动与自身业务能力之间是互动关系，业务实践活动能锻炼和提高业务能力，业务能力的提高又会增强业务实践活动的效果。思想政治教育要通过传授科学理论，树立正确的劳动观，热爱劳动，努力提高劳动技能，产生业务实践活动的良好效果，创造高价值的业绩。

（2）用科学理论指导业务实践活动

首先，业务实践活动需要科学理论的指导。业务实践活动是人们认识世界、改造世界的重要活动，要取得业务实践活动的好效果，离不开科学理论的指导。科学理论对业务实践活动的指导表现在两个方面：一是指导业务活动的政治方向。当前，我们正在进行中国特色社会主义建设，我们建设的目的是祖国的繁荣昌盛和人民幸福。这就是业务活动的政治方向，任何业务活动都不能偏离这个大的方向。掌握了科学理论，就能用马克思主义的基本立场、观点、方法分析问题、解决问题，时刻保证业务方向的正确性。二是指导业务活动的专业方向。每项业务活动都有自己的专业方向，比如，采油工人掌握的知识是石油专业的知识。炼钢工人掌握的是冶炼专业的知识。人们选择什么专业，是由他的理想信仰和价值观决定的，而正确的理想信仰和价值观又是在科学理论指导下培养起来的。由此可见，科学理论不仅指导业务活动的政治方向，还指导业务方向。

（3）用科学理论营造业务实践活动的环境

环境对业务活动有直接影响，用科学理论优化环境，能够为业务活动的开展提供舒适的空间。用科学理论营造业务实践活动环境的措施有：一是营造积极向上、共同奋斗的工作氛围。通过科学理论的学习、指导激发群体成员的责任意识、担当意识以及让自己的人生绽放光彩的斗志，大家相互鼓励、彼此支持、共同享受奋斗的过程和成果。二是营造一种团结协作、轻松舒畅的人际氛围。在一种和谐的人际氛围中，心情舒畅，哪怕工作辛苦一点，也觉得甘之如饴。反之，人际关系紧张，钩心斗角，大家都不愿意一起多待，更谈不上相互支持，最终也是不利于业务活动效果的。

3. 提高思想政治教育社会实践活动的效果

提高思想政治教育社会实践活动的效果，可以从以下方面入手：

(1) 思想政治教育社会实践活动的内容应更有针对性

当前的社会实践活动很多,对思想政治教育价值的实现产生了很好的作用。但是,也有部分社会实践活动太流于形式,价值主体的获得感不强。对此,首先要做足准备工作。思想政治教育社会实践活动组织之前应该进行深入的调查,价值主体哪一方面的教育内容需要相应的社会实践活动来进行巩固、强化,或是价值主体对什么样的社会实践活动内容比较感兴趣。根据调查研究掌握的材料,选择教育意义大,价值主体又感兴趣的活动。比如,组织价值主体到农村,参观新农村建设取得的成就,或者到高科技企业参观,或者参观爱国主义教育基地等,通过这些针对性强的参观使价值主体受到各种内容的教育。

(2) 提高思想政治教育社会实践活动的普及率

当前,相当一部分的社会实践活动还是有效果的,比如到红色教育基地接受实景教学、现场教学,到贫困地区志愿服务、精准扶贫,对价值主体产生的影响还是比较大的,但因为思想政治教育对象数量多,部分单位资金有限,再加上安全等因素的影响,很多单位的思想政治教育社会实践活动普及的面还比较窄,对此,各单位在这方面应适当地投入资金,加大普及率。一方面,可以通过分批次、分年度的形式让更多的人员参与社会实践活动。另一方面,可以整合、共享社会实践的资源,节约成本,增加实践的场所,让更多的人能有机会参与社会实践活动。

二、及时解决思想政治教育价值结构中出现的问题

系统在与外部环境进行物质、能量、信息的交换过程中,其要素、结构必然会受到影响,严重的时候甚至遭到破坏,对此,及时解决思想政治教育价值结构中出现的问题,对于保持思想政治教育价值结构的稳定运行非常必要。

（一）及时解决思想政治教育价值结构构成要素出现的问题

前面已经作过分析，由于主客观负面因素的影响，思想政治教育价值结构构成要素会出现各种问题。对出现的问题只有及时解决，才能保证思想政治教育价值结构处于正常状态，发挥好它的作用。

1. 及时解决思想政治教育价值结构某一构成要素出现的问题

思想政治教育价值结构是一个整体，如果其中的某一要素出现问题，会破坏整体结构。解决思想政治教育价值结构中某一构成要素出现的问题是优化结构的重要措施。

（1）及时解决思想政治教育价值主客体出现的问题

价值主客体是价值结构的构成要素，它们分别出现问题会影响到价值结构的稳定，所以要及时解决思想政治教育价值主客体出现的问题。思想政治教育价值主体，作为思想政治教育内容的接受对象，教育者是价值客体的组织者、实施者。二者在价值结构中的作用重要，他们形成什么样的"三观"对价值结构影响大。当今社会环境中的许多负能量对他们的影响很大，比如，近年来对主流意识形态的挑战，对领导人物的曲解，对英雄人物的丑化，以及对明星、"网红"等的追捧，导致部分价值主体和教育者对主流意识形态、领导人物和英雄的冷漠，甚至调侃。对这些问题不能等闲视之，如果不解决，既会破坏价值结构，还会影响他们的发展。对此，对于价值主体和教育者出现的这些思想问题要及时解决，首先，就是要加强科学理论教育。主要是加强马克思主义基本理论尤其是哲学理论的学习，要用马克思主义的立场、观点、方法看待问题、分析问题和解决问题。其次，就是要抑制社会环境中的负面因素对思想政治教育价值主客体的影响。要强化主流价值观教育，新闻舆论要坚持马克思主义的新闻观，加强正面引导，弘扬正能量，要通过正确的舆论引导，充分发挥正面舆论的引导、示范作用，将负面因素的影响控制在一定的范围。

（2）及时解决理论教育和实践活动的问题

在现实社会中，社会环境中的歧视思想政治教育、重物质利益轻精神追求等负面因素对思想政治教育价值结构运行的影响极大，造成一些单位的思想政治教育价值结构的运行处于瘫痪和半瘫痪状态。对此，首先，要在全社会营造重视理论学习的氛围。理论教育作为满足价值主体需要的主要内容和主要方式，无论何时都不过时，要抑制当前"理论过时"的倾向或是忽视理论教育的错误倾向，要在全社会营造尊重知识、学习理论的氛围，凸显理论知识对于社会、个体发展的重要指导作用。其次，要增强实践活动的内涵。作为连接价值主体和价值客体的实践活动地位也非常重要。对于当前的实践活动，一方面，要更新形式但又不能流于形式，在科学技术、新媒介的推动下，实践活动的形式不"新"是不行的，但如果一味地迎合教育对象，甚至形式化、娱乐化、低俗化，那就偏离思想政治教育的方向了。形式最终是为内容服务，不能助力活动内容想要表达主旨的形式都是有待商榷的形式。另一方面，活动要传递的核心价值观不容置疑。在当今时代，思想政治教育实践活动也需"定力"，不能在多元价值、多种思潮、低俗化的影响下迷失方向，传递主流意识形态是思想政治教育的本质要求，也是思想政治教育的属性，无论什么时候都不能质疑和动摇，根据社会发展要求进行内容创新的同时，必须要彰显核心价值观。

2. 及时解决思想政治教育价值结构某一构成要素发生新变化出现的问题

（1）及时解决思想政治教育价值目标发生变化出现的问题

思想政治教育价值目标是在思想政治教育目标指导下产生的。"思想政治教育的根本目标是促进人的全面发展，这是由思想政治教育的根本性质和任务决定的。"[①] 因此，思想政治教育的根本目标在相当长的一段时间是不会变的，思想政治教育价值的根本目标长期也不会发生变

[①] 郑永廷、刘书林、沈壮海：《思想政治教育学原理》，北京：高等教育出版社 2016 年版，第 176 页。

化。这里的目标是指思想政治教育价值的具体目标，是就思想政治教育具体目标而言的，即在现阶段的目标。思想政治教育价值的具体目标因受社会发展目标的变化而发生改变，所以要及时解决思想政治教育价值具体目标发生新变化出现的问题。

第一，及时解决社会环境中负面因素对思想政治教育价值目标的冲击。当前，社会环境中的负面因素不少，比如，丑化领袖和英雄人物，追求金钱、崇拜权力、"道德冷漠"，渴望"一夜暴富""一夜成名"的观念等。在这些消极因素的影响下，对价值目标的实现就产生了冲击。一些价值主体不关心、不参与思想政治教育活动，甚至采取排斥态度。在这种情况下，价值主体的需要是错误的、低层次的，价值客体的功能再强大，也没有发挥作用的空间，影响价值目标的实现。因此，要及时采取措施抑制环境中负面因素对思想政治教育价值结构正常运行进行的干扰。首先，通过制度、法律约束错误行为。利用制度、法律的约束作用，防止有些人利用负面事件煽风点火，传谣散谣，造成不必要的恐慌，制造不稳定的因素。其次，坚持正面舆论导向。要加强对宣传思想阵地的占领，加强宣传导向，增强正面舆论对民众的思想影响，对负面问题及时地报道、剖析，给大众一个及时且合情合理的解释。最后，价值主体自身政治立场的坚定。价值主体要提高自己的政治觉悟，增强明辨是非的能力，要用所学的知识、理论坚定自己的政治立场，不被其他错误言论所左右。

第二，伴随社会的发展思想政治教育价值目标要及时地调整。思想政治教育价值目标包含长期目标、中期目标和近期目标。长期目标也称为思想政治教育的战略目标，主要对思想政治教育和人的思想行为长期起导向作用，它在相当长的时间不会调整。要调整的是思想政治教育的中期目标和近期目标。因为不同的历史时期有不同的目标，人的思想政治道德素质也是一个不断提升的过程。对此，伴随着社会的发展，思想政治教育价值的目标要根据社会经济发展水平对人的思想发展的要求进行相应的调整,这样才能激发价值主体在新的目标激励下不断推动自身思想素质的提升。此外,就是思想政治教育价值的近期目标要及时调整。各个思想政治教育工作单位,要密切关注社会和价值主体的思想变化,根据社会发展的要求和价值主体思想行为的变化,及时进行近期目标的调整。

(2) 及时解决思想政治教育价值客体发生新变化出现的问题

影响思想政治教育价值客体的要素很多,包括思想政治教育目标、教育者的素质、教育内容和方法等,而这些因素受时代发展的影响变化又较大,及时解决思想政治教育价值客体发生新变化出现的问题,对于思想政治教育价值结构的优化非常有必要。这里主要从影响较大的教育者的素质和思想政治教育方法两个方面进行探讨。

第一,教育者的素质要不断提升。俗话说,教育的内容可能只需一碗水,但教育者必须要有一桶水。就算时代的变化不像如今这么快速时,教育者想要很好地完成自己的教育任务,必须不断地充实自己,更何况在当今这个快速发展的社会,教育者的素质只有不断提升,才能满足价值主体思想素质不断提升的需要。首先,教育者政治素质要过硬。这样才能在当今这个多元价值存在、多种思潮冲击的社会环境中,保持定力,正确引导教育对象成长。其次,要多关注现实。当前的时代,信息更新太快,如果还是老观念、老想法,就跟不上价值主体的思想变化,甚至会出现价值主体已经了解的问题,教育者可能还不知道的情况。最后,教育者要有强烈的责任感。面对时代的快速发展,教育者只有具有强烈的责任感,在工作中更多的付出,更精心的准备,才能在教育活动中游刃有余。如果对本职工作抱着得过且过、应付的态度,不仅是对教育对象不负责任,更是对社会不负责任。

第二,思想政治教育的方式方法要与时俱进。思想政治教育的方式方法科学与否,与思想政治教育效果息息相关。伴随着社会的发展、科技的进步,新技术的推广运用,思想政治教育的方式方法也必须与时俱进。首先,理论教育要采用新方式。现代科学技术的发展,为理论教育采用新方式提供了条件。运用高科技、多媒体进行情境体验,比如 VR,让价值主体有身临其境的感觉;充分应用自媒体,占领微阵地,通过多种形式,消除价值主体对单一传统方式的排斥。其次,要应用大数据对价值主体信息的跟踪、收集、分析功能,对价值主体的思想动态充分掌握,这样思想政治教育的活动才能有的放矢。

(二)及时解决思想政治教育价值结构要素搭配出现的问题

思想政治教育价值结构是否优化、合理,与价值结构各构成要素之间的是否有效、正确搭配有密切关系。对于价值结构各构成要素之间搭配出现的问题必须及时地解决。

1. 及时解决思想政治教育价值结构要素整体搭配出现的问题

要及时解决思想政治教育价值结构要素整体搭配出现的问题,可以从以下两个方面入手:

(1)思想政治教育价值结构各构成要素的搭配要合理

解决思想政治教育价值结构各构成要素搭配合理的措施有:

第一,要根据价值结构的类型搭配要素。思想政治教育价值结构系统根据不同的划分标准可以分为多种类型。价值结构系统中的各种类型搭配合理,价值结构系统才能有效发挥作用。比如,高校思想政治教育价值结构系统中有科研团队、教学团队和管理团队等类型。它们各有自己的功能和职责,只有合理地进行搭配,才能各司其职、各显所长,提高思想政治教育价值结构系统的功能。一些单位思想政治教育价值不高,效果不好,其中的一个重要原因是系统内部各类型的构成不合理,不仅形不成合力,还相互之间内耗,影响整体功能的发挥。

第二,各要素之间的搭配实力要均衡。在以类型为标准的基础之上,还要考虑各要素实力。要素之间的实力存在差异是正常的,如果实力相差太大,实力最低的要素就会成为短板,影响价值功能的发挥。解决短板问题的办法有两个：一是提高最低要素的实力。二是调整最低要素。通常能够做的是提高最低要素的实力。对第二种情况，根据情况可以通过调整的办法来解决。比如，教育者实力太弱，可以更换教育者。但对价值主体一般采用的办法是提高他的实力。因为教育者可以更换，而受教育者不宜更换，只能帮助他提高实力。

（2）系统各要素要协调配合

系统各要素合理搭配只是第一步，搭配之后，整体之间的协调配合同样重要。系统各构成要素如何协调配合呢？

第一，各要素的配合要有计划地进行。各要素之间的协调配合不是自发的、盲目的，而是在思想政治教育目标指引下的，有目标、有计划进行协调配合的。思想政治教育价值结构虽然具有动态性，但变化的趋势是从低级到高级，从不完善到完善，并不是无序的，这种有序性就是因为有目标这个因素在指引着各个因素。对此，各要素作用的发挥、要素之间的配合要紧紧围绕思想政治教育价值目标。

第二，各要素的调整要考虑相关的因素。在思想政治教育价值结构中，各要素不会随意地调整、变化。要素的变化必须考虑系统的整体性，考虑到与之配合的其他要素的功能、特点。比如，价值客体功能的调整不会仅就价值客体自身的情况进行调整，必须考虑以下因素：首先，要立足系统整体来考虑。是否是顺应系统发展的趋势，而不会成为与系统运行对立的或掣肘的力量。其次，要考虑其他要素的特点。价值客体要变化，价值主体思想的现状、接受的习惯和能力是需要重点考虑的点；理论教育这个要素也不容忽视，理论教育的内容、难度，尤其是部分对理论学习要求比较高的主体，对教育者理论素养的要求程度就比较高，而这个素养并不是所有教育者都具备的。此外，对实践活动的掌控、组织、策划的能力，实践活动能否有效发挥出其效能，都是价值客体这个要素调整需要考虑的内容。最后，各要素的调整必须关联外部环境。外部环境是价值结构运行的重要空间，价值结构各要素在与外部环境的物质、能量、信息的交换中才能维系自身的发展。外部大环境既有物质层面的影响因素,还有精神层面的影响因素,且环境影响因素复杂,变化速度快,这都对价值结构各构成要素的调整变化提出了要求,但也让各要素的调整变化更有针对性,更符合价值结构运行的规则性,从而保持结构的稳定性。

(3) 要解决好系统整体搭配的问题

价值结构构成要素整体搭配出现了问题,必须从全局出发进行调整,结构才会合理,功能才会发挥。但当前的问题是很多单位缺乏全局意识,容易以偏概全。当前大学生思想政治教育效果问题,是很多单位都非常关注的问题。有的高校投入不少,但是效果不理想,原因就在于缺乏全局思维,没有从系统各要素的整体搭配来考虑问题,眼中就只有某一两个要素。比如,只找教育者的问题,认为只要教育有问题就是教育者的素质问题,接着就是加大培训、更换教师,或是不断给教师"增负",除了课堂教学工作,教师的各种课外活动名目是越来越多,一些老师为了完成任务不得不采取形式主义的办法来对付,这样做自然效果不好。究其原因,就在于没有从全局出发,从整体出发来进行各要素的搭配。

2. 及时解决思想政治教育价值结构要素局部搭配出现的问题

各构成要素之间的合理搭配、组合是关键。思想政治教育价值结构各构成要素的搭配,除了要注意整体的搭配,还要及时解决思想政治教育价值结构要素局部搭配出现的问题。解决的办法有:

(1) 及时解决价值主客体之间的搭配问题

价值主客体在思想政治教育价值结构中居于中心地位,这两者之间的搭配如果出现问题必然造成价值结构失衡。及时解决价值主客体之间的搭配问题,可以从以下方面入手:

第一,充分发挥价值客体的主导作用。首先发展方向的主导。思想政治教育作为价值客体的作用是以自己的功能满足价值主体的需要。在满足价值主体需要的过程中，价值客体主导着价值主体的发展方向，通过需要的满足将价值主体引导到培养社会主义现代化建设人才的目标。如果价值客体主导作用丧失，价值主体的发展方向就会偏离，导致价值主客体之间的关系失衡。其次，地位主导。在思想政治教育价值实现过程中，教育者是组织者、实施者，在教育的过程中教育者的权威和地位要凸显出来，否则也会影响教育的效果。当前社会发展信息的获取太便利，教育对象在接受教育之前已经受太多因素影响了，如果教育者的主导地位不凸显，缺乏权威，教育对象对教育内容可能会无视甚至排斥，直接影响教育的效果。最后，人格魅力导向。教育者对教育对象的影响是全方位的，除了直接的知识传递，教育者的理想信念、道德素养都会影响教育对象，而且这种影响甚至是深层次的，影响终身的。

　　第二，充分发挥价值主体的能动作用。价值主体的需要是被价值客体满足的，但这种满足不是被动地、消极地接受价值客体的满足，作为价值主体，应该发挥自己的主观能动性，自觉主动地去接受价值客体传递的内容。对此，首先，要改变价值主体的思想认识。要使价值主体认识到，他的需要应该由价值客体来满足，价值客体应该积极发挥自己的功能，但作为价值主体，他也要发挥自己的能动作用，只有如此，才能使自身的需要得到最大程度的满足。如果价值主体缺乏能动性，思想政治教育价值实现的程度就低。比如在高校，有部分学生主观能动性差，不重视思想素质和专业素质的提高，觉得家庭条件好他们无须奋斗，毕业后，工作、房子、车子家里都可以解决。学习不认真，整天无所事事，没有学到本领。毕业后走上社会，早晚会被激烈的竞争所淘汰。

　　只有充分发挥价值客体的主导作用和价值主体的能动作用，价值主客体之间才能建立积极的互动关系，保持价值结构的合理性，从而产生出更大的功能。

2. 及时解决好价值目标与理论教育、实践活动之间的搭配

价值目标是思想政治教育价值结构运行的出发点和落脚点，这也决定理论教育和实践活动必须围绕价值目标展开。如果它们之间的搭配出现了问题，价值结构的运行就会偏离方向。解决价值目标与理论教育、实践活动之间的搭配可以从以下方面入手：

（1）充分发挥价值目标的导向、激励、规范作用，引导理论教育和实践活动沿着正确的轨道运行

理论教育和实践活动都是为思想政治教育价值目标服务的，理论教育和实践活动必须在价值目标的引领下有效运行。思想政治教育的内容不是一成不变的，而是发展变化的，因此理论教育和实践活动的内容需要根据思想政治教育价值目标、环境、价值主体的具体实际不断整合优化。对此，不同地区、不同单位的思想政治教育应根据自身实际，有所侧重，将价值目标和理论教育、实践活动进行有效搭配。思想政治教育价值目标较高，说明本地区的思想政治教育条件较好，价值主客体的素质较高。在这样的条件下进行理论教育和开展实践活动效果就理想。思想政治教育价值目标一般，理论教育和实践活动的内容和层次就不宜过高，这样，教育内容才能被大多数所接受。总之，要充分发挥价值目标的导向、激励、规范作用，引导理论教育和实践活动根据实际情况正常运行，思想政治教育价值目标才能从可能性变为现实性。

（2）理论教育和实践活动要在价值目标的指引下不断地改进、完善

思想政治教育价值目标要实现，理论教育和实践活动也必须伴随社会的发展，在目标指引下不断地改进和完善，三者之间的搭配才能协调。具体措施是：第一，要充分利用数据优势，增强理论教育教育和实践活动的时效性。大数据时代的到来，信息传递的速度更快捷。"2011年8月23日，美国弗吉尼亚州发生5.9级地震，纽约市居民首先在推特

上看到这个消息,几秒钟之后,才感觉到地震波从震中传过来的震撼,社交媒体把人类信息传播的速度,带到了比地震波还快的时代。"[1] 信息的快速传递,要求理论教育和实践活动要适应这一变化,以最快的速度将新的教育内容传递给价值主体,从而增强教育的时效性。第二,通过数据分析、预测优势,增强理论教育和实践活动的针对性,突出层次性和个性化。思想政治教育价值主体是一个庞大的群体,类型不同、层次不同,"个人在真实世界的活动和社会状态被前所未有地记录,这种记录的粒度很高,频度也在不断增加,为社会领域的计算提供了极为丰富的数据。"[2] 对此,可以充分利用数据的相关性分析、预测的优势,针对不同类型、不同层次的群体有针对性地开展活动。比如老年群体、中年群体、青年群体,不同群体关注点、思维方式都有很大的差别,此时数据分析的优势就会充分发挥出来。同一个群体,思想水平也有层次的差异,这个同样可以通过数据分析找到我们想要的结果。这样教育的效果就会更有针对性。个性化教育是大数据时代带给教育的一个福音,通过对个体整体数据的收集,以及数据之间相关性分析,包括学习信息、网页浏览、消费记录等,再通过数据挖掘,了解个体的思想动态、兴趣爱好、意愿等,从而进行个性化的定制教育。如果在进行思想政治教育的过程中,理论教育和实践活动没有针对性,统一化之,教育的效果会受影响,思想政治教育价值目标的实现也会打折扣。对此,要充分利用当前大数据的优势,通过数据搜集、分析、预测的优势,在对价值主体的认知、思想水平有个大致了解的基础上再进行针对性的教育会更有实效性,从而引导更多的价值主体迈向更高的目标层次。第三,要通过不断的改进和完善,让理论教育和实践活动更加贴近生活实际,增强价值主

---

[1] 徐子沛:《数据之巅——大数据革命,历史、现实与未来》,北京:中信出版社 2014 年版,第 264 页。

[2] 徐子沛:《数据之巅——大数据革命,历史、现实与未来》,北京:中信出版社 2014 年版,第 271 页。

体的接受度,促进价值目标的实现。思想政治教育内容具有鲜明的意识形态性和浓郁的政治色彩。如果理论教育和实践活动的内容和形式一味的政治性太强,就会引起价值主体的反感,如果采用价值主体易接受的形式,自然地把政治性的内容纳入社会发展和人的发展要求中,使政治性内容与生活、工作内容相融合,价值主体的认可度、接受度就会更强,从而有利于思想政治教育价值目标的实现。

(三)及时解决思想政治教育价值结构受环境干扰出现的问题

系统结构与外界环境的物质、能量、信息交换,是一个开放的系统生存发展的基础。但在这一过程中,各种信息都会对系统的结构产生影响,而环境中的负面信息就会对价值结构的稳定运行造成干扰。

1. 及时解决思想政治教育价值结构受政治环境负面因素干扰出现的问题

对于政治环境中负面因素对思想政治教育价值结构运行的干扰,可以从以下方面解决:

(1) 加强理论教育

第一,加强政治理论教育。要避免和抵制错误思想的干扰,必须坚持不懈地进行马克思主义理论教育,进行党的基本路线、基本纲领和基本经验教育;进行中国革命、建设和改革开放的历史教育;进行中华民族优良传统和中国革命传统教育等,增强广大人民对我国社会制度的自信,认识到我国社会主义制度的优越性。实践证明,只有社会主义才能救中国,只有社会主义才能发展中国。改革开放四十年的辉煌成就就是对"极左""极右"思想的最大回击。无论"封闭僵化的老路"还是"改旗易帜的邪路",无论是认识出现问题,还是别有用心势力作祟,都应该认清其本质所在,坚持走中国特色社会主义道路才是最适合中国国情的。对此,在思想政治教育过程中,对于这些错误的言论不能因其敏感就遮遮掩掩,而应该通过透彻的理论分析、现实的有力回击,让思想政治教育价值主体从思想深处认识到事物的本质。

第二，要加强价值主体对国外政治制度的认知和了解。在一部分人心目中总觉得国外的政治制度优越，觉得国外才有真正的"民主""自由"，因为国外每个人手中都有选票，都有投票的权利等。出现这种错误认识的原因有二：一是这些人对国外政治制度的实质不了解，不了解西方国家的民主是虚假的民主，是金钱堆砌的民主，是有钱人的游戏。二是一个国家政治制度的选择不是随意的，是由具体国情决定的。西方国家的政治制度根本不适合我国的国情，中国走社会主义道路是历史和人民的选择。中国如果不走社会主义道路，必然会沦为西方国家的殖民地。应该通过理论教育，引导价值主体对国外政治制度的认知和了解，正确认识西方国家的政治制度。

(2) 增强大众的政治参与意识

只有增强人民群众的政治参与意识，使其更加了解我国政治制度的优越性和改革开放取得的显著成就，才能增强主人翁的责任感，而不会轻易被负面因素所影响。

政治参与是我党优良的传统，早在井冈山革命时期的"士兵委员会"就是士兵参与军队管理的重要形式。士兵委员会开士兵会时，每个士兵都有发言权。例如：班长派班公平不公平，哪位军官说话态度不好，士兵都可以在大会上进行指名批评。对经济上的意见，士兵同样可以在大会上讲。对排长、连长、党代表的缺点都有批评的权利。在改革开放深入发展的今天，应该继承和发扬我党政治参与的优良传统，培养政治参与意识。有良好的政治参与意识，大家有参与的热情，才能自发、主动地为集体的发展献言献策，才能集思广益，从而促进集体的发展。学校的教代会、工会、企业的职代会、机关的党代会等都是大众政治参与的平台，应该发挥好这些平台的作用。

但是，一些单位的政治参与制度、渠道形同虚设，教代会、职代会的功能没有充分发挥；市长热线、校长信箱等收到的献言献策很少，有的大部分也只是投诉,当前大众的政治参与意识比较薄弱。很多人没有真正把自己当成集体的一员,不积极参与单位的政治活动与业务活动,一些人连政治学习都不想参加,对集体的发展不关心,一旦觉得自己的利益受到伤害,就大吵大闹,通过一些不正当的手段为自己"鸣不平",极端的甚至到网上发泄不满,给单位的名誉造成很不好的影响。一些人有政治参与的机会不参与、可以表达意见的时候,要么怕得罪领导不提,要么觉得与自己利益无关的建议不提。由于参与单位的政治活动太少,接受的正能量少,就很容易被环境中的负面因素影响而产生思想问题。

在新的条件下我们应该创造更多条件强化大众的参与意识。首先,要增加大众对政治的关注,了解一些基本的政治知识。应该通过多种形式,尤其是大众通俗易懂的形式,增强大众对我国政治制度、社会制度的了解,较为直观地了解中美领导人成长的背景和差异,从而比较深层次地认识到我国的政治制度源于我国的国情,增强民众的政治认同度。其次,加大政务公开,拓宽信息渠道。政府也应该通过多种方式、渠道,让大众更多地了解政务信息、参与部分政策的制定,政策制定之前的调研范围应该更广,增强民众的知情权和参与性;政策实施时要及时解读;官员、公务员工作内容、收入应该更加透明。此外,就是要借助现代化的手段,如,大众传媒、自媒体、网络、手机等形式拓宽大众参与的渠道,让参与更加便捷,增加大众利益表达的机会,比如,开放平台让大众评议管理队伍、给公共管理人员打分评价等,加强民众对政府官员的监督等。最后,要增强政府的公信力。这也是增强大众政治参与意识的重要基础。若公民对政府失去了信任,就会表现出冷漠的态度,缺乏政治参与的热情。对此,当前一定要加强党的建设,破除官僚主义、享乐主义和奢靡之风,用制度治党、管权、治吏,把权力关进制度的笼子里,以零容忍的态度惩治腐败,践行全心全意为人民服务的宗旨,增强人民对政府的信心,增加政治参与的热情和意识。

(3) 通过制度和立法，加强舆论导向，规范错误思想和不良行为

第一，加强思想理论领域的规范。加强思想理论领域的规范很有必要，这样做能够防止部分别有用心的人打着所谓"学术研究"的旗号，以"重新评价""重新认识历史""理论探讨"等名义，设置"理论陷阱"。近年来少数人甚至通过露骨的谩骂、恶毒攻击的方式，来丑化和否定革命领袖和中国共产党。还有些人以"新观点"的探讨为由，公开推翻已有的历史定论。对这些极其错误的做法，要有明确的制度规定来予以约束，触犯法律的要依法严惩。加强思想理论领域的规范，是排除错误思想对思想政治教育价值结构干扰的重要措施。

第二，对网上的言论要严加规范。随着现代传媒设备和工具的普及，微博、QQ、微信朋友圈、公众号的广泛运用，抖音、火山小视频等APP的火爆，给大众及时接受信息，学习新的知识，更新观念，展现才艺提供了方便。与此同时，也有一些不和谐的声音、言论出现。有的人为了夺人眼球，甚至丑化英雄人物、调侃领导人，侮辱革命烈士等。这些错误言行，不仅造成了恶劣的社会影响，还会导致大众价值观的混乱。对此，2018年4月27日，由中华人民共和国第十三届全国人民代表大会常务委员会第二次会议通过《中华人民共和国英雄烈士保护法》，自2018年5月1日起施行。英雄烈士的姓名、肖像、名誉、荣誉受法律保护，禁止歪曲、丑化、亵渎、否定英雄烈士的事迹和精神，宣扬、美化侵略战争和侵略行为，将依法惩处直至追究刑责。随着社会的发展，网络立法应该更加细化、严谨，为创建一个风清气正的网络环境起到坚强的保证作用。才能排除错误言论对思想政治教育价值结构的干扰。

(4) 严明党的组织纪律，加强作风建设，消解腐败带来的不良影响

当前，部分官员贪腐行为是对政治环境对思想政治教育价值结构运行干扰的一个重要因素。反腐败斗争已取得阶段性的胜利，得到了人民群众的拥护。但从曝光出来的"苍蝇""老虎"的犯罪行为，尤其是部分官员贪污的金额上亿，甚至几十亿，对大众造成的影响和带来的刺激

非常大，由此败坏了党的形象，影响到干群关系。我党的宗旨是全心全意为人民服务，公务员、官员尤其是高级领导干部更应该坚持以人民为中心，以人民的利益为先，以党员的标准严格要求自己。但是，这些官员早已将理想信念、党的宗旨抛之脑后，心中根本没有人民，而是自己的私利。对此，要加强党的作风建设，将权力关在制度的笼子里；要严明党的组织纪律和规定。党员和领导干部要严格遵守党章、严明政治纪律和组织纪律，让官员不能腐、不敢腐，一旦越过红线腐败，就要及时的受到严厉的制裁，让大众看到政府在反腐方面的力度和作为，增强大众对党和政府的信心。

此外，在思想政治教育的过程中，还要对思想政治教育价值主体进行及时的引导教育，提高其认识问题、分析问题的能力，通过实践活动让他们感受到在党的领导下，我国社会发展取得的巨大成绩，看到社会主流和矛盾的主要方面。通过这些措施，使思想政治教育价值结构正常运行。

2. 及时解决思想政治教育价值结构受经济环境消极因素干扰出现的问题

经济环境同政治环境一样，存在不少消极因素，如果不采取措施避免或降低它们的影响，思想政治教育价值结构就会受到破坏。排除经济环境消极因素影响的措施有：

(1) 凸显思想政治教育在经济领域的方向引领作用

坚定正确的政治方向是社会主义事业的核心，如果政治方向出现问题，其他一切毫无意义。要凸显思想政治教育在经济领域的方向引领作用：

第一，目标引领。在党的十九大报告中，习近平总书记明确提出，"实现'两个一百年'奋斗目标、实现中华民族伟大复兴的中国梦，不断提高人民生活水平，必须坚定不移把发展作为党执政兴国的第一要务，坚持解放和发展社会生产力，坚持社会主义市场经济改革方向，推动经济持续健康发展。"①虽然离到2050把我国建成富强民主文明和谐美丽的社会主义现代化强国还有相当长的一段路要走,经济领域的任务、压力非常大,随着经济的发展还会有很多新的问题出现。因此,思想政治教育要通过目标引领,坚定广大人民实现中国梦的信心,激发大家奋斗的动力。

第二,思想政治教育要充分发挥在经济体制改革中的引领作用。当前我国社会的主要矛盾已经转化为人民日益增长的美好生活需要和不平衡不充分的发展之间的矛盾。经济体制必须进行改革才能适应当前经济社会的发展,2018年3月28日,习近平主持召开中央全面深化改革委员会第一次会议强调,"改革将进一步触及深层次利益格局的调整和制度体系的变革,改革的复杂性、敏感性、艰巨性更加突出,要加强和改善党对全面深化改革统筹领导,紧密结合深化机构改革推动改革工作。"②当前经济体制弊端重重,推动困难;人民期望改革,但参与改革的热情又不高,国资国企改革、民营企业发展、完善产权制度和要素市场化配置机制、财税体制改革、金融体制改革等都是当前需要推进解决的,2013年7月23日,习近平总书记在湖北省武汉市主持召开部分省市负责人座谈会时强调,"必须以更大的政治勇气和智慧,不失时机深化重要领域改革,攻克体制机制上的顽瘴痼疾,突破利益固化的藩篱,进一步解放和发展社会生产力,进一步激发和凝聚社会创造力。"③要攻克顽疾,突破利益固化的藩篱,首先还是要做思想工作,思想观念如果没有转变,还在老的框架和思维方式之下只会裹足不前,对于当前经济体制改革的深化推进是不利的。观念的改变,既包括领导层的"政绩观",既得利益

---

① 《中国共产党第十九次全国代表大会文件汇编》,北京:人民出版社2017年版,第24页。
② 《习近平主持召开中央全面深化改革委员会第一次会议强调:加强和改善党对全面深化改革统筹领导 紧密结合深化机构改革推动改革工作》,载《人民日报》,2018年3月29日,第1版。
③ 《习近平在湖北考察改革工作时强调:坚定不移全面深化改革开放 脚踏实地推动经济社会发展》,载《人民日报》,2013年7月24日,第1版。

者的"利益观",还包括大众积极参与改革的意识,都需要先在思想层面解决观念问题,认识到问题的重要性和必要性,才能在实际行动中推进。

第三,坚持以人民为中心的思想。在经济领域思想政治教育仍然要凸显以人民为中心的思想。以人民为中心的思想应该体现在经济、政治、文化各个领域,这既是指导思想,也是具体要求。经济领域是物质利益比较集中的地方,坚持以人民为中心的思想才能抑制当前经济领域中"重物质轻精神"倾向下的过度追求物质利益甚至无视大众生命安全事件的发生。在经济发展中要遵循社会主义道德规范,产品的服务和质量坚持以为人民服务为核心,增强大众的满意度和认可度。

(2) 增强思想政治教育的激励作用

劳动者、劳动工具和劳动对象是构成生产力的三大要素,劳动者作为生产力中最活跃的因素,是生产力发展的重要推动力量。思想政治教育要通过激励作用,开发劳动者的创造力,激发劳动者的劳动热情,在参加经济建设的同时,克服经济环境中的负面因素对思想政治教育价值结构的干扰。首先,要凸显思想政治教育对提高人的认识和改造世界能力的作用。当前,部分价值主体之所以提升自身思想道德素质的需要不高,或层次较低,在于人们认为思想提升与自身的工作没有多大关系,认为只要把自己的专业工作或是本职工作做好就行了,没有认识到自己的思想道德素质与自身工作的成就是紧密联系的。纵观在各个领域取得突出成就的人无不是道德境界高尚的人。比如,新中国成立初期突破重重阻挠回国的以钱学森为代表的爱国科学家为新中国的科学事业做出了巨大贡献。再比如,中国核潜艇之父黄旭华,隐姓埋名,甘愿做无名英雄。倾注一生心血,只为"祖国强盛"的"两弹一星"元勋于敏为了中国有自己的核力量,从1961年起,他毫不犹豫地服从国家分配,28年隐姓埋名,换来沙漠腹地的一声惊天"雷鸣"。"中国肝脏外科之父"吴孟超,他说:"我看重的不是创造奇迹,而是救治生命。医生要用自己的责任心，帮助一个个病人渡过难关。"他们之所以能够为国家科学技术的发展做出如此大的成就，除了他们有渊博的知识，还有一个共同点，就是他们有献身祖国建设事业的崇高的道德品质。在良好的思想道德素质的驱动下，个体的责任感、潜能才能充分激发出来，才能在自己的专业领域不断突破自我，与此同时，在专业技能不断提升的基础上，对自己的思想道德素质要求更高，形成一个良性循环。思想政治教育的重要作用是提高人的思想道德素质，促进人的全面发展，在此基础上，人改造世界的能力必然提高，创造物质财富的能力也会增强。其次，要通过思想政治教育，激发人的远大追求。一个人有了远大的追求，才有长远目标和开拓创新精神，才能做好本职工作。当前部分劳动者安于现状，对自己的职业、工作缺乏热情，得过且过，不仅自身发展处在一个较低的层次，之于整个社会发展也是不利的。当前，我国创新型国家发展迫在眉睫，关系到能否在国际竞争中立于不败之地，劳动者尤其是人才队伍至关重要，如果大部分劳动者需求停留在低层次，创新动力、能力不足对于当前我国社会发展是不利的，通过思想政治教育激发出劳动者的创造活力和动力非常必要，既要引导他们通过正确的方法、途径获取成功，更要引导劳动者从长远、整体考虑自身利益，有远大的追求。

（3）要及时控制经济环境中负面因素对价值主客体的消极影响

第一，要及时控制负面因素对思想政治教育价值客体的影响。思想政治教育活动最终是为了满足价值主体思想提升的需要。要完成这一任务，要求价值客体必须发挥好自己的功能。如果价值客体受到经济环境中负面因素的影响，其功能就会降低。因此，价值客体要认清自己的职责，提高思想觉悟，不仅要经得起复杂局面的考验自觉抵制负面因素影响，还应制定相应的规章制度，及时控制经济环境中负面因素对价值客体的消极影响。

第二，要及时控制负面因素对思想政治教育价值主体的影响。思想政治教育价值主体就是思想政治教育的对象，他们承担着建设现代化强国的重任，思想政治教育价值客体通过其功能来满足他们提高素质的需要，增强其建设国家的本领。如果价值主体受到社会负面因素的影响，就会使他们产生错误的需要，妨碍其素质的提高和本领的增强。比如，价值主体中的青少年正处于价值观形成的重要时期，思想还不稳定，容易受到经济环境中负面因素的影响，使他们只想眼前的利益、自身的利益，不考虑国家、社会、民族的整体利益，追逐名利，过度娱乐，不愿意静下心来踏实学习和工作，这就会影响他们成长成才。在思想政治教育过程中，要对价值主体尤其是青年群体加强世界观、人生观、价值观教育，使他们在正确价值观的指引下，自觉抵制负面思想的影响，成长为高素质的人才。

第三，营造良好的道德风气。良好的道德风气是抑制环境中负面因素对价值主客体影响的重要环境氛围。营造良好的道德风气，首先，要弘扬真善美，贬斥假恶丑。要在道德层面树立明确的导向，才能给价值主客体以正确的引导。应从制度规范层面给予不讲诚信、投机取巧，或是因为道德失范严重影响他人或社会的行为予以警示、惩戒，媒体要减少对诸如娱乐明星、一夜成名、一夜暴富、炫富等事件的关注和报道，应多宣传报道正面人物和正能量。其次，要传承和弘扬中华传统美德。奉献、责任、诚信、仁爱，注重整体利益等都是中华优秀传统道德精神的重要体现。但当前好多人将这些传统的美德都丢了，眼里似乎只有金钱与利益，才让投机取巧、不讲诚信等不良风气有机可乘。对此，应通过传统节日、传统习俗等载体，增加仪式感，在社会层面营造弘扬传统美德的氛围。最后，要发扬社会主义道德。社会主义道德的核心是为人民服务，这既是社会主义经济基础和人际关系的要求，也是社会主义市场经济健康发展的需要。发扬社会主义道德，就能站在人民的立场，考虑人民的利益，无论是服务还是产品，质量才会有保障，才不会突破道德的底线，起到良好的道德示范和引领作用。

3. 及时解决思想政治教育价值结构受文化环境负面因素干扰出现的问题

要及时解决思想政治教育价值结构受文化环境中负面因素干扰出现的问题，可以从以下方面着手：

（1）加强社会主义核心价值观的教育和践行，抑制多种思潮和多元价值观对人们思想的影响

文化环境中的负面因素不仅关系到意识形态领域的安全，还易造成人们思想领域的混乱，进而影响整个国家和民族发展的精神支柱。加强社会主义核心价值观的教育和践行，让核心价值观入脑入心，自觉抵制错误社会思潮和错误价值观对人们思想的影响，及时解决思想政治教育价值结构受文化环境中负面因素干扰的问题。在社会主义核心价值观的指导下，全社会才能形成强大的凝聚力去为实现中国梦而共同奋斗。

（2）加强社会主义先进文化建设，避免和减少落后文化的影响

加强社会主义先进文化建设的措施有：

首先，引导大众认清文化领域中错误的、低层次文化的本质和危害。在现实的文化领域，存在不少错误的文化。比如，传统文化中的"以官为尊"思想、封建迷信思想、及时行乐思想，现代文化中的媚俗文化、暴力文化、色情文化等，这些文化尽管表现的方式不同，其实质都是危害人们思想的精神鸦片，与社会主义先进文化背道而驰。对这些腐朽没落的文化必须坚决抵制。其次，要重视和加强对高层次文化的建设和投入。高层次文化建设因是一个长期投入、见效慢的工程，导致部分地区和领导不重视。对此，全社会都要重视对高层次文化建设的投入，为人民群众提供高质量的文化产品。

（3）要注重"以文化人"，切实提高人民群众的思想道德素质

大众良好的思想道德素质是抵御文化环境中负面因素的有力武器。要通过高层次文化的感染熏陶，坚定大众的理想信念、价值理念和道德

观念,增强大众的信念和信心,在面对社会层面道德建设失范问题、外来错误思潮和落后文化的冲击,甚至是别有用心势力的捣乱、破坏时,大众才能用道德的素养和理性的态度正确辨别,坚决抵制。

三、建设思想政治教育的环境

思想政治教育价值结构合理与否和环境有密切联系。加强思想政治教育环境建设是优化思想政治教育价值结构的重要举措。建设思想政治教育环境,可以从不同的角度来进行。笔者从思想政治教育环境的积极因素和负面因素两个方面探讨如何建设思想政治教育环境。

(一)发挥思想政治教育环境积极因素的作用

按照不同的标准,思想政治教育环境可以分为不同的类型。下面从思想政治教育物质环境和精神环境两个方面进行论述。

1. 发挥思想政治教育物质环境积极因素的作用

物质决定精神,思想政治教育环境中的物质因素是人的思想道德精神素质形成和发展的基础。有效利用思想政治教育物质环境中的积极因素加强环境建设,既能提高人们的精神境界,还能促进思想政治教育价值结构的优化。

(1)充分发挥自然物质环境的积极作用

我国地大物博,文化历史悠久,不仅自然风光秀丽、壮美,这些都是建设思想政治教育环境的优质物质资源。发挥好自然环境优质资源的作用,壮丽的自然景观,既能够陶冶人的情操,还能抚慰人的心灵。当人们行走于山峦、草原、海滩、森林之中时,既能舒缓心情还能激发个体对生活的热爱、对国家的认同,激发出强烈的民族自豪感和爱国主义的激情。对此,自然环境中的积极因素应成为思想政治教育过程中的重要载体因素,使思想政治教育价值主客体置身其中,这种油然而生的对国家、民族的自豪感,会促进思想政治教育价值结构的优化,增强思想政治教育的效果,价值结构的运行也会减少阻力。

(2) 充分发挥社会物质环境中的积极因素

社会物质环境中存在大量的积极因素,要充分发挥来促进思想政治教育价值的实现。

第一,充分发挥社会经济发展带来的优势。我国经济快速发展,已成为世界第二大经济体,人民群众物质文化生活水平得到极大提高,经济发展显示出了国家强大的实力。我们要大力宣传这些优势,增强人民群众的自信心和自豪感,提高思想政治教育价值主体精神需要的层次,进而提升思想政治教育价值实现的质量。

第二,要充分发挥物质条件提升给思想政治教育价值结构运行带来的优势。社会经济的大发展,极大地改善了思想政治教育的物质条件。由于经费投入的不断增加,思想政治教育活动的场所、设备、工具、基地等物质设备得到更新,先进的技术手段、媒介支撑对思想政治教育价值结构运行的助力也越来越大,增强了思想政治教育的效果。

第三,要充分利用物质环境中的积极因素给思想政治教育带来新的发展机遇。社会物质环境的大变化给思想政治教育带来了大量的机遇。这些机遇主要有：为思想政治教育提供了新的研究选题,新的研究设备；改变了人的观念,开阔了人的视野；为思想政治教育活动的开展提供了新的物质条件。这些既是新的变化,也是思想政治教育发展的机遇。我们要充分利用这些机遇,加强思想政治教育环境建设,优化思想政治教育价值结构。

2. 发挥思想政治教育精神环境积极因素的作用

如何发挥思想政治教育精神环境中积极因素的作用,可以从以下方面着手：

(1) 充分发挥社会发展战略目标产生的巨大精神力量

自邓小平同志提出的"三步走"发展规划,到江泽民、胡锦涛在这一规划指引下提出的两个百年目标,再到习近平总书记提出的分两步走实现中华民族伟大复兴的战略目标。实现中国梦的社会发展战略目标既勾画出了我国社会发展的宏伟蓝图,也激发出了广大人民群众巨大的精神力量。我们要充分利用这股强大的精神力量,推动思想政治教育环境建设,促进思想政治教育价值结构的完善和增强思想政治教育的效果。

(2) 充分发挥解放思想、改革创新的精神力量

改革开放40年,我国社会发展举世瞩目成绩的取得,源于解放思想,更源于"改革开放铸就的伟大改革开放精神,极大丰富了民族精神内涵,成为当代中国人民最鲜明的精神标识!"[①] 习近平总书记在纪念改革开放四十周年大会上的讲话指出"40年来取得的成就不是天上掉下来的,更不是别人恩赐施舍的,而是全党全国各族人民用勤劳、智慧、勇气干出来的!"[②] 在新时代,我们要继续解放思想、发扬改革开放精神,不断加强和改进思想政治教育,使其价值得到更大提高。

(3) 充分发挥时代楷模的激励力量

在我国社会发展中涌现出了很多彰显民族精神和时代精神的道德模范和大国工匠,他们是时代的楷模,是社会发展的中坚力量,他们的精神凝聚的力量应成为社会精神环境中的重要因素,成为激励一代代人前行的动力。对此,在思想政治教育过程中,要充分发挥道德模范、"感动中国人物"、"最美"系列人物的宣传,起到正面导向的作用,与此同时也能抑制社会负面事件对人们思想的影响。

(二) 抑制思想政治教育环境负面因素的影响

在社会发展过程中,环境中除了正面的积极的因素,还有负面的、

---

① 《庆祝改革开放40周年大会在京隆重举行 习近平发表重要讲话》,载《人民日报》,2018年12月19日,第1版。
② 《庆祝改革开放40周年大会在京隆重举行 习近平发表重要讲话》,载《人民日报》,2018年12月19日,第1版。

消极的因素，对此，抑制环境中负面因素是建设思想政治教育环境，优化思想政治教育价值结构的重要举措。

1. 抑制思想政治教育政治环境负面因素的影响

如何抑制思想政治教育政治环境负面因素的影响，可以从以下方面入手：

（1）从严治党，增强党的长期执政的能力

"一个政党，一个政权，其前途命运取决于人心向背。"① 当前党内存在的思想不纯、组织不力、作风问题是政治环境中负面因素的重要原因和体现，因此，加强党的建设，不断提高党的建设质量，是营造良好政治环境的核心力量。对此，要全面从严治党，增强党的长期执政的能力，不断提高党的先进性，以零容忍态度惩治腐败，增强党的纯洁性。要加强对党员干部的理想信念教育，打牢思想基础，要教育全党自觉做共产主义远大理想和中国特色社会主义共同理想的坚定信仰者和忠实实践者。要加强马克思主义理论学习，用马克思主义的科学理论指导实践，用马克思主义的立场、观点和方法分析问题和解决问题。建设高素质专业化干部队伍，要按照习近平总书记对好干部的标准培养信念坚定、为民服务、勤政务实、敢于担当、清正廉洁的好干部。

（2）加强意识形态领域的安全建设

意识形态工作是党的一项极端重要的工作。2013年8月19日，习近平总书记在全国宣传思想工作会议上指出："能否做好意识形态工作，事关党的前途命运，事关国家长治久安，事关民族凝聚力和向心力。"② 对此，要认真做好意识形态工作，大力宣传主流意识形态，加强意识形态领域的安全建设，提高主流意识形态对西方各种社会思潮的抵御和消

---

① 习近平：《决胜全面建成小康社会 夺取新时代中国特色社会主义伟大胜利》，北京：人民出版社2017年版，第61页。

② 《中共中央宣传部·习近平总书记系列重要讲话读本》，北京：学习出版社、人民出版社2016年版，第193页。

解能力。发挥社会主义意识形态凝魂聚气、强基固本的作用,坚决抵制境外敌对势力意识形态的影响,切实维护我国的意识形态安全。

(3) 加强对党员干部的价值观教育

习近平总书记在十八届中央纪委七次全会上明确提出,要坚持共产党人价值观,不断坚定和提高政治觉悟。加强党员干部价值观教育首先要坚持以人民为中心的立场,始终践行全心全意为人民服务的宗旨。要树立正确的权力观。要时刻谨记权力是人民赋予的,只有服务于人民才是权力运行的正确方向,这样才会避免滋生特权意识、官僚主义,才能坚守底线,拒腐防变,时刻想着人民的利益。其次,要将奉献和服务落实到工作实处。要树立正确的政绩观,要把是否为国家和社会真诚奉献和服务,是否为人民群众尽心尽力做实事、谋幸福作为评价标准。要从我国基本国情出发,尽力而为、量力而行,把群众最关切最烦心的事一件一件解决好,促进社会公平正义和人的全面发展,使人民生活随着国家发展一年比一年更好。

2. 抑制思想政治教育经济环境负面因素的影响

经济环境是利益、矛盾集中的地方,很容易刺激人们的思想,在思想政治教育价值结构中,要采取积极的措施抑制思想政治教育经济环境中负面因素的影响。抑制思想政治教育经济环境中负面因素影响的积极措施主要有:

(1) 确立经济新常态思维

习近平总书记指出,"十三五"时期,我国经济发展的显著特征就是进入新常态。对此,新常态从时间层面就是我国经济发展到一定阶段的必然结果。也是遵循经济发展规律的结果,任何社会的经济不可能一直高速增长,总要经历增长速度换挡期、调整期,对此,要理性、正确看待一定时期经济发展缓慢、下行。此外,从空间层面,我国在出口、国际贸易方面的增速也面临挑战,出口增长较之以前速度也将放缓,经济增长的动力主要将依靠创新驱动和扩大国内需求上。因此,在经济发展上要抛弃过去旧的一味高速增长的思维,要用辩证的思维看待当前经济发展的主流和存在的问题,这样才能正视问题、挑战,有针对性地采取措施,促进经济的持续、健康发展。

(2) 注重发展质量与效益

社会发展到一定的阶段无论是从市场发展的规律,还是老百姓的物质、精神生活需要来讲,必须走质量与内涵相结合的道路,用效益满足社会发展和人民的需求。对此,首先一定要遵守规律,按规律办事。要遵循经济规律、自然规律和社会发展规律,这样才能确保经济发展沿着正确的方向运行,将发展风险控制在一定的范围,确保脱贫攻坚任务全面完成,确保生态环境质量总体改善。与此同时,用发展的质量和效益满足老百姓美好生活的需要,只要老百姓真正获得实惠,就是对抗环境中负面因素的最大武器。

(3) 加快实施创新驱动发展战略

经济进入新常态,创新驱动发展战略是推动我国经济发展的必由之路,也是我国综合国力提升和在国际竞争中能否占据优势的核心要素。从全球范围看,科学技术越来越成为推动经济社会发展的主要力量,创新驱动是大势所趋。对此,要在全社会营造创新创造的氛围,致力于科技的创新和进步,在这样的状况下,那些低端、短视行为,以破坏环境、牺牲大众利益的行为自然就没有市场,会被淘汰。

3. 抑制思想政治教育文化环境负面因素的影响

要抑制思想政治教育文化环境中负面因素的影响,就要注重文化建设,打造高层次的文化。

(1) 加大对文化建设的投入

加大对文化建设的投入是抑制思想政治教育文化环境负面因素影响的重要措施。但是,由于文化建设的投入大、见效慢,不易"出政绩",

使得有的地方政府重视的是政绩工程，不愿在这一领域过多的投入，制约了文化建设的进程。要坚决改变这种错误观念和行为，要求各级政府应加大对地方文化服务体系建设、文化设施、群众性文化活动的投入力度，要注重地方居民思想道德素质的提升。

（2）加强对高层次文化的建设

加强对高层次文化建设应抓好以下工作：

第一，建设高层次文艺作品。要遏制低俗媚俗文艺作品，坚持"以人民为中心"的创作导向；要创设一个健康的文艺环境，制度规范、规矩明确，拒绝"潜规则"；文艺创造要深入生活、扎根人民，增强丰富性、深入性、内涵性，抵制文艺作品急功近利、粗制滥造的现象；要注重文艺工作者艺术水准、艺德的提高，要以严谨的职业操守树立良好社会形象。

第二，建设高雅的文化环境。地方和各单位应致力于高雅文化环境的建设，既凸显、弘扬中华优秀传统文化，又能体现社会主义文化的先进性，让环境会说话，成为无形之中激励大众的重要因素。随着大众品位的提升自然会远离低层次的文化。

（3）加强舆论导向，抑制低层次、传统糟粕文化对大众的影响

要在社会层面营造尊重知识、尊重科学、尊重人才的氛围，要树立劳动最光荣、尊重劳动、热爱劳动的导向，抑制"网红""明星"效应"一夜成名""一夜暴富"等现象对大众尤其是青年一代的影响。此外，还要警惕部分传统糟粕思想的沉渣泛起，比如，2017年被责令关停的抚顺"女德班"，2018年却在温州卷土重来。这次，魔爪伸向了未成年人，通过开办亲子夏令营等迷惑家长的形式，洗脑未成年女孩，传递诸如男为大，女为小；打不还手、骂不还口、逆来顺受、坚决不离婚的所谓"婚姻四项基本原则"等消极腐朽思想。打着传播传统文化的旗号宣传"女德"，实则却是对女性利益的损害，不利于未成年人的健康成长，与社会主义先进文化相悖。

(三) 创建思想政治教育的新环境

伴随社会的发展，无论社会物质层面还是精神层面都有很多新的要素出现，而这些与思想政治教育价值结构运行息息相关，对此，应该创建思想政治教育新的环境因素成为思想政治教育价值结构运行的重要外部力量。

1. 创建思想政治教育新的物质环境因素

思想政治教育新的物质环境因素，主要是及时创建有利于思想政治教育价值结构运行的新的物质因素。具体包括：

(1) 利用大数据优势，创建网络思想政治教育新的物质环境

网络思想政治教育物质环境主要体现为以信息技术为核心的硬件支撑。包括保障价值结构运行的场所、设备，尤其是在大数据时代价值结构高效运行所必需的足以支撑海量信息、高新技术的计算机、网络硬件设备和平台。此外，网络设备还需及时的更新、升级以满足网络监控、信息承载和信息分析、预测的要求。同时，应建立不同层次的大数据平台，用于数据的集中搜集、存储、分析等。有了足够的硬件支撑，才能保证价值结构的有效运行。

(2) 创建思想政治教育新的现实物质环境因素

创建思想政治教育新的现实物质环境因素主要从两个方面入手：

第一，创建有利于思想政治教育价值结构运行的新的现实物质环境因素。思想政治教育价值结构的正常运行需要新的现实物质环境因素。一方面，思想政治教育工作者自身的发展需要现实物质因素，包括工作的环境、工作的待遇、工作的设备等，这是思想政治教育工作者全身心投入工作的保证。另一方面，随着社会的发展，科技的进步，思想政治教育工作的开展必须借助先进的科技手段，否则无法满足价值主体新的需要。比如，在大数据时代，数据的收集、甄别和分析能力决定了数据

的价值,面对海量的数据,如果思想政治教育工作者处理信息能力低,就无法将先进技术运用于思想政治教育,促进思想政治教育价值结构的正常运行和优化。对此,应做好思想政治教育领域大数据人才培养的顶层设计,加紧建立大数据高端人才培养体系,为思想政治教育价值结构运行提供人才保障。

第二,创建有利于价值主体发展、成才、展才的新的现实物质环境因素。在新的历史条件下,价值主体的成才与展才需要新的现实物质环境因素。比如,在高校,新的教室、新的图书资料和教学实验设备等新的现实物质环境因素对于大学生的成长就具有重要作用。因此,高校要根据在校学生发展的需要及时增加教学、运动和休闲娱乐场地;及时更新先进的教学、实验设备,以满足大学生的合理需要及其新增加的需要。

2. 创建思想政治教育新的精神环境因素

创建思想政治教育新的精神环境因素是环境建设的重要内容,也是思想政治教育价值结构正常运行的需要。

(1) 创建新的理论因素

习近平新时代中国特色社会主义思想是思想政治教育价值结构运行的重要理论基础和指导思想,在这一思想理论的指导下,思想政治教育理论自身也在不断丰富、发展与完善,思想政治教育理论的完善发展,对于思想政治教育价值结构的整体运行以及思想政治教育价值结构各构成要素会产生重要影响。对此,伴随时代的发展,要及时创建新的理论因素,使之成为思想政治教育价值结构运行的重要理论指导,保障思想政治教育价值结构运行的正确方向。

(2) 创建新的思想因素

要建设好思想政治教育环境,促进思想政治教育结构的优化,必须解放思想,产生新的思想因素。如果思想不解放,思想不与时俱进,势必影响环境建设和价值结构的运行。因此,要在思想政治教育新的实践活动中,注意总结经验并将其上升到理论的高度,形成新的思想因素用以推动思想政治教育环境建设,从而增强教育的效果,保证价值结构的高效运行。

(3) 及时总结、集中新的道德因素,形成新的道德风尚

伴随着社会的发展,改革开放四十年的历程,在中国特色社会主义建设、发展中,我国各个地区、各个行业涌现出了大量的改革先锋、时代楷模,他们是国之重器,他们的精神是当代时代精神的典型体现。如在改革开放四十周年大会上评选出来的一百位对改革开放做出突出贡献的"改革先锋",如:国防科技事业改革发展的重要推动者于敏、基础教育改革的优秀教师代于漪、农村改革的先行者小岗村"大包干"带头人、率先到内地投资的澳门著名企业家和社会活动家马万祺、数字经济的创新者马云、"互联网+"行动的探索者马化腾、基层社会治理创新的优秀人民调解员马善祥、"863"计划的主要倡导者王大珩、海洋维权的模范王书茂等;在不同的行业默默奉献的科学家、普通劳动者,如:"雕刻火药的大国工匠"徐立平、在悬崖绝壁上书写精彩传奇的"当代愚公"黄大发、用生命叩响"地球之门"让中国进入"深地时代"的战略科学家黄大年、勇担民族复兴大任的"天眼巨匠"南仁东、爱生如子甘做学生成长引路人的高校思想政治理论课教师曲建武等;最美中国人:郭明义、沈浩、杨善洲、张丽莉、吴斌、高铁成……他们的精神应成为引领这个时代发展的新的风尚、新的榜样,成为思想政治教育新的环境精神因素、成为各行各业人们努力拼搏的重要精神力量。我们在宣传他们优秀道德品行的同时,也要将他们先进的道德品质提炼成为时代的精神加以推广,形成新时代新的道德风尚。

后 记

呈现在读者面前的这本书是教育部人文社会科学研究青年基金项目的研究成果，也是我主编的第一部学术著作。

当我敲完书稿的最后一个字时，就像登山者站在刚到达的山顶回望自己跋涉过的蜿蜒曲折的山路，不少往事涌上心头。曾经的我从未想过能够申报到教育部的科研课题，会有属于自己的学术著作，不曾想到的这一切却于2013年开始萌芽了。当年6月，我考上了西南大学马克思主义学院的博士生，师从罗洪铁教授研究思想政治教育基础理论与人的全面发展。9月入学后，在学院的409教授工作室罗老师重点给我谈了三件事：道德修养、理论学习和科学研究。这次带有战略性的谈话，改变了我的人生轨迹与命运，从此走上了一条既艰辛又充满挑战与成就感的学术之路。在书稿完成之际，我非常感谢从那以后就一直精心培育我的罗洪铁教授！罗老师高远的战略、严谨治学的态度、博大的胸怀以及对学生无私的爱与奉献，不仅深深地影响着每个罗门弟子，更是我成长中的重要引路人。

罗老师对学生的殷切希望和无私大爱都体现在他培养学生的长远战略规划与育人理念之中。他提出的两个"十字架战略""太平洋战略""两个超越战略"是老师24年指导学生心血的结晶，是他对学生成长成才寄托的殷切希望。众多的罗门弟子受益于老师的发展战略及他带学生的理念，打拼出了一片属于自己的学术与事业的天空，而这片天空是老师甘为人梯一点一滴开拓出来的。在罗老师的身体力行之下，老师的"甘于寂寞，才能不寂寞"的座右铭；老师的"登山理念""酿蜜理念""烧开水理念"和"目标、勤奋、意志、方法"的八字箴言早已融入罗门弟子的脑海和行动之中，大家在实践中践行并以取得的成就回报老师对弟子成才、创业所寄予的厚望。

我有幸成为罗门弟子，进入这个团结温馨、攀登不息、奋发有为群体。在罗老师的悉心指导下，我像一个在学术领域蹒跚学步的孩子一路跌跌撞撞，克服各种困难，坚持不懈地走了过来，才有了今天的成绩。读博期间罗老师就带我参加全国高端学术会议开阔眼界，牺牲自己的休息时间帮我修改论文，关心我的生活与家庭，让科研基础薄弱、自卑的我能够三年顺利毕业。博士毕业离校前，还是在409室的最后一次谈话，又对我未来的发展设计出了新的规划。回单位工作后，老师仍对我谆谆教诲，教育我既要站稳三尺讲台承担起教书育人的重任，还告诫我不要忘了那颗在学术领域执着前行的初心。在我遇到困难、挫折的时候，老师就及时激励我，给我继续前行的勇气与动力，可以说没有罗老师的指导与关怀就没有我今天的一切。

《思想政治教育价值结构研究》在思想政治教育学基础理论研究中属于比较前沿的研究选题，到目前为止，理论界尚无人系统探索过，而可供参考的文献资料又少，研究的难度却很大。在课题的研究和写作过程中，罗老师一直是我坚强的后盾。他不仅帮我把控研究的方向，为解决课题研究中的难题提供了大量有建设性的意见，还经常督促我和课题组的成员要抓紧时间，争取以高质量的学术论文、学术著作完成课题。在老师的指导和督促之下，围绕课题我不仅在核心期刊发表了7篇学术论文，其中CSSCI来源期刊3篇，还有了本书的即将付梓。全书共分为七章，具体分工为：王丽（第一章、第五章、第六章、第七章）；李洁（第二章）；唐斌（第三章）；马志霞（第四章）。面对浓浓师恩，无以为报，只有在学术上、工作上秉承老师的理念，以老师做人为学的精神要求、激励自己更勤奋地探索真理，才不负老师之期望。

感谢我的硕士生导师黄蓉生教授，是她将我带进了思想政治教育这一领域，传授了做学问的思路与方法，为我博士生阶段的学习打下了坚实的知识基础。黄老师的学术魅力和人格魅力也将影响我终身，成为我一生受用的财富。

感谢我的同门唐斌、李洁师弟、马志霞师妹在课题研究中对我的大力帮助与支持。他们在自己承担着繁重的教学科研任务的同时，加入我的研究团队，多次抽时间一起就课题提纲的设计与写作进行了讨论，三次修改提纲。每个人都交出了高质量的书稿，非常感谢！对于自己负责的章节，为求写作质量的提高，搜集了大量的文献资料，写出初稿后反复作了修改，对书稿仅大的修改就有三次。最后，本人对全书进行了统稿和定稿。

感谢我工作单位的领导和同事。2016年7月，我博士毕业回到湖北文理学院马克思主义学院工作，得到了学校、学院领导和老师对我的关心与支持。工作方面鼓励我、支持我，为我提供了宽松、自由的空间，让我在教学工作之余能够有更多的时间投入到科研写作之中。他们还关心我的家庭，向我传授教育孩子之道。这些深深地激励着我，克服写作中困难的信心倍增。在此，特向王奎院长、王遂敏老师、谢丽霞老师、罗艳老师等教研室所有老师表示由衷的谢意！

最后，我要感谢家人的关心与支持，使我能够投入大量的时间和精力于学习、科研和工作。特别要感谢我的丈夫郑毅，是他在繁重的工作之余承担了大量的家务劳动和照顾小孩，我才能毫无后顾之忧的离家三年攻读完博士学位和进行本书的写作；感谢我的儿子郑思源，因为要拿大块的时间集中精力写作，经常将他放在一边，陪伴他的时间很少，作为妈妈非常抱歉。

本书的出版，得到了中央编译出版社李媛媛编辑的热情帮助。李编辑为本书的出版提供了宝贵建议，做了大量工作，使得本书增色不少。

为了本书的撰写和出版尽管自己付出了艰辛的劳动，但因选题研究的难度大，加之本人能力所限，书中浅陋甚至错谬之处在所难免，祈请学界同仁不吝赐教。本书个别内容已在杂志上发表，特此说明。同时，本书的出版，得到了湖北文理学院马克思主义学院的部分资助和学院领导及同事的关心，在此表示最真诚的感谢。

思想政治教育价值结构问题是一个较为前沿的问题，本人在研究的过程中虽提出了一些新观点，但由于时间和研究条件等因素的制约，仍有不少问题有待进一步探讨。在今后的研究中，我将继续追踪这些问题，与同行们就思想政治教育价值结构的深入研究一起努力！

做学问如同做人一样，都需真诚实在，容不得半点虚假，且追求真理的道路永无止境。很庆幸自己在求学的道路上遇到很多良师益友，老师们对专业的责任与使命、对学术的严谨认真；他们的人品与人格魅力、对待晚辈学子的爱护与支持，既让我敬仰与感动，更深深地激励着我，为我增添了勇攀学术山峰的精神动力；在求学的过程中我与同门、同学建立了深厚的友谊，他们关心我、包容我，在我需要帮助的时候无条件地支持我。每每想起这些都让我无比感动，这些都是今生伴我前行的宝贵财富，我会格外珍惜。

学术著作虽然即将与读者见面，但探寻科学理论的道路才刚刚起航，只有不畏艰难、勇往直前，沿着这条道路顽强地探索下去，才不负这么多关心和支持我的人。

人生不求浮华，但求心安。

王 丽

2019年4月25日于襄阳市庞公街道梧桐湾小区1号楼书房

主要参考文献

(一) 经典著作与重要文献类

《邓小平文选》(第1、2卷),北京:人民出版社1994年版。

《胡锦涛的致信》,载《中国青年报》,2007年5月5日。

《江泽民文选》(第1—3卷),北京:人民出版社2006年版。

《列宁文集》(第2、5卷),北京:人民出版社2009年版。

《马克思恩格斯选集》(第1—4卷),北京:人民出版社2012年版。

《毛泽东选集》(第2、4卷),北京:人民出版社2009年版。

习近平:《习近平谈治国理政》,北京:外文出版社2014年版。

习近平:《在全国高校思想政治工作会议上的讲话》,载《人民日报》,2016年12月9日。

习近平:《中国共产党第十九次全国代表大会文件汇编》,北京:人民出版社2017年版。

习近平:《在北京大学师生座谈会上的讲话》,载《人民日报》,2018年5月3日。

习近平:《在中国科学院第十九次院士大会、中国工程院第十四次院士大会上的讲话》,载《人民日报》,2018年5月29日。

习近平:《在全国教育大会上强调 坚持中国特色社会主义教育发展

道路培养德智体美劳全面发展的社会主义建设者和接班人》，载《人民日报》，2018年9月11日。

教育部思想政治工作司组编：《加强和改进大学生思想政治教育重要文献选编（1978—2008）》，北京：中国人民大学出版社2008年版。

教育部社会科学司：《普通高校思想政治理论课文献选编（1949—2008）》，北京：中国人民大学出版社2008年版。

教育部思想政治工作司组编：《加强和改进大学生思想政治教育重要文献选编（1978—2014）》，北京：知识产权出版社2015年版。

中共中央文献研究室编：《十八大以来中央文献选编（上）》，北京：中央文献出版社2014年版。

中共中央文献研究室编：《十八大以来中央文献选编（中）》，北京：中央文献出版社2016年版。

中共中央宣传部：《习近平新时代中国特色社会主义思想三十讲》，北京：学习出版社2018年版。

中共中央宣传部：《习近平总书记系列重要讲话读本》（2016年版），北京：学习出版社、人民出版社2016年版。

中共中央宣传部宣传教育局、教育部社会科学研究与思想政治工作司、共青团中央学校部组编：《加强和改进大学生思想政治教育文件选编》，北京：中国人民大学出版社2005年版。

（二）学术著作类

陈淑丽主编：《30年思想政治教育价值理论发展研究》，成都：西南交通大学出版社2018年版。

冯刚：《立德树人"博"导人生——2012年度全国高校辅导员优秀博客文集》，北京：高等教育出版社2013年版。

冯刚、郑永廷主编：《思想政治教育学科30年发展研究报告》，北京：光明日报出版社2014年版。

付安玲：《思想政治教育个体价值论》，北京：人民出版社 2018 年版。

黄蓉生等：《改革开放三十年大学生思想政治教育论》，北京：中国文史出版社 2012 年版。

黄蓉生等：《改革开放以来大学生思想政治教育论纲》，北京：人民出版社 2014 年版。

何会宁：《思想政治教育视域下的新时期大学生研究》，北京：中央文献出版社 2012 年版。

黄凯锋：《价值论及其部类研究》，上海：学林出版社 2005 年版。

胡树祥、吴满意等：《大学生社会实践教育理论与方法》，北京：人民出版社 2010 年版。

黄小华：《思想政治教育价值实现论》，北京：光明日报出版社 2019 年版。

荆惠民：《思想政治工作概论》，北京：中国人民大学出版社 2007 年版。

林泰：《问道 改革开放以来的社会思潮与青年思想政治教育研究》，北京：中国社会科学出版社 2013 年版。

罗洪铁：《思想政治教育专题研究》，北京：中央文献出版社 2007 年版。

罗洪铁、周琪主编：《思想政治教育学理论的形成和发展研究》，北京：中国文史出版社 2014 年版。

李忠军：《社会主义核心价值体系统领大学生思想政治教育研究——内在逻辑与体系建构》，北京：人民出版社 2014 年版。

倪愫襄：《思想政治教育元问题研究》，北京：中国社会科学出版社 2014 年版。

刘宏达：《思想政治教育与大学生群体发展研究》，北京：中国社会科学出版社 2013 年版。

李德顺:《价值论》,北京:中国人民大学出版社1987年版。

李连科:《价值哲学引论》,北京:商务印书馆出版社1999年版。

李楠明:《价值主体性——主体性研究的新视域》,北京:社会科学文献出版社2005年版。

骆郁廷主编:《当代大学生思想政治教育》,北京:中国人民大学出版社2010年版。

《马克思主义哲学》编写组:《马克思主义哲学》,北京:高等教育出版社、人民出版社2009年版。

李月玲:《科学实践观范式下思想政治教育价值研究》,北京:人民出版社2015年版。

马俊峰:《马克思主义价值理论研究》,北京:北京师范大学出版社2012年版。

闵绪国:《思想政治教育价值研究》,北京:人民出版社2017年版。

苗东升:《系统科学精要》,北京:中国人民大学出版社2010年版。

邱伟光、张耀灿:《思想政治教育学原理》,北京:高等教育出版社1999年版。

阮青:《价值哲学》,北京:中共中央党校出版社2004年版。

孙其昂:《思想政治教育学基本原理》,南京:河海大学出版社2004年版。

沈壮海:《思想政治教育有效性研究》,武汉:武汉大学出版社2001年版。

邵献平:《思想政治教育中介论》,北京:中国社会科学出版社2007年版。

孙伟平:《价值哲学方法论》,北京:中国社会科学出版社2008年版。

佘双好:《当代社会思潮对高校师生的影响及对策研究》,北京:中央编译出版社2012年版。

唐志龙、罗剑明：《思想政治工作价值论》，北京：蓝天出版社2003年版。

武天林：《马克思主义人学导论》，北京：中国社会科学出版社2006年版。

王立仁：《德育价值论》，北京：中国社会科学出版社2004年版。

王学俭：《现代思想政治教育前沿问题研究》，北京：人民出版社2008年版。

王新刚：《反思与建构：思想政治教育基础理论发展研究》，北京：知识产权出版社2013年版。

王爽：《新媒体时代大学生思想政治教育的挑战与创新》，北京：中国言实出版社2014年版。

万美容：《思想政治教育方法发展研究》，北京：中国社会科学出版社2010年版。

王玉樑：《价值哲学新探》，西安：陕西人民教育出版社1993年版。

徐光春：《马克思主义大辞典》，武汉：长江出版传媒、崇文书局2017年版。

项久雨：《思想政治教育价值论》，北京：中国社会科学出版社2003年版。

徐锋：《新中国大学生思想政治教育研究》，北京：人民出版社2013年版。

徐子沛：《数据之巅——大数据革命，历史、现实与未来》，北京：中信出版社2014年版。

袁贵仁：《价值学引论》，北京：北京师范大学出版社1991年版。

郑永廷主编：《思想政治教育学原理（第二版）》，北京：高等教育出版社2018年版。

郑永廷：《现代思想道德教育理论与方法》，广州：广东高等教育出版社2002年版。

张耀灿、徐志远：《现代思想政治教育学科论》，武汉：湖北人民出版社 2003 年版。

张耀灿、郑永廷、吴潜涛、骆郁庭等：《现代思想政治教育学》，北京：人民出版社 2006 年版。

张澍军：《德育哲学引论》，北京：中国社会科学出版社 2008 年版。

张亚丹：《大学生思想政治教育价值论》，北京：人民出版社 2017 年版。

（三）学术论文类

布和：《思想政治工作的价值及价值的实现》，载《思想工作论坛》，1995 年第 1 期。

崔海英：《大数据时代高校网络思想政治教育的价值维度和实现方式》，载《黑龙江高教研究》，2015 年第 3 期。

陈华洲：《试论思想政治教育价值的表现形态》，载《高等函授学报》，1999 年第 6 期。

初文杰：《论思想政治教育的价值定位与人的全面发展》，载《内蒙古社会科学》，2004 年第 4 期。

蔡成效：《关于思想政治教育基本结构的哲学思考》，载《甘肃社会科学》，2008 年第 2 期。

段成利、王明霞：《思想政治教育个体价值的主体定位》，载《思想政治教育研究》，2007 年第 5 期。

冯刚：《习近平关于大学生思想政治教育论述的理论意蕴》，载《重庆大学学报（社会科学版）》，2018 年第 4 期。

郭富：《如何评价政工干部的劳动及其价值》，载《思想政治工作研究》，1985 年第 2 期。

黄蓉生：《关于大学生思想政治教育：理想信念是核心》，载《高校理论战线》，2004 年第 12 期。

候勇、孙其昂:《思想政治教育系统与体系优化》,载《思想理论教育》,2010年第6期。

李德顺:《价值的秘密在于主体:价值论与思想政治工作漫谈》,载《思想政治工作研究》,1989年第3期。

罗国杰:《树立正确的世界观、人生观和价值观》,载《中国特色社会主义研究》,1996年第3期。

刘建军:《论思想政治教育的个人价值》,载《教学与研究》,2001年第8期。

赖荣珍:《论思想政治教育社会价值和个体价值的统一》,载《学术论坛》,2003年第3期。

刘基、苏星鸿:《论思想政治教育价值体系及其优化》,载《西北师大学报（社会科学版）》,2004年第3期。

刘文煜:《思想政治教育视野中的个体价值》,载《南京政治学院学报》,2005年第3期。

雷腾:《论新时期思想政治教育内涵》,载《求索》,2005年第4期。

骆郁廷:《论思想政治教育的发展价值》,载《思想教育研究》,2006年第5期。

刘坤雁:《思想政治教育价值意蕴的多重解读》,载《黑龙江高教研究》,2007年第4期。

何霞:《思想政治教育价值的创造及实现探讨》,载《山东社会科学》,2015年第5期。

闵绪国:《论思想政治教育价值生成的社会性根源》,载《学校党建与思想教育》,2012年第9期。

马毅松、王雄杰:《论思想政治教育的价值结构》,载《思想教育研究》,2002年第2期。

闵绪国:《人的社会性:思想政治教育价值生成的根源》,载《学校党建与思想教育》，2010 年第 12 期。

闵永新：《大学生思想政治教育有效性研究的现状与展望》，载《思想理论教育导刊》，2010 年第 1 期。

彭宗佑：《思想政治工作的价值必须用生产力标准来衡量》，载《思想政治工作研究》，1988 第 8 期。

秦在东：《马克思主义时代观视域下的思想政治教育创新》，载《思想教育研究》，2017 年第 4 期。

项久雨：《思想政治教育价值与人的价值》，载《教学与研究》，2002 年第 12 期。

沈根华：《试论思想政治教育的文化价值》，载《南京政治学院学报》，2002 年第 5 期。

佘双好：《论新时代思想政治教育发展的新使命》，载《思想理论教育》，2018 年第 5 期。

唐斌：《准确理解和把握社会主义核心价值观的根本属性》，载《社会主义核心价值观研究》，2018 年第 2 期。

王丽：《习近平新时代大学生思想政治教育理论研究》，载《学校党建与思想教育》，2019 年第 2 期。

文摘：《企业思想政治工作创造不创造价值》，载《思想政治工作研究》，1985 年第 8 期。

王丽：《大学生思想政治教育个体价值论析》，载《学校党建与思想教育》，2015 年第 5 期。

王丽、罗洪铁：《思想政治教育个体价值的内涵与其定位》，载《思想教育研究》，2015 年第 10 期。

王莉、孙建华：《思想政治教育的经济价值及其实现途径》，载《学校党建与思想教育》，2014 年第 6 期。

王丽、罗洪铁：《大学生思想政治教育个体价值与相关概念的辨析》，载《思想教育研究》，2016 年第 7 期。

王丽、罗洪铁:《思想政治教育价值结构与功能研究》,载《马克思主义理论学科研究》,2017年第3期。

王丽:《思想政治教育价值结构失衡及对策探讨》,载《湖北社会科学》,2017年第7期。

王学俭:《大学生网络思想政治教育:价值·挑战·保障》,载《思想教育研究》,2017年第5期。

罗洪铁、王丽:《30年来思想政治教育价值理论的形成与发展研究》,载《西南大学学报(社会科学版)》,2014年第2期。

刘清华:《论思想政治教育的集体价值》,载《思想政治教育研究》,2011年第2期。

王勤:《论思想政治教育的个体价值》,载《浙江学刊》,2003年第1期。

王勤:《论思想政治教育的经济价值》,载《教学与研究》,2003年第3期。

王东莉:《论思想政治教育人文价值建构的现实背景》,载《浙江社会科学》,2004年第6期。

王宏宇:《论现代思想政治教育社会价值与个体价值的理论分野》,载《中国成人教育》,2006年第9期。

王雄杰:《思想政治教育价值的现代建构及其和谐发展》,载《学校党建与思想教育》,2008年第10期。

王贤卿、赵盛润:《论思想政治教育价值实现的障碍及其克服路径》,载《毛泽东邓小平理论研究》,2009年第8期。

吴艳东:《论思想政治教育的文化价值》,载《思想教育研究》,2011年第9期。

项久雨:《论思想政治教育价值的实现及其规律》,载《江汉论坛》,2006年第11期。

项久雨:《思想政治教育价值论域及其研究意义》,载《学校党建与思想教育》，2006年第9期。

项久雨：《思想政治教育当前价值的三个维度》，载《武汉大学学报（哲学科学版）》，2008年第9期。

裴学进、程刚、项久雨：《论思想政治教育经济价值的特点与向度》，载《马克思主义研究》，2008年第8期。

邢晓红：《系统论视域下思想政治教育现代转型动因探析》，载《思想教育研究》，2016年第9期。

徐春艳、田九霞：《论文化软实力视域下思想政治教育的文化价值》，载《学术论坛》，2013年第4期。

余荣华、姜明君：《高校思想政治教育价值重构研究——基于结构理论视域》，载《杭州电子科技大学学报（社会科学版）》，2009年第2期。

杨婷：《大学生思想政治教育的个体价值及其实现》，载《学校党建与思想教育》，2016年第2期。

杨心童：《论新时期思想政治教育的政治价值》，载《思想理论教育》，2017年第10期。

杨威：《论思想政治教育社会价值的生成机制》，载《思想理论教育》，2012年第2期。

袁汪洋：《论现代思想政治教育的文化价值及其实现路径》，载《求实》，2012年第6期。

张卫：《社会转型期影响高校思想政治教育效果因素研究》，载《学校党建与思想教育》，2011年第2期。

张亚丹：《浅析大学生思想政治教育价值实现的层次与规律》，载《思想教育研究》，2011年第3期。

郑洁、孙其昂、刘小卫：《论思想政治教育价值的关系结构》，载《北京青年政治学院学报》，2004年第9期。

张丽华：《思想政治教育集体价值探析》，载《理论与改革》，2012

年第5期。

张亚丹、黄永宜：《从满足到超越：思想政治教育价值的内涵浅析》，载《求实》，2013年第6期。

褚凤英：《思想政治教育价值再认识》，载《探索》，2013年第3期。

张振飞、张波：《组织文化视域下思想政治教育集体价值的实现》，载《学校党建与思想教育》，2015年第7期。

（四）学位论文类

陈珣：《思想政治教育价值生成研究》，西安理工大学2012年硕士学位论文。

陈春荣：《当代大学生中的政治冷漠现象分析与对策》，武汉大学2004年硕士学位论文。

段志峰：《大学生思想政治教育的审美价值及其实现途径研究》，大理大学2018年硕士学位论文。

郭绍均：《系统学理论在思想政治教育中的应用研究》，兰州大学2011年硕士学位论文。

凌青：《大学生思想政治教育环境优化研究》，南京财经大学2012年硕士学位论文。

罗昊宇：《高校思想政治教育环境影响因素与优化研究》，中国矿业大学2013年博士学位论文。

刘艳萍：《论新时期思想政治教育的价值及其实现》，吉林大学2007年硕士论文。

刘贤峰：《大学生思想政治教育价值研究》，山东大学2010年硕士学位论文。

李超逸：《系统视域下大学生思想政治教育诸要素协同模式研究》，山西农业大学2013年硕士学位论文。

李洁:《大学生思想政治教育价值实现障碍及其对策研究》,西南大学 2014 年硕士论文。

刘春梅:《思想政治教育精神环境研究》,中国矿业大学 2015 年硕士论文。

李霞:《中华优秀传统文化在大学生思想政治教育中的价值生成探析》,太原科技大学 2016 年硕士学位论文。

祁远慧:《高校思想政治教育价值重构研究》,杭州电子科技大学 2009 年硕士论文。

齐美玲:《当代大学生道德失范问题研究》,哈尔滨工程大学 2004 年硕士学位论文。

苏星鸿:《现代思想政治教育价值论纲》,西北师范大学 2005 年硕士论文。

孙晓晨:《大学生思想政治教育生态价值实现路径研究》,东北农业大学 2017 年硕士学位论文。

王鹿:《思想政治教育个体价值生成研究》,西南大学 2012 年硕士学位论文。

王新刚:《思想政治教育物质环境研究》,西南大学 2011 年博士学位论文。

汪海骁:《思想政治教育集体价值》,西南大学 2015 年硕士学位论文。

幸城:《系统科学视域下的高校思想政治教育探析》,江西师范大学硕士论文 2012 年硕士学位论文。

肖永梅:《当代大学生政治观研究》,电子科技大学 2013 年博士学位论文。

杨洪泽:《当代大学生思想政治教育实效性研究》,东北师范大学 2013 年博士学位论文。

殷清峰:《思想政治教育价值结构研究》,湖南师范大学 2010 年硕士论文。

张亚丹:《大学生思想政治教育价值论》,西南大学 2011 年博士学位论文。